U0360252

大学技术转移

概念与实施

UNIVERSITY
TECHNOLOGY TRANSFER

WHAT IT IS AND HOW TO DO IT

[英] 汤姆·霍卡迪（Tom Hockaday） 著

潘冬远 刘群彦 陶 庆 译

学说讲书
扫码听本书简讲

学说读书会公众号
以书会友共同成长

上海交通大学出版社
SHANGHAI JIAO TONG UNIVERSITY PRESS

内容提要

  大学技术转移是一项与市场紧密关联的活动,涉及科研成果的遴选、保护和营销,通过将科研成果从大学转移到企业,进而开发出造福社会的新产品和新服务。为了增进成果供给侧与转化需求侧的互动,越来越多的大学设立了技术转移办公室。围绕大学技术转移与大学技术转移办公室的发展和运营,本书提供了专业而务实的评论、意见与建议,涵盖了技术转移的定义和实施办法等内容。本书可以为大学的领导者、科研人员、管理人员,技术转移办公室职员、技术转移专业学生,市场的投资者、企业家,以及政府部门的公务人员等对大学技术转移感兴趣的群体提供有益的学习参考。

© 2020 Johns Hopkins University Press All rights reserved. Published by arrangement with Johns Hopkins University Press, Baltimore, Maryland

上海市版权局著作权合同登记号：图字：09 - 2022 - 176

图书在版编目(CIP)数据

  大学技术转移：概念与实施／（英）汤姆·霍卡迪
(Tom Hockaday)著；潘冬远,刘群彦,陶庆译. —上
海：上海交通大学出版社,2024.1
  书名原文：University Technology Transfer：What
It Is and How to Do It
  ISBN 978 - 7 - 313 - 27617 - 9

  Ⅰ.①大… Ⅱ.①汤… ②潘… ③刘… ④陶… Ⅲ.
①高等学校－技术转让－研究 Ⅳ.①G644

  中国版本图书馆 CIP 数据核字(2022)第 186614 号

大学技术转移：概念与实施
DAXUE JISHU ZHUANYI：GAINIAN YU SHISHI

著　者：[英]汤姆·霍卡迪		译　者：潘冬远　刘群彦　陶　庆	
出版发行：上海交通大学出版社		地　址：上海市番禺路 951 号	
邮政编码：200030		电　话：021 - 64071208	
印　制：苏州市越洋印刷有限公司		经　销：全国新华书店	
开　本：710 mm×1000 mm　1/16		印　张：20	
字　数：283 千字			
版　次：2024 年 1 月第 1 版		印　次：2024 年 1 月第 1 次印刷	
书　号：ISBN 978 - 7 - 313 - 27617 - 9			
定　价：128.00 元			

版权所有　侵权必究
告读者：如发现本书有印装质量问题请与印刷厂质量科联系
联系电话：0512 - 68180638

序

　　大力推进科技成果的转化能力和效果,将科技成果转化为经济社会发展的动力,对于我国转变经济增长方式,增强国际竞争力具有非常重要的意义,也是国家实施创新驱动发展战略的重要保证。我国有关部门虽然已经出台了一系列推动科技成果转化的政策和措施,但探索高效的技术转移模式仍有很长的路要走。

　　高校作为我国科技成果产出的主力军,科技成果的技术转移现状并不理想。2022年我国高校国内发明专利的申请量和授权量分别是26.5万件和17.2万件,分别占全部申请量和授权量的18.1%和24.7%。高校累计被授权国内发明专利100.4万件,占全部授权量的23.8%。但是,高校发明专利实施率只有16.9%,商业化率更是只有3.9%。

　　他山之石,可以攻玉。英国的大学每年推动成立140家新技术公司,获得超过1亿英镑的许可收入。在英国,大学及相关学术机构一直是前沿技术研究和知识产权领域的领导者,英国政府充分认识到高校孵化的企业既是英国经济的贡献者,也是国家科技战略的重要组成部分。英国皇家工程院最新的一份研究报告指出,2023年3月,英国政府为了研究最有效的技术转移路径,启动了对学术机构孵化项目和转化企业的调查。截至2023年1月底,英国学术机构共有1 166家活跃的孵化企业,占全英处于高成长阶段公司数量的2.52%。

2013—2022 年，英国学术机构孵化企业获得的股权融资额增长了四倍多，从 4.02 亿英镑升至 21.3 亿英镑，十年总融资额达 126 亿英镑。这些孵化企业的融资能力相对更强，在 2022 年英国私营企业的所有股权融资中，以 2.52% 的数量占比获得了 9.11% 的投资额。学习国际高校在技术转移方面的成熟经验，通过管理和激励机制创新，改进科技成果转化流程，将有助于我国高校技术转移效率的提升和进步。

本书不是一本有关技术转移的学术著作，而是一本基于作者工作实践的宝贵经验总结。从本书中我们既可以了解成熟市场国家高校技术转移的发展之路，也可以了解高校技术转移的微观操作流程。对于大学管理人员、科研人员、创业者、投资者和其他与技术转移有关的从业者来说，是一本很好的教科书与操作手册，值得深入研读。

祝大家读有所获，祝我国的技术转移之路越走越顺！

廖　理

清华大学五道口金融学院　金融学讲席教授、博士生导师

2023 年 12 月于清华园五道口

译　序

　　有时候,商业化路线是大学研究成果造福社会的最佳途径。当科学家们实现了 0 到 1 的科研成果突破后,如何帮助他们跨过 1 到 10 的技术创新"鸿沟"? 很多时候,我们仍然缺少成熟的方式。大学通常会将科研成果转移到企业,去向可以是现有企业,也可以是新成立的企业(本书称为"衍生公司",英文为 spin-out),然后企业基于该成果投资开发新的产品与服务。这一过程涉及大学科研成果形成、资产鉴定、知识产权保护和定价营销等问题,每一步探索都不容易。为了促进科学家创意和企业投资的持续发生,大学会视自身科研情况开展相匹配的技术转移(国内也称为"成果转化")工作,并设立技术转移办公室。该办公室工作团队要与科研人员协作发掘项目机会,并与专利律师协作进行保护和包装,需要同时具有在大学研究领域的经历和在商业或投资领域的经验,这样才能在不同情况下有效运作、促成信任、实现合作。

　　大学技术转移是一项颇有价值且很有意思的工作,复杂多变却逸趣横生,有时让你殚精竭虑却甘之如饴。那么,如何了解大学技术转移呢? 国内对大学技术转移工作经验进行专门梳理成文的不多,全面细致编撰成书则更少。所幸约翰斯·霍普金斯大学出版社 2020 年出版的《大学技术转移:概念与实施》(*University Technology Transfer: What It is and How to Do It*)一书恰好走进了译者视野。该书作者汤姆·霍卡迪(Tom Hockaday)是英国技术转移领域的全球知名专家，曾用 16 年时间带领牛津大学创新有限公司成为世界技术转移标杆，他在书中分析了在内部发展需要和外部竞争压力(主要来自美国)下的英国现代技术转移进程，围绕如何开展大学技术转移、如何建立与运营大学技术转移办公室给予评论、意见与建议。这为我们提供了十分宝贵的知识和资料，可用作相关研究对比借鉴和工作手册指引。

翻译源起

　　促进成果转化是我国实施创新驱动发展战略的重要任务，是"双一流"大学五项建设任务之一。2015 年新的《中华人民共和国促进科技成果转化法》颁布以来，国家、地方出台的相关政策文件频繁提及要建立成果转化绩效评价评估体系，然而目前仍缺少针对性研究和有效实践。译者团队争取到所在单位上海交通大学的科技创新专项资金资助，开展了一流大学科技成果转化成效评价体系研究。研究过程中得到了上海交通大学吴旦教授、金隼教授、余新丽教授，科学技术部成果转化与区域创新司、清华大学、北京大学、复旦大学、同济大学、华东理工大学、上海理工大学、浙江大学、南京大学、东南大学、中国科学技术大学等单位的成果转化领域专家前辈的无私指导和帮助。

　　我们与其他学者重点研究美国大学(如麻省理工学院、斯坦福大学)的着手方向不同，发掘了较为系统的英国大学技术转移知识(即本书)，希望能够作为国内已有相关研究的补充。例如，本书系统梳理了英国大学技术转移进程：第一个关键节点是在二战后，英国政府 1945 年成立国家研究信托基金，1948 年成立国家研究与开发公司(NRDC;后更名"英国技术集团"，BTG)，"集权式"推动发明专利发展。第二个节点是 1985 年，颁布法案规定技术转移项目可由大学自行开发，结束了 BTG 的垄断地位——如同 1980 年《拜杜法案》之于美国技术转移，大学纷纷建立技术转移办公室。第三个节点是 1999 年，政府开始大量资助大学除教学、科研之外的"第三任务"(含技术转移)，如大学挑战种子基金、科学企业计划、高等教育机构与企业和社区合作计划等。第四个节点是 2014 年，推出卓越研究框架(REF)，使用一种定量定性相结合的方法，首次评价英国大学研究和技术转移活动影响力——这标志着大学技术转移发生了根本性变化：从一项相对独立、不受关注的边缘活动，逐渐变为一项涉及整个大学、需要密切关注的重要活动。这些内容可为我们开展国内大学成果转化研究提供信息对比和实务借鉴。

本书系根据作者个人经验写就，内容专业、翔实，基本覆盖了大学技术转移的各个方面。在通读本书的过程中，总有时读时新的感觉。因此，为更好掌握书中知识，我们决定用翻译的方式再次深入学习本书。在学习过程中，我们又萌生了另一想法，即将这本著作完整翻译出来，既能让国内更多新进入大学技术转移领域的从业者读到并快速建立起宏观认知，又能创造机会与专家、同行探讨交流。译者认为，这同样是一件颇有意义又让人费尽心力的工作。

翻译过程

本书的翻译过程分为三个阶段。第一阶段是译者在开展研究过程中偶然接触到了这本书，对与研究密切相关的部分章节进行了翻译学习，这部分工作从 2021 年 3 月开始到 2021 年 9 月结束，历时 140 余天，主要利用工作日晚上和周末进行；第二阶段的工作从 2021 年 10 月开始到 2022 年 9 月结束，历时 260 余天，译者一方面精读、校对已翻译章节内容，另一方面组建团队翻译所有内容；第三阶段的工作是从 2022 年 10 月开始到 2023 年 2 月结束，主要是进行全面统稿，并邀请同行专家线上、线下研讨，进一步完善译稿。此后，译本初稿交付出版社，进行全书审校和出版前相关工作。

译者团队包括以下人员：潘冬远、刘群彦、陶庆、秦野、盛情情、张冬玲、李金蔓、李昕航、肖炀柠。其中，潘冬远负责全书统稿，翻译序章、第一章提出问题、第二章逐渐亮相、第七章应对鸿沟、第十二章无惧未来等章节，整理译本目录；刘群彦负责翻译第三章运作方式、第四章难在何处等章节，以及校对相关法律条文内容；陶庆负责翻译第六章进入市场、第九章如何取舍、第十章评价指标、第十一章影响力，以及后记、致谢、注释等内容；秦野负责翻译第五章组织结构、第八章创新社区等章节，校对第三、四、十章翻译内容；盛情情负责校对第二、六、七、十一章翻译内容；张冬玲负责校对第八、九章翻译内容；李金蔓负责校对第十章、后记、致谢、注释等的翻译内容；李昕航负责提供第一、三、四、五、九、十二章的译文支持；肖炀柠负责提供第二、六、七、八、十、十一章的译文支持。

优秀的译文应是完美的交流，我们力图忠实反映出原书作者想要传达给读者的有用信息，希望我们所使用的翻译文字能成为读者发现原文真谛的钥匙，而不是理解原文的障碍。然而，囿于译者视野和水平所限，译文中难免存在错漏之处，恳请广大读者能够包涵原谅，不吝批评指正。

致谢

首先感谢直接参与翻译和校对工作的同仁，若离开大家的辛勤付出这本书将无法付梓。感谢为出版本译著提供研究课题和资金支持的上海交通大学科学技术发展研究院。感谢给予译者(研究团队)无私指导和帮助的国内各单位的成果转化领域专家前辈。感谢为本译著出版做了量大而细致工作的责编江璇博士。同时，还要感谢上海交通大学出版社钱方针、陆敏两位编辑帮助与原书作者沟通、完成著作版权购买和出版准备工作。最后，也是最需要感谢的是汤姆·霍卡迪(Tom Hockaday)先生和约翰斯·霍普金斯大学出版社，他们的用心编撰和慷慨分享使我们有幸在欧亚大陆的另一端如获至宝。

译者
2023 年 12 月于上海

献给
波莉、罗丝和埃米莉

技术转移办公室致力于帮助那些希望将自己的

研究成果商业化的研究者们

——蒂姆·库克(Tim Cook)博士,科学家、企业家及技术转移经理

目　录

序　章

有时候,商业化路线是大学研究成果造福社会的最佳途径。

本书并非学术著作,而是个人文字叙述。它无关乎我的个人生活抑或"人生旅程",亦无关乎我认为你应该如何生活,而是我在大学技术转移领域的工作经验。它围绕如何开展大学技术转移,以及如何发展与运营大学技术转移办公室给予评论、意见与建议,可视为该领域的相关导引、概述、手册和文字叙述。

本书适合大学技术转移办公室工作人员和想要了解所涉及内容的人阅读,包括研究人员、大学领导、大学管理人员、投资者、企业人士和政界人士。有些章节有点像教科书,有些则更具论述性。本书包括技术转移"是什么"和"怎么做"两方面内容。

大学技术转移是一项商业活动,除了有机会赢利,还有许多其他好处。它涉及大学科研成果的鉴定、(知识产权的)保护和营销,以便将科研成果转化为商机。大学通常会将科研成果的使用权许可给企业,然后企业投资开发基于大学科研成果的产品与服务。转移的去向既可以是成熟的公司,也可以是新成立的公司。转移经常通过知识产权(尤其是专利权)许可来实现。

大学技术转移旨在将科研成果从大学转移到企业,并开发成造福社会的新产品和新服务。

为了促进创意和投资的持续产生，大学会设立一个与研究体量相匹配的技术转移办公室。技术转移办公室可以是行政部门中的一个独立单位，也可以是一个公司，还可以并入研究支持和商业化办公室之中。在美国，技术转移办公室通常称为技术许可办公室（TLO），而在英国通常称为技术转移办公室（TTO）。办公室工作人员的职务包括技术转移经理、项目经理及许可和风险投资经理等。

技术转移办公室人员与学术研究人员协作发掘项目机会，并与知识产权律师（主要是专利律师）协作进行保护和包装。技术转移办公室人员最好要有在大学研究领域的经历和在商业或投资领域的经验，这样才能在这些不同的环境中有效运作，并促成信任与合作。这是一项多变的、有趣的、有价值的，但有时会使人沮丧的工作。

以下是一个成功实现大学技术转移的好例子。大学研究团队发明了一种新的结核病检测技术，并就此与学校技术转移办公室讨论。技术转移经理与专利律师协作对该发明进行保护，随后着手通过许可专利使用权的方式，将技术设法推销给能够将其开发为实际产品的公司。获得许可的公司将最初的发明开发成了新的产品。该产品畅销多年，事实证明取得了成功。这就是所谓创新，即成功开发利用新想法。[1]公司每年向大学支付许可费（即产品销售收入的一部分），大学将这笔费用分配给发明人、院系、技术转移办公室和校级财政储备。患者、社会、企业、研究者、大学皆从中受益。

另一个例子涉及成立新衍生（spin-out）公司[也称为"分拆"（spin-off）公司，在技术转移的语境下我更喜欢使用"衍生"，原因详见第六章]对发明进行开发。起初，大学研究团队发明了一个新的自动驾驶汽车视觉系统，并与学校技术转移办公室商量。技术转移经理与专利律师协作对该发明进行保护，随后帮助建立团队以制订商业计划，从大学中衍生出公司。这个团队成员包括发明人、技术转移经理（仅限在早期阶段）、投资者，以及一名参与创业的企业经理人。衍生公司筹集第一轮资金，将技术开发至具有吸引力的阶段，然后筹集更多的投资资金,继续将发明开发成为产品。建立不断扩张规模的独立经营公司或者被另一家大型公司收购均可视为成功。发明人和大学作为股东,随着公司的发展壮大获得资金回报。消费者、社会、企业和大学皆从中受益。

在上述两个案例中,大学和企业之间还可能存在许多其他类型的互动。例如,企业为大学研究提供资金来深化发明或开发下一代发明;企业将大学学术研究人员聘为顾问,为公司未来发展提供建议;企业雇用大学毕业生;大学院系邀请公司高管加入其行业咨询委员会等。

有必要向那些不熟悉大学的人做出解释,大学在全部学科中的每一门都开展大量研究,并承担了所有的本科教学任务。以牛津大学为例,它拥有学术研究人员约 7 000 名、研究经费 6 亿英镑/年,而英国所有大学的研究经费总计约为 60 亿英镑/年。再比如哈佛大学,它的研究经费约为 10 亿美元/年、学术研究人员约为 7 000 名,而美国所有大学的研究经费总计约为 750 亿美元/年、学术研究人员近 100 万名。

实际上,技术范围的广泛程度极尽你所能想象,从手机到石油钻井平台,从新的癌症治疗方法到脑部扫描图像分析技术,从电脑游戏到碎石路,从苹果品种到外科压缩袜,包罗万象。[2]所涉及公司的范围同样也是非常广泛,它可能是加利福尼亚州的伞形公司(Alphabet)、江苏省的一家医疗技术初创公司,或路边的商业园区内的一家衍生公司。

本书主要基于英国的经验写就,但其中大部分内容或多或少也适用于世界各地大学的技术转移活动。本书的内容不是牛津大学的技术转移史,也不是伊西斯创新有限公司,即牛津大学的技术转移公司,我所在公司(现名牛津大学创新有限公司)的历史。本书重点阐述大学里发生的技术转移,但也介绍与政府研究委员会、政府研究机构和医院有关的内容。伴随着政府资助的实验室逐步并入大学,研究活动越来越集中在大学内部成为英国近几十年来的发展趋势。

本书分为十二章。第一章"提出问题",探讨了大学和技术转移办公室面临的两大问题,并从大学和技术转移办公室两者之间来看,技术转移办公室应如何开展业务,大学得如何慷慨对待。第一节"两大问题"主张大学应该首先想清楚要达成什么样的目标。"提供帮助"这一节分解了如何帮助那些想要得到帮助的研究人员将其研究成果商业化的做法。而"慷慨对待"这一节敦促大学采取慷慨的姿态开展技术转移活动。最后一节提出了项目层面的基本问题"那又如何",这是一个需要(技术转移经理在技术转移过程中)不断追问的问题,直到彻底找到连接科技与公众的解决方案。

第二章"逐渐亮相",讲述了英国自 1948 年以来的大学技术转移史和美国的大学技术转移史(较为简略)。这一章介绍了支持大学技术转移活动的全国协会和网络的发展情况,以及用来(向公众)描述大学技术转移活动的术语。这个标题寓意着大学技术转移活动逐渐被人们认可,当技术转移人员告诉朋友自己从事的是大学技术转移工作时,他们能够明白"大学技术转移"是什么了。

第三章"运作方式",探讨了大学创造有效技术转移环境所需投入的资源,包括政策领域的资源。

在第四章"难在何处"中,我着眼于大学内部和外部两个方面的挑战,认为大学技术转移难的原因有很多。这一章接着探讨了如何设立技术转移办公室及相应的财务运作模型,最后介绍了知识产权所有权相关的法律概要和大学采取的实际做法。

第五章"组织结构",着眼于大学技术转移办公室构建中的一系列挑战和问题,其中包括:是否应成立子公司、良好的管理、办公室如何适应大学管理,以及技术转移办公室的内部组织。该章还讨论了一些有关大学中的产业资助研究的问题。

第六章"进入市场",描述了大学技术转移办公室将技术从大学转移到企业的两种主要途径,分别是:知识产权许可给既有公司和成立新衍生公司。其中涉及市场营销、估值、谈判,以及有关许可和衍生的细节问题。

第七章"应对鸿沟",聚焦于可用作支持新衍生公司的资金,包括软资金和投资金融。该章标题是指众所周知的存在于大学研究阶段完成之后与商业阶段开始之前的"缺口"。该章讨论了大学风险基金、大学专项基金和耐心资本。

第八章"创新社区",介绍了一个成功的创新社区须具备的要素,以及大学技术转移办公室应与之保持联系的组织和人员。在措辞上,由新朋友和邻居组成的"社区"要比"集群""生态系统"等常用说法更加令人青睐。该章最后一节讨论了在技术转移活动中的学生参与,以及学生创新的蓬勃发展。

第九章"如何取舍",探讨了政府利用拨款和税收优惠政策支持大学技术转移各方面活动所能起到的作用。该章分为三节:第一节介绍了政府支持技术转移的举措;第二节详细介绍了关于大学技术转移的大量的英国政府报告;第三节讨论了政府对大学所寄予的厚望。

第十章"评价指标",讨论了技术转移产生效益的各种方式和遭遇的现实束缚。我还介绍了迄今评估大学技术转移的方式,以及英国大学卓越研究框架(2014)如何构建一种评估大学研究影响力的方法,其中涉及大学技术转移活动。

第十一章"影响力"继续讨论"影响力",聚焦于卓越研究框架中影响力评估所产生的影响,以及它如何适用于大学技术转移活动的各个发展阶段和当前人文社会科学领域的技术转移活动。

第十二章"无惧未来",旨在展望大学技术转移的发展前景。其中包括大学创新图景的描绘,国际惯例的推广,以及一些关于中国的看法。如今在大学中技术转移办公室的活动究竟如何发挥作用?技术转移活动与技术转移办公室将何去何从?结语部分向大学领导者提出了关于技术转移的建议。

第一节　背　景　分　析

几个世纪以来,英国在发明和创新方面都成绩斐然,这其中英国大学的作用举足轻重。英国的大学将知识和技术很好地转移到了商界和社会,然后它们被转化成为新产品和新服务。

近几十年来,英国大学发明和开发了若干应用于全球产业的基础技术,包括锂离子电池、磁共振成像、基因指纹图谱、单克隆抗体、多发性硬化症疗法(如阿伦单抗药物)等。目前,英国大学每年推动成立新的技术衍生公司约140

家,获得许可收入超过 1 亿英镑。一系列专门用于大学技术开发的投资基金纷纷成立,其中最大的基金规模达 6 亿英镑,它用于投资牛津大学新设公司。英国大学技术转移协会 PraxisAuril 于 2016 年发布的报告显示,共有约 4 000人从事知识交换和商业化工作,为 15.6 万名学者促成了 39 亿英镑的校企合作项目。[3] "MadeAtUni"是英国最近兴起的一项活动,旨在呈现全英国各地的大学对人民、生活和社会的影响,其官方网站上展示了百余个相关案例。[4]

英国的大学系统是一个独立的大学系统,尽管他们依赖于政府的支持。英国绝大多数的大学是独立的慈善机构,在各自章程规范下运行。英国的私立大学数量虽少但在不断增加,而公立大学却没有增加。大学虽然独立,但在教学、研究和基础设施等方面主要依赖政府的财政支持。这种独立使得英国大学的技术转移方式各有差异。

2017 年,英国 164 家高等教育机构(不包括继续教育学院)得到英国(高等教育)拨款委员会的公共资助,其中 136 家为英国大学协会成员(与会人员是各所大学的校长)。2017 年 9 月,英国设有这样那样类型技术转移办公室的大学有 112所,其中 12 所大学的技术转移办公室为独立公司,100 所大学的为校内办公室。[5]

在撰写本书时,英国正在努力脱离欧盟["Brexit"(英国脱欧)]。当然,这对大学的影响是不确定的,而这种不确定性已经影响到员工招聘和学生入学。一个明显的后果是英国获得欧盟资助(例如,当前的"地平线 2020"计划和即将实施的"欧洲地平线"计划①)的身份将有所不同。英国脱欧对英国大学技术转移的影响也不得而知。到一定时候,欧洲知识产权立法、"国家援助"、贸易条例和竞争法可能会发生变化,从而影响技术转移。

由于规模更大,美国的数据相比英国的要高得多,而且美国大学技术转移的历史也更为悠久。虽然美国有 4 000 多所高等教育机构,但是其中只有 172所是研究型大学,这个数量相对较少。[6]

在美国,大学技术经理人协会(AUTM)记录和发布有关大学技术转移活

———————————

① 该计划已于 2021 年初正式启动。——译者注

动的数据。2017 年,美国的大学记录并向技术许可办公室报告了新发明 25 000 项,新申请专利 15 000 件,完成新技术许可交易 7 800 笔,组建新技术公司 1 000 多家。据 AUTM 报道,在过去 20 年里,美国技术转移活动对美国国内生产总值的贡献为 5 910 亿美元;自 1980 年以来,通过政府和社会资本合作开发了 2 000 多种药物和疫苗。AUTM 的"更好的世界"(Better World)项目通过提供大量案例研究来增进公众对学术研究和技术转移如何造福全世界人民的了解和认识。[7]

生物技术界的两件事情说明了大学技术开发、专利化和商业化的重要性:一件是 20 世纪 70 年代的科恩-博耶(Cohen - Boyer)基因剪接发明,另一件是年份较近的 21 世纪初的 CRISPR(成簇规律间隔短回文重复序列)- Cas9 基因编辑发明。Cohen - Boyer 基因剪接发明获得了专利,专利权归斯坦福大学所有,由斯坦福大学的技术许可办公室以非独占许可的方式授权给众多生物技术公司,包括美国基因泰克(Genetech,由博耶创建)、安进(Amgen)和礼来(Lilly)等公司。斯坦福大学的许可策略非常成功,赚取了数亿美元的专利使用费,并促进了全球生物技术产业的发展。[8] CRISPR 技术已经存在了几十年,并发展演变出了多种技术方案。最近发展起来的 CRISPR - Cas9 蛋白技术已促成了多项专利申请和授权专利。在加利福尼亚大学伯克利分校与麻省理工学院-哈佛大学布罗德研究所的纠纷中,这些专利一直是美国法庭中的诉讼焦点。2018 年,美国联邦巡回上诉法院判决加利福尼亚大学伯克利分校败诉,将关键专利权授予布罗德研究所。尽管这两件事情均以多种形式(无论是 20 世纪 80 年代为推动生物技术产业的加速发展,还是科学家和大学为专利权、名声和财富而争夺)进入了公众的脑海,但是直到今天,处于该事情核心的技术转移活动的作用在很大程度上被低估了。

第二节 名 称 解 读

大学的研究支持活动和技术转移活动是有区别的。研究支持活动包括帮助研究人员获得资助研究的合同，达成与产业界的合作；而技术转移活动旨在帮助研究人员沿着技术许可和衍生公司组建的商业化路线转移属于大学的研究成果和技术。

如果工商业正在与大学开展以创造新研究成果为目的的科研合作，并就相关约定条款进行谈判，那么它们是在与大学的研究支持部门打交道；如果工商业正在获取大学现有的知识产权许可，并对新衍生公司进行投资，那么它们是在与大学的技术转移部门打交道。

英国的研究型大学通常分别设有研究支持办公室和技术转移办公室。办公室的实际名称千差万别，还往往随着工作重点和领导团队的变化而改变。有时这两个业务合并在一个叫作"研究支持和商业化办公室"等类似名称的办公室内。图 0.1 说明了研究支持办公室和技术转移办公室的不同职能。

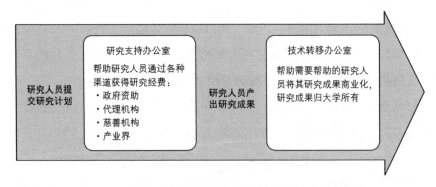

图 0.1　研究支持办公室和技术转移办公室的职能差异

2015 年，英国六所顶尖研究型大学的技术转移办公室联合发文写道："《道林评论——英国的校企研究合作》(Dowling Review of Business — Universing Research Collaborations)及其他许多评论对技术转移办公室的实际工作存在根本性误解，其中许多提及技术转移办公室的讨论点其实是关于大学研究办公室的工作。尽管这对于外行而言可能微不足道，但这一错误认识确实事关重大，在整个行业引起了共鸣，必须得到纠正。"[9]

如今所用的描述性叫法不限于研究支持和技术转移。我们还需要了解和区分知识转移、知识交换、知识商业化、广泛参与、影响力,以及其他新提法。为大学研究人员提供这些业务支持的办公室、部门或公司,它们的名称可能无法准确反映其工作内容。

根据我的经验,现在人们对大学技术转移办公室的理解普遍如下:除了技术转移,它们还做很多事情。在某些情况下确实如此,而在其他情况下则不然。我一直认为,办公室及其业务的命名最好遵循"实际功能与名称相符"的原则。

随着大学与工业界、商业界、企业家和投资者的互动日益频繁,如果大学能够在特定关系背景下评估其正在处理的东西,将会大有裨益。这里的"东西"指的是研究活动的成果,可以是已有的由技术转移职能部门管理的成果,也可以是尚无但可能在新的研究合作中产生的成果,或者是两者并存。第3种类别正越来越普遍。对于技术转移规模不大的大学而言,一次开放、广泛的合作接洽是与工业界、商业界进行大多数商谈的正常起点。这一使人欣喜的接洽将有助于克服在大学、商业界和工业界进一步互动当中面临的一些障碍。

第一章

提出问题

科学的本质是：提出一个不恰当的问题，于是你便走上了通往恰当答案的路。

——雅各布·布朗劳斯基(Jacob Bronowski)，《人类的攀升》，1973 年

大学技术转移旨在将研究成果从大学转移到企业，并将其开发为造福社会的新产品和新服务。它是一项商业活动，除了有机会赢利，还有许多其他好处。它涉及大学科研成果的鉴定、(知识产权的)保护和营销，以便将其转为商机。大学通常会将科研成果的使用权许可给企业，然后企业投资开发基于大学科研成果的更好的产品和服务。转移的去向可以是既有公司，也可以是新成立的公司，经常通过知识产权(尤其是专利权)许可来实现。

有时候，商业化路线是大学研究成果造福社会的最佳途径，这是大学技术转移存在的根本理由。技术转移办公室的根本做法是，帮助那些想要得到帮助的研究人员，将其研究成果商业化。

本章将探讨大学和技术转移办公室需要弄清楚的两大问题，并从中探讨，技术转移办公室应如何开展业务，大学得如何慷慨对待。第一节"两大问题"主张大学应该首先想清楚要达成什么样的目标，然后才能深入研究技术转移

部门的运营机制。第二节"提供帮助"分辨了帮助研究人员将其研究成果商业化的做法,这是大学技术转移办公室日常业务的实质内容——帮助那些想要得到帮助的研究人员。第三节"慷慨对待"以大学立场来说明,尽管技术转移是一项商业活动,但是大学可以采取一种慷慨的态度,而不应一味追求经济回报的最大化。最后一节提出了项目层面的基本问题"那又如何",即使数据看起来不错,你(技术转移经理)也喜形于色,那又如何? 这是一个需要你(在技术转移过程中)不断追问的问题,直到彻底找到连通科技与公众的解决方案。

第一节 两 大 问 题

大学在未弄明白"想从技术转移中获得的是什么"以及什么是适合的之前,就开始去谈"要怎样开展技术转移",这是不可取的。我们的愿景(vision)和使命(mission),技术转移项目的目标(objectives)、战略(strategy)和战术(tactics)是什么? VMOST 模型有助于解决这个初始问题。[1] 愿景、使命和目标明确了"是什么",而战略和战术接着讲清"怎么做"。首先考虑"怎么做"不可取的原因在于,大学终将要花费时间来弄清楚想要什么。大学技术转移的愿景、使命和目标在本章中介绍,战略和战术则在第三章及后续章节中交代。

成功的技术转移项目会带来多种多样的好处,受益者涵盖所有能想得到的群体(无论它以何种方式描述):社会、公众、人民、消费者、顾客、患者、政府、大学、研究人员、教职人员,甚至是管理人员。以上每个界别都希望大学在技术转移方面做到精益求精,其原因是多方面的。这里的好处可以是经济上的,也可以是非经济方面的。

目前还没有既定的框架体系或研究范式来全面评估技术转移活动的影响以及给经济、社会、文化和政治等方面增添的价值和效益。解决问题的关键在于,数据与叙事(定量与定性、客观与主观)相结合。第十章和第十一章介绍了(技术转移评估)最新的努力和目前的尝试。

技术转移是一项长周期活动，在技术转移办公室完成相应工作(技术转移出大学)后，还须经过多年才能看到可观的回报。对技术转移业务所产生的影响进行预测几乎是不可能的，而对技术转移交易进行追溯性评估往往又异常复杂。

社会效益

与大学获益相比，整个社会效益更为重要，也更具实质意义。大学技术转移的目标是通过商业途径将技术从大学中转移出去，为社会健康发展和财富增长做出贡献。

社会效益总体上来自大学研究基地技术转移对人们产生的影响。科技渗透于人类活动的方方面面，着实难以找到现代生活的哪个领域完全不受科技影响。技术转移是企业获得新技术的重要机制，它使得企业能够投资新技术，为消费者开发新产品、新服务，包括为患者开发新药物。

在成功的案例中，技术转移办公室将新技术许可给公司，公司从而开发新的和改进的产品与服务。这些技术有助于应对当今世界面临的气候变化、能源消耗、人口老龄化等主要全球性挑战。2016年麦克米伦报告(受英国研究部委托撰写)——《大学知识交换框架：技术转移优秀实践案例》指明了大学技术转移的动机与目标："我们都很确定，大学把技术转移当作部分使命，给社会带来影响。"[2]对2014年英国卓越研究框架(Research Excellence Framework, REF)影响力案例的大量研究充分印证了，大学在(技术转移)这方面是多么成功(参见第九章、第十章和第十一章)。[3]

大学获益

技术转移办公室助力大学在商业界、产业界和专业团体等做推广。技术转移办公室达成的协议给出了新颖的例证，大学研究能够为公司和个人带来好处。技术转移办公室为大学向研究资助者提供实证，大学切实推动科研活动中技术的有效转移。随着研究资助者对大学寄予越来越高的期望，技术转移成为对大学日益重要的要求。

许多公共和慈善机构的研究资助者向大学提供研究资助,鼓励其开发有市场前景的研究成果。技术转移办公室从以下三方面为大学赢得这些研究经费:管理利用前的知识产权集,代写(知识产权)利用过程中的商业计划书,以及支持成功实施转化的研究人员。

英国政府向大学拨款支持其开展第三任务("第三任务"被认定为大学教学、科研两大主要功能之外的补充工作)。技术转移办公室为大学获取政府拨款提供支撑。技术转移办公室往往处于大学第三任务项目的核心位置,在政府资助下具备管理和开展活动的良好条件。

英国政府依据大学研究活动对社会的影响向大学拨款(参见第十一章)。那些用来评估大学所具有的影响力,进而确定大学所应得资助额的活动,技术转移办公室会参与其中。

大学会随之开展涉及大学知识产权管理和需要技术转移办公室行动实践的大批量业务。这些业务可能不是由技术转移办公室构思或交付的,但是如果没有技术转移办公室的有效运作,大学可能就无法完成业务。

此外,技术转移办公室对外授权技术并收取许可费。按照大学设定的比例,许可费收益将分配给发明人、主要院系、校级财政储备和技术转移办公室。院系的收入,说到底是大学的收入,属于其他未列入预算的资金,大学可用于投资优先级高的新活动。

技术转移办公室提交新专利申请,日积月累建立起数量可观的专利申请和授权专利集合。这同时伴随着对外授权专利和其他知识产权而产生许可费收益。除此以外,专利和其他知识产权对大学还具有资产价值。评估专利价值的方法众多,没有一种是十全十美的,而采取一种保守的方法(例如,根据所支付的专利费用来评估)是合理的。

技术转移办公室帮助成立新衍生公司,从天使投资人、种子基金和风险投资人处筹集投资资金。公司通常将这笔资金用于开发来自大学的初创科技,通常以资助大学研究活动的方式进行。这相当于产业资助的大学研究项目，在公平交易的基础上应由大学研究支持部门管理。

还有一些新衍生公司由技术转移办公室创设，大学在其中持有股份。随着投资组合中的公司的成长，大学有望通过出售股票或分红支付兑现收益——通常在多年后才能实现。大学会制订好内部机构收益分配计划——通常不涵盖研究人员，因为他们会拥有自己的创始人股份。

久而久之，大学将建立起在衍生公司中所持股权的集合，这些股权对大学具有资产价值。管理衍生股权集合是一项挑战，到一定时候，大学会想开发这样一种东西，它能够既明智又经济地管理资产，也能够管理大学与衍生公司的关系。

一个成功的技术转移办公室可能会管理一些诸如商业网络和种子基金等有利于大学的其他业务。这些关系网为大学提供了与当地和国际商业互动的机会，也拉近了与政府的关系。

大学可能会参与到概念验证基金和种子基金的管理，这些基金专注于开发即将走出大学的研究成果，并帮其产生社会影响力。此外，技术转移办公室可能会收取基金管理费或服务费，在基金投资产生可观收益的情况下，技术转移办公室还可能参与利润分成或者得到附带权益。

大学研究人员希望其就职（或考虑就职）的大学设有主管技术转移的办公室，拥有熟练的员工、充足的专利预算经费、获得概念验证资金的机会和具有吸引力的收益分享机制。通过这种方式，技术转移办公室能够助力大学招聘与留住研究人员。

一些人无谓地担心，大学研究人员参与技术转移与商业化，其研究活动会受到干扰，使得工作效率降低。2011年发表的一篇研究论文提供了确凿证据，证明事实并非如此。[4]基于2003年欧洲105所大学的数据，该论文分析证实了大学的科学生产力与专利实施量和合同研究量正相关。论文还表明，高专利实施量和衍生公司量的情形不会与低合同研究量的情形同时发生，反之亦然。这就直接反驳了如下观点：合同研究会减少可供技术转移办公室用于商业化的知识产权数量。

本末相顺

这里的"本"是大学,有其核心宗旨、目标,以及教学和科研活动,是知识的宝库。几个世纪以来,世界各地都是如此。

这里的"末"是技术转移及所有相关收益。技术转移为科研这一核心活动锦上添花。在某些圈子(比如政府)眼里,技术转移十分重要,最大功用在于促进经济发展。这是大错特错的,因为于大学之中谋求经济发展本末倒置,将导致不可挽回的损失。

大学应为经济发展做贡献,但这不是大学的立身之本。

第二节　提供帮助

我在牛津大学工作期间(2000—2016 年),技术转移办公室(当时名为伊西斯创新有限公司)的成功归结于这样一个基本认识:它的存在,是为了帮助牛津大学里那些想要得到帮助的研究人员将其研究成果商业化。此事归功于蒂姆·库克(Tim Cook)博士,他在 1997—2006 年期间担任伊西斯创新有限公司总裁,是我的前任。该技术转移公司归属于牛津大学,为大学谋得利益。参与其中的人都很清楚是为了帮助牛津大学里那些想要得到帮助的研究人员将其研究成果商业化。

在做出决定之前,当想了解问题何在之时,我们就会回到这句话,并问自己:我们是否在帮助那些想要得到帮助的研究人员将其研究成果商业化?

　　　　帮助牛津大学里那些想要得到帮助的研究人员将其研究成果商业化。

此做法的强大之处体现在每个字词之中,分别如下。

帮助研究人员

帮助是由研究人员界定的,而非技术转移办公室。我们(技术转移办公室)可能认为正在帮助他们(研究人员)进行商业化,若非他们也认为如此,否则毫无意义。当然,技术转移人员会尽力让研究人员明白为何如此,但最终,是否有帮助则由研究人员判断。

倘若将技术转移视作一项服务(在很多人看来是类似于法律或会计的专业服务),我们需要知道客户是谁。在实操层面上,答案是研究人员。根据大学和政府的规章,以及资金和指令的来源,更进一步的答案是大学。

牛津大学里

该服务面向牛津大学里的所有单位(院系、研究所和部门)中的每一个人。后来我当时所在的单位成立了事业部,开始帮助世界各地其他大学开展技术转移活动,便取消了"牛津大学里"的限定。

想要得到帮助

技术转移并非适合所有人,一个机构也绝不能迫使研究人员进行技术转移。25 年前,对此感兴趣的学者和研究人员为数不多。渐渐地,数量增加了,在某些大学某些单位形成了大力推动商业化和与产业合作的文化。技术转移办公室鼓励研究人员参与技术转移活动(即内部营销),但如果研究人员不愿参与,则尊重他们的决定。在英国大学里,研究人员们(对技术转移)的态度已经从反对,到不反对,转变为支持(需要注意的是,他们通常不是被动的)。技术转移人员会询问研究人员:"你是想让我们继续,还是要结束项目?"

技术转移人员也会询问研究人员对技术转移办公室的期待是什么。研究人员所期待的不尽相同,他们有不同的动机。对此可分为三种情况:① 研究人员觉得有义务与技术转移办公室联系,为的是赢得研究经费以追求其根本利益,即研究本身;② 研究人员希望研究成果对社会(除了学术界和学术期刊以外)产生影响,但本人不会过多投入其中,例如,临床医生本身并不想参与商业化,而是想支持,为的是研究成果得以开发而使人们受益;③ 研究人员有直接动机来参与技术商业化,想成立公司或授予许可,他们有好的点子,想赚钱,想产生影响力,也想花时间来实现它。

如果研究人员不想参与商业化,技术转移办公室必须要接受这一点,不能去纠缠研究人员。研究人员本来就没有进行商业化的义务,不想参与其中是完全合乎情理的。这样没有错,也不用改正。

商业化

现在需要有一个负责商业化的角色,这以前是大学之外的职能。对于英国的许多大学而言,"影响力"评估改变了这一切,大学没有负责商业化的职位,需要非常明确是否要努力发挥其技术转移功能以创造商业机会。只要答案是明确的,是或否都行。不确定则会引发问题,即任务超出商业范畴,却仅以商业回报进行评估。显然,商业化角色不能保证商业成功,但开始了就会不断寻找商业机会——倘若保护知识产权、申请技术专利,能否看到最终做成商业交易而获得资金收益? 有时候,商业化是大学研究成果造福社会的最佳途径。

(归属)研究人员

无论怎样界定法定所有权,以及如何争论这个问题,毫无疑问的是,研究人员做研究,这是他们的工作,他们将其视为自己的研究。实际的所有权完全可归大学和技术转移办公室(如第四章所述,法定所有权完全可归大学),但情感上的所有权显然属于研究人员。将研究的所有权从研究人员处夺走行不通,尝试夺走也是错。当然,也没人想这样做,离开研究人员的积极参与,技术转移永远不可能成功。公司所购买和投资的是研究和研究人员,而不是技术转移办公室或技术转移经理。

"帮助"是其根本。

如今在一些大学中,这种说法可以被修改,以表达一种不断演变的、更为广泛的方法,并体现影响力的地位。例如,可以改为"帮助那些想要得到帮助的研究人员将其研究结果转移",或者"帮助那些想要得到帮助的研究人员,使其研究结果产生影响力"等说法，或者最一般的说法是"帮助研究人员结识那些对其研究感兴趣的人"。

这些说法固然都很好，但最重要的是技术转移办公室员工的态度。

除了那些不了解情况的人（有时还有大学领导）之外，没人会说技术转移办公室的主要目的是赚钱。牛津大学在 2005 年左右的一个例子可以说明大学领导层之间的误解程度。大学启动了一个内部审计项目，并委托了一家会计师事务所进行审计。他们的第一站是技术转移办公室——作为当时的主管，我认为这很正常，没有什么可隐瞒的，并且可以学到一些东西。尽管经得大学同意，向会计师们解释了技术转移办公室的总体目标和首要职责，但是他们还是唯独关注收益流。这也没错，他们是会计师，那是他们的工作。然而后来得知，技术转移办公室是第一站的原因是大学认定技术转移办公室最有可能使其摆脱财政赤字。

第三节　慷　慨　对　待

数十年来，产业界和投资者一直指责大学难以合作、运行缓慢、不可信赖、利欲熏心、高估知识产权价值，常常是大声指责。[5]政府重视这些声音，因为政府确实在乎让产业界满意。大学小心翼翼地批评产业界和投资者难以合作、运行缓慢、不可信赖、利欲熏心，且低估知识产权价值。政府在乎大学，但没有那么在乎。

幸运的是，随着产业界、投资者、政府和大学本身开始理解其中的复杂性和动机并做出改变，这些态度正在发生变化。

大学应该尽可能慷慨地对待技术转移事宜。在 2014 年卓越研究框架中所引入用作衡量大学研究卓越性的"影响力"，改变了英国大学思考和谈论技术转移的方式。如今更多强调大学活动对外界的影响，而不是强调这些活动为大学和其他机构带来的潜在收益。

对于许多参与技术转移的人而言，没有什么改变：几十年来，我们已经知道技术转移并不是为了解决大学的财力问题；几十年来的首要任务一直是转移技术第一，赚钱第二。然而，大学高层管理者的想法却发生了变化。卓越研究框架中的"影响力"鼓励他们高度评价技术转移的非财务绩效，准许他们减轻技术转移办公室的创收压力。这种变化是最近才产生的，并仍在进行中。关于后果的讨论仍在继续，这给大学提出了所要解决的重要实际问题，尤其是如何资助技术转移办公室。

下一次卓越研究框架评价活动于 2021 年进行，影响力的权重从总分的20% 增加到 25%，具有关乎财政拨款数量的潜在重大影响。[6]

如何管理衍生股权

在大学商业化途径探讨中，这已经成为主要的严峻考验，具体将在第六章讨论。讨论集中在大学想要的股份与创始研究人员所得的股份之比。帝国理工学院和帝国创新公司（Imperial Innovations）宣布于 2017 年启动创始人选择计划（Founders Choice program）："帝国创新公司现有的衍生计划向技术转移办公室和创始人提供大致相等的股权，除此之外，学者们还将有机会持有 95% 的股权。"[7]

帝国理工学院的创始研究人员可以选择 50% 股权和许多帮助，或选择95% 股权和一些帮助。这是大学采取慷慨态度对待的一个例子，因为它相信会因此发生更多好事：影响力更大，更不用说钱了。这是个好主意，应该向帝国理工学院表示祝贺。帝国理工学院凭借持有创始股份仅 5% 份额这一点，紧紧跟随"全球巨星"斯坦福大学和麻省理工学院的脚步——这两所大学因持有初创公司股权仅 5% 份额，而经常为投资者和政府所称赞。

帝国理工学院和其他参与创始人选择计划的大学所面临的挑战在于，如何不去支持那些发觉需要却选择不要支持的研究人员。创始人选择持有更多股份的情况可能会逐渐增多，但技术转移办公室提供帮助所耗资源的预期不会因此减少。帝国理工学院所推出的创始人选择计划是一个试点，为期 18 个月。假如学者占主导（顶尖高校通常如此），那么帝国理工学院可能会在两三年内持有大量的小股权，同时也应该找到了办法对前景看好的公司进行后续投资。

衍生股权管理在有些方面会变得复杂,在有些方面则更加简单:人们逐渐认识到,在经过多轮融资的公司里,创始人股份赚不了多少钱;因此要做的是,少去担心创始人股份,而更多关注由专业人士管理的后续投资。

然而,这种灵活选择的方法也有不怎么奏效的案例。在另一所大学中,由研究人员组成的衍生创始人团队不想要帮助(坚称他们不需要),只希望技术转移办公室将知识产权许可授予衍生公司。该大学同意持有低于正常水平的股权份额,结果发现,规划好的公司并没有像研究人员所想的那样顺利发展,研究人员也没有想象中的那样准备充分,而技术转移办公室在其中所耗时间没有减少,甚至更多。

还有一所大学提出了一种菜单式解决方案,研究人员从帮助类型菜单中选择 a、b、c、d 类型的支持和帮助档次。"我们想请你们向投资者做有用的介绍,但随后在条款谈判时无须任何帮助,最后来一杯浓缩咖啡""好的,那就 22%(大学占股)吧"——这是一个令人费解的主意,可能难以解释,研究人员的确可以进行博弈,而他们任何人都可能不信任大学的支持和帮助。

如何管理许可费收入

近来这一问题很少讨论。答案似乎显而易见,在收回外部成本(主要是专利费)之后,许可费收入在相关的研究人员和院系,以及校级统筹(含技术转移办公室)三者之间平分。关于衍生股权的讨论不列入许可费收入事宜。

如何投资技术转移

既然大学高层管理人员公开承认技术转移项目不太可能赚钱,因为赚钱不是技术转移的存在理由,那么如何对技术转移进行投入就成了一个问题。这是必要且受欢迎的,正如"便士""面包"①,若想要一个好的技术转移办公室

---

① 该提法源自 1266 年英国所制定《面包和麦酒法令》中指定"一便士须购得一定量面包"的典故,在此可引申为"投入成本"和"产出所得"需要关联。——译者注

就必须进行投入。

英国政府的高等教育创新基金(HEIF)是知识和技术转移的重要资金来源。[8]大型研究型大学每年可获得至少300万英镑的资金,这足以资助体面的技术转移办公室,具体取决于专利预算和财务分配模式。然而,大学将所得的HEIF基金分拨给全校各个支持部门及项目。在2000年HEIF基金设立之初,该基金不在大学财务关注范围之内,技术转移办公室当时可以使用其中大部分或者全部资金。随着HEIF基金规模的增长,再加上2007年全球金融危机及随后引发大学极力搜寻所有可获取的收入来源,HEIF基金在大学创新项目中的作用范围越来越广。

如果将技术转移视作类似于图书馆和科研管理等重要核心业务,或许应向各院系征收相应的核心费用,但无论如何,大学都可以管理费用分配等事项。用于技术转移的总花费(或总投入)可按大学科研体量的合理比例设定。那么,院系核心费用是否应当与科研体量和在研人员数量挂钩? 或者由院系领导决定?

技术转移办公室产生的收益应部分留存,可是应留存多少呢? 对未来可能产生高收益的过度兴奋往往引发关于何种水平的征收额和多大程度的成功会使技术转移办公室财务自足的讨论。但是,目前对财务自足目标的追求和对盈利曲线必然上升的看法已经发生了变化。几乎可以肯定上述情况不会发生,因此也没有必要进一步畅想。第四章介绍了技术转移办公室财务模型的框架。成本主要来自员工、外部专利费用和营销费用。最好将技术转移办公室作为重要核心业务进行全额拨款,随之由大学来决定如何分配以后可能产生的收益。

大学慷慨程度

大学想要更多的资金。希腊语系和流行病学系都想要更多资金来开展重要的研究和教学工作,行政部门想要更多的资金来改善管理并提供更多的支持。大学将技术转移、技术衍生①和技术许可等视为可能的资金来源,他们不

---

① 在此可理解为"作价投资"的成果转化方式。——译者注

愿亦无法抗拒巨大收益的诱惑，也不舍得放松对潜在经济利益的掌控。

　　卓越研究框架中的"影响力"指标把焦点放在大学对外交往的各种方式（包括技术转移）如何为大学带来社会效益，而非金钱上。然而，影响力得分用于卓越研究框架（REF）评级，进而直接转化为政府拨款，影响力、REF 和金钱画上了等号。因此，或许还是关乎金钱，只是形式不同而已。一项院系技术作价可能获得的收益份额与在 REF 提升一个档次所能得到的研究质量资金（QR funding，即英国中央政府对大学研究质量的资助）之间的换算比例是多少？

　　大学需要考虑这些问题。在水平相当的大学之中是否能够脱颖而出？一定程度上可以，如果有把握且有意愿，则可独树一帜。在资产使用方面是否会触犯慈善法？当然不行——与其说这是个政策决定问题，不如说是个让人分心的事情。

　　大学正在改变它们对技术转移所带来的效益的态度，它们还将再次改变。想象一下，一所英国大学对资源充足的技术转移办公室所带来的总体收益充满信心，愿意年复一年地为其提供资金，只保留适度且无争议的许可费收入份额和衍生股权收益，不担心会遭受"舍本逐末"的指责，因而获得来自全球学界、商界、产业界、投资者、政府和同行的赞誉。

第四节　那　又　如　何

　　技术转移经理需要不断追问"那又如何"，设法领会如何将振奋人心的研究成果呈现为商业机会。技术转移经理应在心里默默思考，切勿将这个问题直接抛给研究人员，除非关系牢靠而且研究人员明白任务之艰巨。

　　技术转移经理需要问"你认为这些成果对进一步开发技术有何意义？"和"你知道如何将这开发成新疗法吗？"还需要确认"你认为这个到被现有产品吸收或变成新产品的距离有多远？"以及"你认为哪些公司可能对此感兴趣？"

　　技术转移经理要能够把振奋人心的研究成果从科研语言翻译为商业语

言。琢磨这个问题的一种方法是,想象自己坐在一辆发生故障的公共汽车上,被困了很长时间,无聊之中与邻座交谈,随着时间推移,不可避免地谈到工作。

即使以"颤音"来表达热情,也不要说:"我在北南大学的技术转移办公室工作,去年我们提交了多达123项新专利申请,签署了37份许可协议,许可费收入74 000美元,还有两份选择权协议,还成立了两家新公司,得到了天使融资。"

如果换成这样说,"我与北南大学交通工程系的科学家们一起工作,我们正在尝试开发和销售一种具有惊人功率和转矩密度的新型无轭分块电枢电机拓扑",则会令人产生一点兴趣,特别是诉说对象恰好是一名设备发烧友时(如同美国的汽车爱好者)。

为了更好吸引听众,要使所述工作引发共鸣。比如可以说:"我帮助成立了一家新公司,该公司开发了一种惊人的新型电动汽车马达,大约一个餐盘大小。若在电动汽车的每个轮子上安装一个,就会使它拥有电动汽车的陆上最高速度。"这样说不仅实用,还会带入电动汽车和气候变化这些人人熟知的话题。

医疗保健技术则是更自然的例子,因为身边的人多半认识患有癌症、痴呆、糖尿病或臀部毛病的人。作为技术转移经理,也许不十分了解技术本身,但解释如何帮助寻找相应的疗法、疫苗、药物和测试方法,以及大学研究人员相关工作,这件事本身就十分有趣。

琢磨这个问题的另一种方法是,同时查看专利申请或科技出版物中的文字,以及商业化前景的营销方案或产品介绍。这两份材料使用的描述方法截然不同。

第二章

逐渐亮相

　　1991年,伦敦托特纳姆法院路,一辆汽车在红绿灯处停下,前排乘客向我喊道:"汤姆,嘿,你好吗? 在忙什么呢?"那是几年前大学里的一个朋友。我对所从事的工作做了介绍,却引起了他的困惑、不屑和一脸茫然。我继续说到大学、产业、专利等等,没等说完,绿灯亮起,车便开走了。在伦敦城工作的人总是行色匆匆,大家早已见怪不怪。

　　到什么时候,可以放心大胆地告诉家人自己从事的是大学技术转移工作? 又到何时,所讲的(技术转移工作内容)能够让人不再是一头雾水(在已经介绍清楚的前提下)?

　　本章讲述了英国大学技术转移从1948年至今的历史,有些提到了更早的年份,还有些是美国大学技术转移史的重要内容。同时,还介绍了英国和世界各地相关的专业支持协会。

第一节　英国技术转移史

　　在英国的技术发展历程中有两个关键事件。第一个是20世纪40年代,建立了国家政府机构,用于促进大学发明的商业化发展。第二个是 20 世纪 80 年代,认识到了这一中央机构的缺点,开始给大学松绑,使其自行开展技术转移项目。

第一个事件是在第二次世界大战(1939—1945 年)之后成立了英国国家研究与开发公司(National Research and Development Corporation, NRDC)。在一定程度上,这是对错失青霉素(一项来自英国的伟大研究发明)商业化发展良机的应对。NRDC 在 1981 年变为英国技术集团(British Technology Group),也就是 BTG,于 1992 年私有化。

第二个事件是在 1985 年立法①,允许大学自行开展技术转移项目,而不再依赖于 BTG。这一立法被视为对再一次错失单克隆抗体(另一项来自英国的伟大研究发明)商业化发展良机的直接应对。"1985 年立法"之于英国如同《拜杜法案》之于美国。

在评论家看来,这两起事件起因于错失良机,归咎于英国的政府、商业界和科学界。换一个视角来看,它们也是两个传奇故事,讲述了来自英国大学的伟大发明和技术如何被转移、投资并开发成为造福全球数百万人的产品,也促进了实质性的、可持续的经济增长。从错误中汲取教训是一项重要的技能,从别人的错误中汲取教训尤为重要。

本节将从一些更早期的历史开始,更加详细地描述这两个事件。

早期历史

数百年来,英国的大学以其知识、研究和专长为基础参与商业活动。

剑桥大学出版社(剑桥大学的出版业务单位)是世界上历史最悠久的出版社,也是最古老的大学出版社。它起源于"专利证书"(Letters Patent)———一份由亨利八世国王于 1534 年授予剑桥大学的皇家特许状,自 1584 年出版第一

---

① 主要内容是当时英国政府废除了 1967 年颁布的《发明开发法》中有关科技成果权属的垄断规定。——译者注

本大学印装书以来，一直持续运作。

老雅各布·博巴特(Jacob Bobart)为我们提供了一个早期例证——一个由大学内部转移至公众的商业活动。1641—1680年，博巴特担任了牛津大学植物园的园长。他之所以能得到这个职位，是因为一位英国贵族许诺捐款，而这位贵族在承诺兑现前不幸死于英国内战。结果，牛津大学无力支付博巴特的薪水，于是他开始做买卖，向牛津市民出售植物园栽培的草药和农产品，以此赚取薪水。[1]

欧文事件

1938年2月，牛津大学宣称已完成对此前从该大学职员布里纳尔·詹姆斯·欧文(Brynar James Owen)先生处购得专利的一家公司之赔付。涉事专利(与甜菜制糖有关)被证明是毫无价值的。[2]该专利交易于1926年。该公司向大学索赔75万英镑，最终获得7万英镑赔偿。[3] 1924年，欧文先生被任命为牛津大学农业工程研究所负责人。"很快就清楚了，欧文在财务问题上是不诚实的。"杰克·莫雷尔(Jack Morrell)这样说。[4]欧洲专利局的Espacenet数据库显示，1924—1926年间，欧文先生和甜菜作物干燥剂有限公司提交了一系列专利申请，分别在英国、希腊、法国和美国提交，此后还有很多专利申请，均涉及人工干燥农作物的设备和方法(比如GB267203号专利)。[5]布里纳尔·詹姆斯·欧文于1931年被大学停职，此后不久因欺诈交易被判处4年监禁和12个月苦役。正如《自然》杂志当时评论的那样，"高额赔偿金的判决对大学而言无疑是一个沉重的打击"。但更严重的打击很可能在于，影响大学内部专利和商业活动的信誉，损害大学在农业、政府和商业等外在方面的名声(此新闻登上了《时代》杂志和《墨尔本阿格斯》报纸)。这个案例涉及了当今技术转移专业人士所熟知的若干要点：诉讼问题、发明人及其公司、相关时效、索赔与赔付的差异，以及最重要的是对声誉的影响。

青霉素

在大学技术转移的语境中，青霉素的研发具有两个重要意义：一是，它展示了一项重要的发明如何从大学研究中转移出来,进行产业开发,并造福社会;二是,它也是促使 1948 年成立 NRDC 以及随后所有事件的部分动因。

青霉素类抗生素的开发史已被广泛研究,并有许多完备的文献记录。[6]概括来说,亚历山大·弗莱明(Alexander Fleming)于 1928 年在伦敦发现了青霉素。霍华德·弗洛里(Howard Florey)、厄恩斯特·钱恩(Ernst Chain)、诺曼·希特利(Norman Heatley)、多萝西·霍奇金(Dorothy Hodgkin)和爱德华·亚伯拉罕(Edward Abraham)自 1939 年在牛津大学将其开发成一种可用药物[首次使用青霉素疗法发生在 1930 年的谢菲尔德,当时病理学科的塞西尔·乔治·佩因(Cecil George Paine)使用由亚历山大·弗莱明所提供青霉素生产菌的粗提物,治疗了两个婴儿的眼部感染,亚历山大是塞西尔在伦敦圣玛丽医院医学院学医时的老师]。[7] 1941 年 2 月 12 日,该药物施用于人类患者,但由于抗生素药物产量不足,结果未能治愈。后来,1941 年 6 月,霍华德·弗洛里前往美国,寻找大批量生产青霉素的机会。美国政府和美国制药公司(默克、礼来、辉瑞)在美国进行了商业开发,并于 1942 年在美国用于病患治疗。1945年,亚历山大·弗莱明、霍华德·弗洛里和厄恩斯特·钱恩[不包括多萝西·霍奇金,娘家姓:克劳福特(Crowfoot)]因青霉素研究而获得诺贝尔奖。

当时的英国政府和英国制药公司没有对青霉素进行商业开发,因为正值二战,它们忙于别处,所有资源都集中在战局上。然而美国在 1941 年仍为战时中立国,并向英国和其他国家提供支持。1940 年 9 月的蒂泽德计划(Tizard Mission)的任务包括,英国向美国提供信息和技术,以换取美国提供的财政和战争物资支持。[8]牛津大学教授、科技企业家格雷厄姆·理查兹(Graham Richards)在《衍生:大学知识产权创业》一书中,介绍了在租借(the lend-lease)买卖①的背景下,青霉素是如何作为一项发明被交易到美国以换取美国对战局支持的。[9]至于是否存在关于青霉素专有技术的"交易",并用于换取对战局的财政和物质支持,这无从考究。但可以确定,蒂泽德计划先于霍华德·弗洛里

———————————

① 意为美国免费或有偿向同盟国提供战争物资。——译者注

"抵达"美国。前文提到当时正值二战，大西洋两岸的科学家、临床医生和政府都渴望通过扩大生产规模及临床应用实现青霉素的潜能。或许正是蒂泽德计划发挥了决定性作用，使得这个机会拱手让与美国的政府和制药公司。

曾有牛津大学的科学家对申请青霉素的发明专利感兴趣吗？我持怀疑态度，因为这与学术思想相去甚远。或许是 1931 年处置欧文事件的阴云仍未散去，8 年后依旧有研究人员心存顾虑。也或许是由于霍尔丹原则（Haldane principle），即英国政府不能干预英国研究理事会的科学研究方向和决定，以确保科学研究不受政府和行业的干扰。该原则源于 1918 年霍尔丹勋爵应邀对英国政府的组织制度进行的调查，所得出的结论之一是：（某项科学研究）除非是由政府部门特别委托，否则不应由政府指导或监督。霍尔丹原则由此确立，但此后争议不断，现在仍有许多人将其奉为圭臬，而其他人则认为无须遵守。[10]

英国国家研究与开发公司（NRDC）

1945 年，一份政府文件提出成立国家研究信托基金。1948 年，在工党政府的领导下，英国议会通过了《1948 年发明开发法》，其中要求政府成立一个新的法人机构，即英国国家研究与开发公司（NRDC）。

1949 年 1 月，贸易委员会主席哈罗德·威尔逊（Harold Wilson）议员（工党，奥姆斯柯克议员）被彼得·桑尼克罗夫特（Peter Thorneycroft）议员（保守党，蒙茅斯议员）质询，NRDC 建设进展如何，以及公开声明何时发表。威尔逊的回答是："鉴于国家研究与开发公司将要做的工作具有非寻常性与艰巨性，我认为在挑选掌舵人时必须格外小心，而找到合适人选并不是一件容易的事情。我还无法确定何时可以宣布。"

桑尼克罗夫特以其所在选区蒙茅斯选民的创造力为例进一步强调："这位尊敬的阁下所讲的观点，我表示完全理解，同时请问他是否知道我的选民们正在不断创造出最有创意的发明并要求我敦促政府根据该法令提供资金？他会加紧跟进此事吗？"

威尔逊在自己选区(奥姆斯柯克)选民的创造力问题上不甘示弱,他回应道:"恰恰是因为这个事实,每位尊敬的议员都有独具创意的选民,所以我们在任命该公司成员时更要格外小心。"[11]

值得注意的是,虽然该法案于1948年通过,但NRDC直到1949年才开始运作。NRDC的首任总经理是托尼·霍尔斯伯里(Tony Halsbury,第三代霍尔斯伯里伯爵),在任时间10年。

1950年6月12日,英国财政部发布了题为《将政府与发明相关的权属转交给国家研究与开发公司》的财政部第5/50号通知。该通知说明了当局的意见:"各部门应将所持有的或将持有的非秘密发明的现有及以后权利转移至国家研究与开发公司。"一些重要的发明除外,如与国防、原子能、燃气轮机有关的发明,以及其他无线电专利池以外的发明(从这些例外可以窥见当时的重大问题和优先事项)。在早期,当局要求政府各部门"不论如何"都要将所有非机密发明的说明书副本送交NRDC。这份文件赋予了NRDC开展专利和授权相关事宜的权力。[12]

NRDC的职能是开发和利用公共资助的研究成果、获取知识产权、开发技术、资助进一步的研究以及将知识产权授权给企业。公共资助的研究包括由政府部门和研究理事会资助的大学研究。NRDC的职能载于《1967年发明开发法》,该法案由《1948年发明开发法》《1954年发明开发法》《1965年发明开发法》合并修订而成。

《1967年发明开发法》对NRDC职能规定如下:

2.(1)该公司具有以下职能,即,

(a)为了公共利益的需要,确保开发或利用由公共研究产生的发明,以及公司认为未开发利用或没有充分开发利用的任何其他发明;

(b)获得、持有、处置和授予与公共研究产生的发明有关的权利(无论赠与或支付对价),以及为了公共利益的需要,与其他来源产生的发明有关的权利;

（c）若公司认为某研究具有成为发明的潜力，为了公共利益的需要，公司应尽己所能满足研究所需的条件，促进和协助该研究的进行；并

（d）若公司认为某研究已产生任何发现，且继续进行研究可能会产生具有实际价值的发明，为了公共利益的需要，公司应协助继续进行该研究。

（2）履行本节第（1）条（a）、（c）或（d）规定的职能时，公司有权根据本法案的规定，开展该过程所必需的、有利的或便利的任何活动，特别是可以开展、共同开展或促进其他人正在开展的业务活动。

（3）根据第（2）条，如果公司认为某项研究结果可能会进一步促进开发利用公司职能范围内的某项发明，或增强此类发明的价值，公司应促进和协助该研究。

（4）除非公司针对特殊情况另有要求，否则公司应在满足适当条件的情况下，委托相关行业的人员确保所有发明得到充分开发和利用，从而履行其职能。

（5）在本节中，"公共研究"是指由政府部门或其他公共机构进行的研究，或任何其他由公共资金提供财政支持的研究。[13]

1974年，在NRDC成立25周年之际，董事总经理W. 梅金森（W. Makinson）先生评论说，在国家层面上，"科学研究更专注于国家需求和商业导向的目标，企业与大学更直接地联通工业，这样完全正确。"[14] NRDC已在合成除虫菊酯类杀虫剂、头孢菌素类抗生素、无级变速箱、胆固醇检测、磁共振成像以及其他一些创新成果的专利申请和授权方面取得重大成功。NRDC在前几十年服务政府部门研究当中表现良好，而近些年服务大学研究则未达到预期。

1981年，NRDC与国有企业局（National Enterprise Board）合并成为英国技术集团（British Technology Group），也就是BTG公众有限公司。该公司于1992年私有化。1995年BTG在伦敦证券交易所上市，并转型为一家生命科学公司。自1992年以来，BTG逐渐剥离了NRDC原有的全部职能。撰写本书时，美国一家大型生物医学公司波士顿科学（Boston Scientific）已提出以42

亿美元收购 BTG。

"白热"

负责建立 NRDC 的哈罗德·威尔逊于 1964—1970 年和 1974—1976 年两个时间段担任英国首相。1963 年，时任反对党工党领袖的他发表了一番演讲，因提及"白热"而闻名。这场通常被称作"技术白热化"的演讲——然而与许多名言一样，实际上没有说过这个词——当时使用的表述是"这场革命的白热化"，其中的"革命"无疑是指科学和其他众多领域的革命。这一演讲本身呼吁开展科学四重计划："第一，我们必须培养更多的科学家；第二，培养好了这些科学家，我们一定要在留住他们上争取更大的成功；第三，培养好并留住了，我们还要更加明智地在培养的同时就使用他们，而不是满足于拥有他们；第四，我们必须更有目的性地组织英国的科学研究，更好服务于国家生产。"[15]

该演讲也让人们更加警惕科学变革的速度。正如哈罗德·威尔逊当时所看到的，科学变革速度已不是什么新鲜话题。一直到 50 余年后的今天，这个话题仍被人们挂在嘴边："我们生活在科学变革日新月异的时代，几年前还被视为科幻小说的事情，转眼就成为我们的孩子所经历的日常生活的一部分，这太常见了。"

今天重读整篇演讲，许多内容就像昨天才写的一般，倘若将给劳动力带来威胁的"自动化"替换为"人工智能"，则更像。

单克隆抗体

单克隆抗体是一种实验室制造的化学分子，有助于抗击包括癌症在内的许多疾病。西泽·米尔斯坦（César Milstein）和乔治斯·科勒（Georges Köhler）在英国剑桥开发了杂交瘤技术，能够制备大量的、均一的、单克隆的抗体，于 1975 年首次发表学术论文。

米尔斯坦、科勒当时均工作于剑桥大学分子生物学实验室（一个由医学研究理事会资助的政府实验室），他们二人与尼尔斯·卡伊·杰尼（Niels Kaj

Jerne)共同获得 1984 年的诺贝尔生理学或医学奖。米尔斯坦和科勒都是移民到英国的,分别来自阿根廷和德国,他们的例子充分说明了向海外科学家敞开大门的重要性。

相比之下,在大学技术转移这个狭小但不断发展的领域中,单克隆抗体的故事已经成为英国错失专利申请和技术商业化良机的谈资。这是失之偏颇的,单克隆抗体事件(对英国而言)也有好的一面。

在研究成果发表前,米尔斯坦向医学研究理事会(MRC)进行了报告,MRC 也报告了 NRDC,而 NRDC 没有采取行动;米尔斯坦的论文发表后,NRDC 才给出更为详尽的回应,称他们认为该情况不能进行商业开发。NRDC 决定不提交关于初始成果的专利申请,而提交了关于后续 1979 年成果的专利申请。米尔斯坦做得没错——他报告了 MRC 管理部门,后者也报告了负责发明专利的组织,但被否决。他也可以自己申请专利,但价格非常昂贵,而且既然 NRDC 的专家都说不行,就没必要再耗费心力。显然,米尔斯坦和科勒都无意于此。[16]

米尔斯坦得以继续他的研究,并与合作者共享单克隆抗体。当时还没想到用材料转移协议(MTAs)来对各类共享研究工具进行管理,而现在这是大学科研和技术转移办公室工作的重要内容之一。

单克隆抗体的专利申请于 1979 年在美国提出,这使得英国一片哗然。英国不仅“错失”了申请该专利的机会,还将此拱手送给了美国,诞生在英国的发明又一次在美国实现商业化。这很容易成为批评人士、评论员和政府的靶子:20 世纪 40 年代,英国根据蒂泽德计划的租借协议已经为美国提供了一大堆惊人的技术,这样还不够,这时竟然还没有吸取教训,让类似情况再次发生——这不禁令人感慨!

倘若 NRDC 在 20 世纪 70 年代申请了专利,那么全球生物技术产业就会在南英格兰而非加利福尼亚蓬勃发展吗?我不这么认为。英国拥有 Celltech 公司(创建于 1980 年,引领英国生物技术产业)等企业,论实力要比一项专利雄厚得多。

生物技术是一个令人激动且发展迅速的领域。随着人们逐渐意识到这可能是接下来的"大事",在阿尔弗雷德·斯平克斯(Alfred Spinks)的主持下,通过英国应用研究与开发咨询委员会、研究理事会顾问委员会和皇家学会合作成立的企业(原英国帝国化学工业集团,ICI)针对生物技术开展了一项调查,并于1980年发表了"斯平克斯报告"。该报告对参与单克隆抗体开发的科学家之行为提出了批评。[17]斯平克斯报告所作评论无疑是正确的,"在实践中,人们似乎对政府资金接收者的义务和NRDC的权利缺乏清楚的认识"。——这种情况一直持续到1985年①,甚至以后仍存在于那些与BTG(其前身为NRDC)继续合作的机构当中——"这必须得到纠正。"[18]

这说得固然没错,但绝非说完就完,1985年英国政府就做出了一个正确的决定,使得专利事务节点与科学家们更为紧密,让大学建立技术转移办公室。当时乃至今天的许多科学家对专利申请根本不感兴趣,而将专利事务节点设在伦敦的一个政府部门里只会徒增关卡,这一障碍理应减少。

经过了这些事件,英国的现代大学技术转移得以诞生。我在英国生活了30年,或许应该赞同那些哀叹错失良机的人之见解,但我没有。我诚然不会因为科学家没有申请专利而责怪他们。不管怎样,如今只要他们想做,便不是难事。

对英国而言,压倒一切的首要任务是要尽可能拥有最好的科学基础,成为世界上最适合科学家成长、最适合做早期基础研究的地方;第二要务是要尽其所能建立最佳的技术转移能力。即使这样,仍会"错失良机",然而需要克服这一点,坚持科学第一、商业化第二。关于商业化,不能单单依靠大学,还需要重视产业和专业投资者在开展合作中的作用,这甚至更为重要。

剑桥大学分子生物学实验室(Laboratory of Molecular Biology, LMB)在许多方面都享誉全球,包括作为单克隆抗体的发源地。英国医学研究理事会(MRC)和LMB已就单克隆抗体技术申请了后续专利,并获得了可观的许可

①　1985年英国政府立法废除了BTG对科技成果权属的垄断规定。——译者注

费。相关药物已开发问世，全世界数百万人受益于该技术。他们仍在继续开发单克隆抗体药物，如赫赛汀、帕捷特、阿瓦斯汀、马贝拉、坎帕斯和雷米卡德。[19]

英国的现代技术转移诞生于 1985 年 5 月 14 日

毕业于牛津大学化学专业的玛格丽特·撒切尔（Margaret Thatcher）于 1979—1990 年间出任英国首相。1981 年，NRDC 已变更为 BTG，但尚未私有化（1992 年）。正如故事所讲，首相注意到了这个机构。

一般认为，未能成功获得单克隆抗体专利是导致 BTG 控制英国大学发明商业化终结的动因。显然，大学校长委员会在 1975 年提出的建议还没有得到足够的重视："为管理研究成果的专利申请和商业开发，大学应该向所有类型的教职员工和学生公布详细的规章流程。"[20]基思·约瑟夫（Keith Joseph）爵士引入 1985 年通过的立法，废除了 BTG 对英国大学研究成果商业化的优先取舍权。

以下摘录自斯特灵大学克伦·哈维（Kerron Harvey）博士 1992 年 9 月的博士论文《管理知识产权的利用：英国九所大学的政策与实践分析》。

该论文进行结果研究所选取的重点是基于 1985 年 5 月 14 日发生的三个相关事件，当天：

（1）议会废除了英国技术集团在开发由研究理事会资助的研究所产生的知识产权方面的优先取舍权；

（2）教育与科学部发布了一份新闻稿，其中国务大臣概述了关于在开发由研究理事会资助的研究所产生的有关知识产权方面的新工作安排及其主要特征；

（3）科学与工程研究委员会主席[①]代表五个研究理事会致信大学校

---

① 即约翰·金曼爵士。——译者注

长，询问他们的大学是否希望承担关于开发研究理事会资助的研究所产生知识产权的权利和责任，因为现在没有义务将其提供给英国技术集团。[21]

约翰·金曼(John Kingman)爵士在1985年5月14日的信中[上述(3)事件]提出了大学在承担这些责任时应考虑的11个要点，包括落实现有安排、获得专业知识和资助、发明人参与、收益共享、机构责任和问责，以及需要向政府作年度报告等。1988年，约翰爵士致信的60所大学中有53所表示希望承担开发相应知识产权的责任。[22]

《1988年研究理事会开发安排指南》明确指出，大学有义务同英国公司一起将大学技术商业化；若大学认为海外的公司可能更适合开发该技术，则应征求贸易与工业部的意见。

> 改变开发安排工作的意图在于使英国受益，而且重点是，应尽可能由英国的公司来开发英国大学的科技发明。然而，在某些情况下，大学或其代理人可能决定由海外的公司而非英国的公司开发该发明更为合适。若大学或其代理人希望在进行贸易谈判前，就此决定和贸易与工业部做讨论或征询其建议，该部门将自觉自愿提供服务。[23]

该指南请大学"在提议进行海外开发的情况下，对此要特别注意，并仔细审查所有案情"，还提供了联系人姓名和伦敦的电话号码。我在2019年拨打过该号码，遗憾的是，已经打不通了。[24]

这一切都与基奇纳勋爵在第一次世界大战中的募兵海报一脉相承，"祖国需要你"。到21世纪初，这种与英国公司合作开展商业化的概念和措辞逐渐淡化。与此形成鲜明对比的是，美国《拜杜法案》中强烈的爱国主义措辞至今仍然存在。需要注意的是，美国确实拥有更大的市场。

英国的现代技术转移

从 1985 年起,英国大学开始发展自己的技术转移能力。剑桥大学起步较早,伴随着沃尔夫森基金会支持沃尔夫森工业联络办公室(与曼彻斯特大学一样),于 1981 年设立了技术转移办公室。牛津大学于 1987 年成立了技术转移附属公司(牛津大学研究与开发公司,后更名为伊西斯创新有限公司,现在名为牛津大学创新有限公司)。

大学已有某种形式的研究支持办公室,然后与这些办公室并列或在其中增设工业联络办公室,再然后是技术转移办公室。大学工业联络主管协会(University Directors of Industrial Liaison, UDIL)在 1988 年发表的一份报告中进行了综述:"大多数大学已经建立了关于保护和商业利用校内研究所产生知识产权的程序,然而所涉及业务总体上陷于资源不足困境,通常管理松散,时常协同不足。"[25]

1992 年,英国政府实施了两个助力项目,一个是"加强工业联络办公室",另一个是在大学开展技术审计。保守党大臣威廉·沃尔德格雷夫(William Waldegrave)以兰开斯特公爵领地事务大臣的身份牵头推进这两个计划,并于 1993 年发表《实现我们的潜力》白皮书(参见第九章)。

工业联络办公室项目将我从伦敦带到布里斯托尔。布里斯托尔大学研究支持与工业联络办公室主任阿德里安·希尔(Adrian Hill)申请到由该计划资助的一个新职位,并给了我这份工作。

1992 年,英国的技术学院转型为大学,"1992 前"的大学工业联络主管协会(UDIL)与"1992 后"大学的工业联络官员协会(Association of Industry Liaison Officers, AILO)合并,成立了大学研究与工业联络协会(Association of University Research and Industry Liaison, AURIL)。技术转移活动在逐渐升温。当时 AURIL 会议吸引参会人员达 50 人[①]。如今所称的技术转移行业由此在英国诞生。

---

① 1992 年技术学院转型后,当时英国的大学数量由原先 40 余所增至 80 余所。——译者注

　　英国技术集团于 1992 年私有化，并于 1995 年在伦敦证券交易所上市。许多英国大学是 BTG 的股东，所持股权随着 BTG 私有化而具有实际价值。在 20 世纪 90 年代中期，至少有一个英国大学股东通过出售股份获得现金收益，用以提升自身技术转移和专利预算的成效。

　　1993 年沃尔德格雷夫的白皮书《实现我们的潜力》中说明了政府如何组织研究活动和进行研究资助安排的机制，描述了公立大学的研究参与企业合作发展的总体需求，以及推进大学与企业合作的必要性。有了青霉素、单克隆抗体及生物技术开发的前车之鉴，此举旨在为英国搭建技术转移框架。

　　英国现代大学技术转移的另一个关键年份是 1999 年。1999 年的行动与 1985 年（BTG 失去其垄断地位）和 1993 年沃尔德格雷夫白皮书一同，产生了持久的影响。正是在 1999 年，政府实施了资助大学开展"第三任务"的重大举措，一直持续到今天。大学挑战种子基金（University Challenge Seed Fund）、科学企业计划（Science Enterprise Scheme）以及高等教育机构与企业和社区合作计划（Higher Education Reach-out to Business and the Community, HEROBC），也均于 1999 年启动。其中，HEROBC 是高等教育创新基金（Higher Education Innovation Funding, HEIF）项目的前身，该基金每年提供约 2.5 亿英镑用于英国大学知识交换和商业化活动。

　　从 1999 年至今，英国的大学技术转移活动一直在稳定增长，主要得益于中央政府对高等教育创新基金项目的支持（参见第九章），以及大学和企业对校企合作的态度转变。供给侧进展为，大学科研人员对政府资助和产业资助兼而有之的合作研究（方式）变得习以为常；需求侧进展为，工业界在缩减早期工业研究的情况下，相比于行业内日益减少的专业知识，对储备在大学院系中的专业知识有了正式认可。英国政府在资助科学研究、支持大学与企业合作和内阁大臣长期任职等方面施行一贯的政策并从中获益。[26]

　　1999 年的行动及 HEIF 设立以来，对技术转移影响最大的当属 2014 年卓越研究框架（REF）所引入的影响力评估——将在本书第十一章作详细说明。自此，大学技术转移逐渐发生根本性变化，从一个处于大学边缘的、仅适宜某些人的、相对孤立的活动发展成为大学中心工作的一部分，影响整个学校。

PraxisAuril[①]的报告《知识交换和商业化：英国高等教育职业状况（2016年）》对当今大学技术转移的活跃程度做了很好的描述，该报告中的标题信息图表明，英国的大学中有 4 000 名从事知识交换和商业化（knowledge exchange and commercialization，KEC）的专业人士，为 15.6 万名学者提供支持，在大学与经济社会之间产生 39 亿英镑的资金互动。[27]

KEC 专业人员在大学、公共和慈善研究机构或研究资助组织中工作，他们帮助研究人员与产业界开展多种形式的合作，包括但不限于科研合作、合同研究、服务提供、咨询、物资转让、许可、成立衍生公司[②]、人员交流、顾问委员会。乍看 4 000 这个数字似乎很大，然而平分到 150 多家机构中，每个机构内只有区区 25 名 KEC 专业人员。

第二节　美国大学技术转移史

美国技术转移的发展历程中有一个关键事件，即 1980 年通过《拜杜法案》，该法案允许美国大学拥有由美国联邦政府研究经费资助产生的发明（专利权）并将其商业化。本节介绍《拜杜法案》出台之前和之后的事。

1980 年之前

美国大学技术转移的历史始于 1912 年的加利福尼亚州，主人公是弗雷德里克·加德纳·科特雷尔（Frederick Gardner Cottrell）。科特雷尔教授在加利福尼亚大学伯克利分校发明了一种减少空气污染的装置。1912 年，他成立了科技进步研究公司（Research Corporation for Science Advancement），对他的新

---

① 代表英国的技术转移行业协会。——译者注
② 类似于我国的"作价投资"。——译者注

发明进行商业化并取得了巨大成功。该公司后续还非常成功地资助、开发并商业化一系列发明，发展了在专利申请和技术许可方面独特的专业实力。1937 年，科技进步研究公司与麻省理工学院(MIT)签署了一项协议，实际上就成为 MIT 的技术转移办公室。1987 年，该公司基金会(Research Corporation Foundation)分为两部分，即以商业为重点的技术研究股份有限公司(Research Corporation Technologies Inc., RCT)和延续此前业务的科技进步研究公司基金会。如今，科技进步研究公司基金会继续资助科学研究，而 RCT 则作为技术投资和管理公司，不断为有潜力的生物医学公司和技术提供初创资助和开发。[28]

　　与此同时，在 1925 年的威斯康星州，威斯康星大学(现为威斯康星大学麦迪逊分校)的校友受托人成立了一个独立于学校的非营利性机构，即威斯康星大学校友研究基金会(Wisconsin Alumni Research Foundation, WARF)——一种常用老鼠药和抗凝血剂因此得名华法林(warfarin)①。哈里·斯廷博克(Harry Steenbock)教授曾试图劝说大学就他有关维生素 D 使用的发明提交专利申请，但未能成功；他与同事们再次尝试，通过找到大学董事会，获准同意成立一家独立公司。WARF 最初的组织章程声明"公司的业务宗旨是促进、支持和帮助威斯康星大学的教职员工、校友和学生以及与之相关人员的科学调查与研究"，当今的使命是"为威斯康星大学麦迪逊分校的科学研究提供经济资助、积极资产管理、向市场推广创新产品等的支持，以获得收益和国际影响力"。[29]

　　20 世纪 40 年代，卡尔·林克(Karl Link)教授与其同事合成了一种名为双香豆素(dicumarol)的新型化合物，别名华法林(warfarin)，于 1948 年作为老鼠药面市；20 世纪 50 年代，进行了将华法林用作治疗性抗凝血剂的研究。华法林以药品商标"香豆定"(coumadin)投入临床使用，并于 1954 年获准用于人体。WARF 因此获得了数亿美元的许可费。[30]

―――――――――

① warfarin 中的 warf 为该基金会首字母缩写，arin 则为该药物研究中关键物质香豆素(coumarin)之词尾。——译者注

20 世纪 60 年代，由美式橄榄球佛罗里达短吻鳄队（Florida Gators）提出需求，佛罗里达大学研发了一款新型饮料（可以补充橄榄球比赛中流失的体液）。这种含有糖、盐、钾和柠檬汁的饮料被开发成佳得乐（Gatorade），如今在世界各地销售。其间曾产生关于发明权、所有权和许可费的一系列争议，于 1973 年得到了解决，佛罗里达大学自此已获得数亿美元的许可费。

斯坦福大学经过几年的规划和试点，于 1970 年正式成立了技术许可办公室（OTL）。它的第一任主管尼尔斯·莱默斯（Niels Reimers）以其远见卓识使得办公室成立并取得初期成功，包括对 Cohen-Boyer 基因剪接专利进行了许可。莱默斯早已注意到，那些从事研究成果专利的大学倾向于聘用校内的专利代理人，而不是具有商业经验或商业意愿的人士。莱默斯确定了成功的四个关键要素，并使之成为斯坦福技术许可办公室的基石：

（1）集中精力与人力将发明推向市场；

（2）赋予许可专员个人有效开展工作的权责；

（3）分包专利申请给外部专利律师事务所；

（4）给予发明人激励。

以上四点依旧是成功开展技术转移项目的基本支柱，而向斯坦福大学技术许可办公室取经并试图复制其成功的大学（大多不在加利福尼亚州）很多，总体上却不成功。

1. 专利制度协议

威斯康星大学校友研究基金会（WARF）是技术转移领域的典范，不仅资助了研究，拥有了由此产生的专利权，还可以自行将其商业化。佳得乐之所以成功，是因为它的秘方和商标。

其他地方的大学鲜有成功，因为大多数研究是由美国联邦政府资助的，而政府坚持持有和控制研究成果和知识产权。

20 世纪 60 年代后期，大学和有关方面发现了问题的症结所在，美国政府迫于压力而引入专利制度协议（IPA），该协议由大学和特定的联邦资助机构签署。威斯康星大学麦迪逊分校与卫生教育福利部（DHEW）于 1968 年签署了第一份 IPA。代表大学谈判的是 WARF 的专利顾问霍华德·布雷默(Howard Bremer),他当时是大学专利管理人协会(SUPA)的第一任主席,而该协会逐步发展成为大学技术经理人协会(AUTM)。IPA 赋予了大学将研究成果商业化的自主权,但该协议烦琐,必须根据不同项目、不同学校、不同联邦部门逐一起草。正因为他们艰苦的拓展及本身繁杂的性质,使得《拜杜法案》应运而生。

与《拜杜法案》并行的是 1980 年《史蒂文森-怀德勒技术创新法案》,该法案之于联邦政府的研究实验室,正如《拜杜法案》之于大学。《史蒂文森-怀德勒技术创新法案》要求美国政府实验室以研究与技术应用办公室的形式且至少配备一名职员,参与技术转移并提供资源。

2.《拜杜法案》

据说,来自印第安纳州的美国参议员伯奇·拜赫(Birch Bayh),他的第一任妻子马维拉(Marvella)患了癌症,拜赫在照顾妻子治病的日子里经常与临床医生打交道。他对临床医生的医疗水准、创造能力和聪明才智留下了深刻印象,并对这些为何没有通过医疗保健和制药公司进行商业化开发而产生了疑问。从这段交往中,他了解到 IPA 及其不足,了解到《史蒂文森-怀德勒技术创新法案》及对大学和医院进行类似支持的缺位。他还听说了 SUPA,该协会在伯奇·拜赫推动美国国会通过立法的过程中起到了重要作用。

这些事件促成了《拜杜法案》。伯奇·拜赫于 2019 年(3 月 14 日)辞世,当时人们对他的致敬表明了他是一位非凡人物。[31]

《美国法典》(*The Code of Laws of the United States* 或 *United States Code*)将美国国会通过的联邦法律编排成卷,按主题对各卷进行汇编——通常认为这样编排比《美国联邦法律大全》按时序记录更为实用——目前(截至 2020 年,下同)共有 54 卷。例如,第 2 卷是与总统有关的联邦法律,第 52 卷适用于投票和选举,而第 45 卷则与铁路相关。

第 35 卷关于专利,于 1952 年推出。该卷目前有 5 部分,每部分再分章节。第 4 部分中的第 18 章标题为"联邦资助产生发明中的专利权",即《拜杜法案》。[32]该法案以推动美国国会将其立法的两位参议员伯奇·拜赫和鲍勃·

杜尔(Bob Dole)①之姓氏命名为《拜杜法案》，它也被称作《美国专利商标法修正案》。《拜杜法案》于 1978 年提出，1980 年通过，1981 年 7 月 1 日生效，迄今40 余年。参议员伯奇·拜赫是美国民主党人，1963—1981 年担任印第安纳州参议员。参议员鲍勃·杜尔是美国共和党人，1961—1969 年为代表堪萨斯州的美国众议院议员，1969—1996 年担任堪萨斯州参议员。杜尔于 1976年成为美国共和党副总统候选人(当时民主党吉米·卡特击败了共和党杰拉尔德·福特)，于 1996 年成为共和党总统候选人(最终不敌民主党比尔·克林顿)。

在大学技术经理人协会(AUTM)会议上引发争论(或者说是得体地表达分歧)最简单的一种方法是，请美国大学技术转移专业人士中的一位来解释《拜杜法案》。不管是谁先开始解释，很快就会被另一位打断，他会解释说，虽然前面说得没错，但还不够完整，这样讲会更清楚一些……然后继续。

《拜杜法案》其实就是明确了政府资助研究所产生的专利所有权及相应责任。该法案允许大学拥有并对外许可由大学研究人员开发的专利。在此之前，大学需要(针对专利)逐件地申请单独的 IPA。

3.《拜杜法案》的内容

法案第一段(《美国法典》第 35 卷第 18 章第 200 节)阐述了政策和目标：

> 国会制定该政策旨在利用专利制度促进联邦政府资助项目中的科技成果转化，鼓励小型企业最大限度地自主参与到联邦政府资助的研究或发明项目中，促进商业机构与大学等非营利组织间相互合作，确保非营利组织和小型企业的发明创造以促进自由竞争和企业发展并且防止对未来科研和发现不当阻碍的方式实施；促进美国企业及劳动力对在美国产生的专利的商业化和公共获取。确保政府在联邦资助的发明中获得足够的权利，以满足政府的需求，并保护公众免受未实施或不合理实施发明的侵

① 全名为 Robert Joseph Dole。——译者注

害。同时,此制度还旨在降低科技成果的管理成本。

AUTM网站上的说明解释了这段话的含义。

该法案的主要条款包括:

● 包括大学和小型企业在内的非营利组织,可以选择保留在联邦政府资助的研究计划下开发的创新成果的所有权

● 鼓励大学与商业机构合作,促进利用由联邦资助产生的发明

● 希望大学为其选择保留所有权的发明申请专利

● 希望大学优先向小型企业提供授权

● 政府保留在全球范围内对该专利的非独占许可之权利

● 在非常特殊的情况下,政府保留介入权。[33]

该法案对美国行业的偏好非常明显:

§ 204. 优先选择美国工业

宪章中虽有其他条款的规定,但拥有专项发明所有权的小型企业或非营利组织,以及从小型企业或非营利组织受让专利的专利权人,均不得擅自将联邦政府专项发明的独占权或转让权授予他人,除非受让人同意在美国本土实际制造该项专利得到的产品或使用该项专利制造的产品。但是,在个别情况下,该要求存在例外,即政府资助的小型企业、非营利组织的专项发明,在授予专利后没有被成功实施、与其他获得专利的发明相类似或在国内生产不具有商业前景的除外。

4. 介入权

《拜杜法案》规定,如果政府认为大学在促进发明的商业开发方面做得不够,政府可以要求大学许可给企业进行开发。该法案允许政府在某些情况下

"介入"大学的技术转移办公室并强制大学向公司授予许可。这是该法案中最具争议的内容之一（连同严苛的行政合规负担一起施加给大学）。

请求政府行使介入权的案例有一些，但成功的却未有。美国国立卫生研究院（National Institutes of Health, NIH）总共收到 5 份来自公司的申诉书，这些公司认为大学在将技术商业化方面做得不够而希望获得大学的技术。其中第一份的事件发生在 1997 年，经过与约翰斯·霍普金斯大学和百特医疗用品公司（Baxter Healthcare）打了 5 年官司后，赛普生物公司（CellPro）向美国国立卫生研究院寻求帮助。有两份申诉书援引《拜杜法案》所规定的介入权以争取药品公平定价——其一是含有拉坦前列素的基本药物（商品名：适利达，Xalatan），其二是艾伯维公司（AbbVie）的利托那韦（商品名：诺韦，Norvir）。对以上两项申诉，美国国立卫生研究院的判定是，《拜杜法案》与药物定价无关。

1980 年《拜杜法案》之于美国技术转移，如同 1985 年结束 BTG 垄断地位的立法之于英国技术转移。遗憾的是，英国的立法没有一个朗朗上口的名字，有时被称为"基思·约瑟夫调整"（Keith Joseph Shift），以玛格丽特·撒切尔政府时任教育和科学国务大臣基思·约瑟夫爵士命名；或为"约翰·金曼书信"（John Kingman Letter），得名于著名统计学家、时任科学与工程研究委员会（Engineering Research Council）主席约翰·金曼，他于 1985 年 5 月 14 日致信各大学提议由大学自行承担技术转移的责任。

1980 年之后

自 1980 年以来，美国大学的技术转移业务不断发展。加利福尼亚州的斯坦福大学技术许可办公室和马萨诸塞州波士顿附近的麻省理工学院技术许可办公室可谓两个极佳的典范，向世界展示了实力强劲的研究型大学如何审慎开展技术转移而取得优异成绩并在全球创新社区中大展风采。当然，全美国范围内还有许多其他优秀的典型。

在此，谨列出几个美国大学的技术转移成功案例：佛罗里达州立大学将全新的紫杉醇(paclitaxel)合成方法许可给百时美施贵宝公司(Bristol‐Myers Squibb),使抗癌药紫衫醇(商品名：Taxol)得以广泛使用;乔治敦大学技术商业化办公室将抗组胺剂艾来锭(Allegra,治疗过敏性鼻炎)许可给赛诺菲-安万特公司(Sanofi‐Aventis);密歇根理工大学将"安全线"(SafeLine)路面技术专利许可给嘉吉公司(Cargill),有效预防交通事故死亡;在哥伦比亚大学授权下,高清电视的 MPEG‐2(动态图像专家组)关键技术进入行业专利池。

AUTM

大学技术经理人协会(Association of University Technology Managers)成立于 1989 年,前身是大学专利管理人协会(Society of University Patent Administrators,SUPA)。在 1974 年凯斯西储大学的一个小型会议上,一群活跃于技术转移领域的人提议成立一个协会,把对该新领域感兴趣的个人和机构聚集起来,SUPA 就此诞生。[34]该协会演变成大学技术经理人协会后一直被称作 AUTM,于 2018 年正式更名为 AUTM。

AUTM 是北美地区和世界各地大学技术转移的先驱,引领了北美地区的开发与共享实践,其中许多成果都已传播到世界各地,或多或少得到了推广。AUTM 年会是全球最大的大学技术转移人士的聚会,通常于 2 月或 3 月在美国南部举行,是一场涵盖会议组织、分享、培训、社交和餐饮的盛会。

该协会近期经历了一场身份危机,即对改名的质疑,因为普遍认为协会名称的每个词都可能引起误解：A 是协会(association)而非美国人(American)的缩写,若误解则让美国以外的人敬而远之;U 是大学(university)的缩写,但有许多非大学的成员,比如政府实验室和专利律师;T 是技术(technology)的缩写,但它关注的不只是技术,还有社会科学和人文科学;M 是经理人(managers)的缩写,但它支持所有层面的参与人员,而不局限于经理人。常识占据了上风,协会也保留了名称,但它却仅以首字母缩略的形式出现。英国技术集团也有同样的经历,它一直被叫作 BTG,曾经有人询问各单词的含义,官方对此保持沉默,后来便将 British Technology Group 改作 BTG。英国石油公司(British

Petroleum)也已更名为 BP。尽管如此，至少还有 GSK (葛兰素史克公司)仍名为 GlaxoSmithKline。

私营企业相向而行

同时，越来越多的私营企业成立以支撑大学技术转移活动。其中包括数据库公司(如 Wellspring)、知识产权咨询公司(如 IP Pragmatics)、营销公司(如 InPart)、媒体公司(如 Mawsonia GUV)、数据公司(如 Beauhurst)。这是大学技术转移社区的重要组成部分，并表明私营企业有足够的实力来支持新的服务业务。现有的大型企业已开发出针对大学部门的服务，包括路透社创新指数、拥有专业技术转移服务团队的律师事务所，当然还有大量的专利律师事务所。

越来越多的私营企业成立以投资和开发从大学走出的技术成果，它们独立于衍生公司本身。1999 年，戴夫·诺伍德(Dave Norwood)成立了 IP2IPO(现为 IP Group 公司)，以投资源自牛津大学化学系的衍生公司。该公司最近新设子公司 ParkWalk，旨在管理和吸引"企业投资计划"(Enterprise Investment Scheme, EIS)投资者的投资基金，并已设立了基金，用于直接投资源自诸如剑桥大学、牛津大学和布里斯托尔大学等顶尖大学的衍生公司。麦西亚科技公司(Mercia Tech)是一家专门从事早期成长融资的投资企业，重点关注区域是英格兰中部、北部地区和苏格兰，现已签订 19 份大学合作协议。总部设在美国的联盟思想公司(Allied Minds)，虽在伦敦证券交易所上市，投资和培育的却是美国大学的衍生公司。同样是在伦敦证券交易所上市的 IP Group，目前在美国和澳大利亚已开展早期投资业务。最近，牛津科学创新公司(Oxford Sciences Innovation)筹集了 6 亿多英镑的巨款，用于投资和开发牛津大学的衍生公司。

也有一些私营企业半路夭折，位于美国并一度在英国活跃的 UTEK 公司，此前将 U2B(一种新的大学-企业商业模式)带到英国，并于 21 世纪初的一段时期里在伦敦证券交易所另类投资市场(Alternative Investment Market, AIM)上市。UTEK 的部分管理层现已改组为 TEKCapital，以投资大学的初创企业。

总体而言,技术转移是一个在大学和私营企业之中成长起来的充满活力的行业。

第三节　技术转移网络概览

在英国和世界各地,有许多支持技术转移的组织。图2.1列出了在英国支持技术转移人员的商会和专业协会的演变,下一节将介绍英国以外的相关网络。

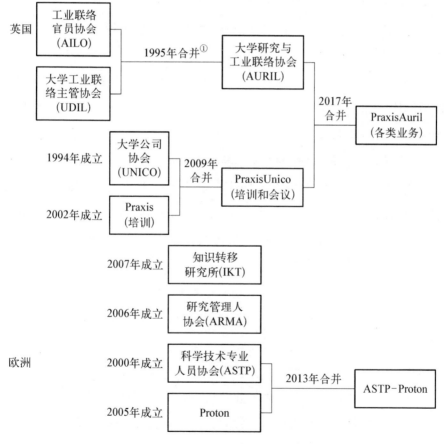

图2.1　英国支持技术转移专业协会的发展历程

---

① 原文此处为1993年,译者根据前后文调整为1995年。——译者注

在英国的演变

与美国大学技术经理人协会（AUTM）的持续稳定截然不同，英国技术转移协会的发展"难以捉摸"。

1. 工业联络官员协会（Association of Industry Liaison Officers，AILO）

协会成员是英国的新大学，于1992年英国技术学院转型为大学时成立。

2. 大学工业联络主管协会（University Directors of Industry Liaison，UDIL）

协会成员是英国的旧大学（有时被称作"1992前"大学），系"为促进在英国和爱尔兰的大学开展商业活动而成立的专业协会"。[35]

3. 大学研究与工业联络协会（Association of University Research and Industry Liaison，AURIL）

AURIL于1995年4月由AILO与UDIL合并成立。合并工作于1994年由AURIL秘书处启动，并得到了英国贸易与工业部（Department for Trade and Industry，DTI）的支持。

4. 大学公司协会（University Companies Association，UNICO）

UNICO始于1994年，由负责大学全资公司管理、从事各类商业活动（含技术转移）的一小群人所创立。该协会致力于技术转移，多年来与AURIL并行发展。UNICO专注于会议举办、报告撰写、政府关系，为其成员提供相应支持。

UNICO在2004—2006年间出版了一系列"实践指南"，其大部分由安德森律师事务所的英国律师马克·安德森（Mark Anderson）编写。该指南在PraxisUnico网站上持续更新。

UNICO还在2001—2005年间管理和发布了《UNICO英国商业化调查报告》。由于（技术转移）社区尚未如此开放，该报告出版时没有指定机构的链接。尽管如此，报告所收集的数据却与美国《AUTM调查报告》的相类似。UNICO于2006年决定停止这项调查。

5. Praxis

Praxis由剑桥大学的戴维·赛切尔（David Secher）和麻省理工学院的莉

塔·内尔森(Lita Nelsen)于 2002 年创建,旨在打造一系列针对技术转移办公室员工的培训项目。由于二人在创立和发展 Praxis 方面的贡献,内尔森受到英国女王的表彰,获得大英帝国成员勋章,赛切尔也被授予英国女王企业促进奖。

Praxis 是在 2002 年由英国政府提供少量资金创建的,这些资金来自"剑桥-麻省计划"(Cambridge Massachusetts Initiative)。该计划是时任英国财政大臣(后来的英国首相)戈登·布朗(Gordon Brown)斥资 6 800 万英镑做出的大胆决定,用以帮助在英格兰的剑桥大学(进而整个英国)向全球两大引领创新社区之一的马萨诸塞州波士顿取经。2002 年 9 月,Praxis 在伦敦举行了项目委员会第一次会议。该组织致力于开展由技术转移专家授课、面向技术转移从业者的培训活动,以及政治游说。在 6 800 万英镑的计划中,Praxis 只拿到了区区几十万英镑,却成了为数不多的实实在在的成功项目。

6. PraxisUnico

PraxisUnico 由两个已有组织(UNICO 和 Praxis)于 2009 年合并而成。一段时间以来,该组织的这两部分面向同一人群一方面开展培训,另一方面提供会议服务。

7. PraxisAuril

PraxisUnico 和 AURIL 一直并行发展,直到 2016 年双方提出合并意向,后于 2017 年正式合并。

8. 知识转移研究所(Institute of Knowledge Transfer,IKT)

IKT 成立于 2007 年,由英国高等教育基金管理委员会(Higher Education Funding Council for England,HEFCE)资助,系面向从事创新、知识转移、创业和企业发展的人提供服务的专业机构。IKT 目前处于不活跃状态,在明晰该行业未来发展之前,仅维持基本的活动和服务。

9. 研究管理人协会(Association of Research Managers and Administrators,ARMA)

ARMA 成立于 2006 年,主要是在研究管理方面而非技术转移方面为相关人员提供支持。当然,这两方面的内容和人员难免有重叠。

除了图 2.1 中所示的组织外，以下组织也在积极支持英国的技术转移事业。

10. 许可贸易工作者协会（Licensing Executives Society，LES）

英国和爱尔兰许可贸易工作者协会多年来一直积极支持大学技术转移工作者，举办了许多以校-企专利许可为主题的研讨与会议。

11. 英国国家大学和商业中心（National Centre for Universities and Business，NCUB）

英国国家大学和商业中心是一个独立的非营利性会员组织，旨在促进、发展和支持全英国的大学-企业合作。NCUB 成立于 2013 年 4 月，前身是已有 25 年历史的工业和高等教育理事会（Council for Industry and Higher Education，CIHE）。NCUB 是唯一一个由大学和企业领导人共同组成的中央资助组织，以此来影响政府，解决国家面临的挑战。其中许多大学和公司都是付费会员。近年来，NCUB 发布了一系列信息报告，尤其是"关系状况"年度报告。

12. "无名团体"：4U、6U、8U 和 nU

"八校"（8U）是自 2001 年开始存在的一个非正式团体的最新形态，现已汇集了英国顶尖研究型大学和两所美国大学的技术转移办公室负责人。该团体最初诞生于牛津大学，为了避免让非成员感到被孤立，便起名为"无名团体"；几年后定名为"无名四校"（4U），成员包括牛津大学、剑桥大学、伦敦大学学院和帝国理工学院的技术转移工作负责人。该团体每隔几个月会在某一办公室进行公开会面（但不作宣传），讨论当下的挑战。曼彻斯特大学和爱丁堡大学加入后变成"六校"（6U），会议照常举行。技术转移办公室负责人以"六校"团体名义发表了许多文章，设法解决当前的一些问题。随着斯坦福大学和麻省理工学院的加入，该团体成为全球性的大学组织。据说，"八校"还将进一步扩大，吸纳其他全球技术转移工作突出的大学。

13. 跨企业学术关系工作组（Inter‐Company Academic Relations Group，ICARG）

跨企业学术关系工作组是英国工业联合会（Confederation of British Industry，CBI）的一个工作小组，由负责管理公司与大学科研联系的企业高管组成。它作为各行各业从业者交流经验和互通情报的一个论坛,提供获取有用知识和有益思路的机会,以及了解关于科研资助及类似领域的政策并对其产生影响。论坛研讨基于实践经验的企-校科研联系,受到 CBI、政策制定者和资助组织的重视,参会人员包括英国商业、创新及技能部(Department for Business, Innovation and Skills, BIS)、Innovate UK、英国研究委员会、英国高等教育基金管理委员会等单位的代表。

14. 英国科技园协会(United Kingdom Science Parks Association,UKSPA)

科技园与其毗邻大学之间有着天然的紧密联系。实际上,英国第一个科技园是由剑桥大学三一学院建立,并于 1973 年进驻首家企业。[36] UKSPA 目标是成为规划、发展和创建科技园及其他创新园区的权威机构,促进英国创新、高增长和知识驱动型组织的发展与管理。业主、管理公司和租户之间的联系与大学技术转移社区在很大程度上存在着交叠。

在全球的情况

世界各地大学技术转移社区的发展得益于国家级和全球性的会员协会及组织。这些年来,我乐此不疲投身其中,切身体会到这些组织大有益处。

美国的 AUTM 是行业中的佼佼者,美国的 AUTM 年会目前吸引大约 2 000 名技术转移从业者。2011 年起,AUTM 开始在亚洲(北京)设置会场,这是为前往美国的国际参会者举行的"回程会议",这也是美国参会者的"忙碌假期"。1995 年在美国,我第一次参加了 AUTM 会议,那时遇到的同事至今仍是好友——美国社团友谊似乎格外长青。

以下是世界各地的技术转移协会:

- 科学网络社会影响力提升与评估组织(AESIS)
- 科学技术专业人员协会(ASTP)
- 技术转移专业人员联盟(ATTP)
- 大学技术经理人协会(AUTM)
- 技术转移能力中心(CCTT)

- 丹麦大学网络研讨会(丹麦)(DNNT)
- 欧洲科研管理人员协会(EARMA)
- 欧洲技术转移办公室联盟(ETTO)
- 欧洲知识转移协会(EuKTS)
- 国际高等教育与工业顾问协会(IACHEI)
- 澳大利亚知识商业化组织(KCA)
- 爱尔兰知识转移办公室(KTI)
- 许可贸易工作者协会(LES)
- 公共研究成果转移转化协会(意大利)(NetVal)
- 大学技术转移中心协会(波兰)(PACTT)
- 研究成果转移办公室网络(西班牙)(RedOTRI)
- 技术转移与研究创新专业人员协会(西班牙)(RedTransfer)
- 技术转移公司促进网络(法国)(Réseau SATT)
- 注册技术转移经理人组织(RTTP)
- 南非研究与创新管理协会(SARIMA)
- 瑞典创新与技术转移支持网络(SNITTS)
- 技术管理学会(STEM)
- 大学专利管理人协会(SUPA)
- 瑞士技术转移协会(SWITT)
- 知识和技术转移协会(德国)(TA)
- 大学产业创新网络(UIIN)
- 日本大学创新与技术转移网络(UNITT)
- 大学产学研合作中心平台(土耳其)(USIMP)

在欧洲(英国以外的地区),我曾在 SWITT、SNITTS、ASTP、ASTP－Proton (由 ASTP 和 ProTon Europe 合并而成)、RedOTRI、NetVal、DNNT 和 Réseau SATT 等组织的会议上发言。ASTP 由一位荷兰企业家创立,我于 1984 年在摩洛哥与之偶遇。最近他成立了 AESIS,以顺应人们对影响力和社会科学日益增长的关注。

科学技术专业人员协会（ASTP）与 ProTon 合并为 ASTP‑Proton，其标语为"欧洲知识转移"。2018 年，ASTP‑Proton 更名为 ASTP，现为泛欧洲知识和技术转移的领头组织。

欧盟委员会的联合研究中心（JRC）负责运营欧洲的技术转移办公室网络，旨在汇聚主要公共研究组织以共享最佳实践、知识和技能并开展联合活动，为技术转移专业化发展制定通用的国际标准。

欧盟委员会于 2018 年在布鲁塞尔启动技术转移能力中心（CCTT）建设，旨在为各政府部门、区域和地方当局及相关利益主体提供在技术转移运营支持、金融工具概念和设计等三个关键领域的专家服务，为创新生态系统和集群提供支持。

在德国，TechnologieAllianz 是一个代表着 200 多个科研机构的全国性协会。该协会名称不使用首字母缩写，这与西班牙的 RedTransfer 和英国的 Praxis 相类似。IACHEI 成立于 1987 年前后，在塞浦路斯尼科西亚及其他地方举办过会议，可以认为是 ASTP 的前身。

UIIN 总部位于荷兰阿姆斯特丹，是一个致力于通过大学与产业互动推动创新创业的动态联络网，2017 年 6 月在爱尔兰都柏林举行会议。

在爱尔兰，KTI 作为国家办事机构，通过促进企业与爱尔兰研究基地建立联系与合作关系，以帮助企业享有爱尔兰专业知识和技术的使用权利。

放眼其他地区，南非的 SARIMA、澳大利亚的 KCA、日本的 UNITT 和土耳其的 USIMP 也都是十分成功的动态网络。

ATTP 的成立是为了将众多技术转移协会汇集到一起。ATTP 的合作伙伴包括 ASTP‑Proton、AUTM、KCA、PraxisUnico、SARIMA、SNITTS、STEM、TechnologieAllianz、UNITT 和 USIMP 等。ATTP 与 EuKTS 一样，都在积极开展 RTTP 认证和认可工作。

这些组织都是了不起的社交网络。他们都擅于举办聚会、晚宴和招待会。一些有乐队，甚至有会歌。大多数设有网站和电子邮件组。某组织曾在迪士尼乐园召开会议,这让人匪夷所思,毕竟米老鼠和技术转移八竿子打不着。还有组织定期在地中海沿岸举行会议,现在看来这个想法很不错。目前还没有组织设有附属信用卡或会员积分计划,但未来可说不准。我正在策划一个新组织:自由职业大学技术专家组织(Self‐Employed Technology University Professionals,SETUP)。

这些组织大体上能够分享经验、充实专业知识、促进自助团体互助,建立"年轻"与"经验"的纽带(如俗话所说,"少时不明事理,老来力不从心")。它们既有助于活动开展,也有助于职业发展。

然而,还有进一步的挑战:这些组织如何帮助(技术转移)专业人士与大学领导和政府决策者进行有效沟通? 在一定意义上,相较于与大学领导,技术转移负责人与政府之间的关系得到更好发展。政府主要部门和机构的代表经常参加大学技术转移聚会,这点十分重要,能够提醒政府关注技术转移的重要作用及所取得的优秀成果。就单所大学来说,技术转移负责人与大学领导(如,副校长或校长)之间的联系可能相当紧密,即便关系紧张,大学领导与技术转移监督委员会和董事会之间的联系也是固有的。然而,就整个大学群体而言,技术转移团体与大学领导团体之间不相往来。技术转移是一个边缘话题,也不太可能成为大学领导层认真讨论的议题。改善这一现状,可作为各国和国际技术转移组织的努力方向。

第四节　技术转移术语

自 20 世纪 80 年代以来,参与大学技术转移的组织以及用于描述该活动的术语不断发展。本节介绍了所使用的术语,并借助图表阐释不同术语与相应概念的关联。

工业联络办公室(Industrial Liaison Offices,ILO)

剑桥大学的沃尔夫森工业联络办公室作为英国首家 ILO 于 20 世纪 70 年

代设立。许多大学采用了"工业联络办公室"的名称,这反映出该办公室的主要工作性质为与工业界联系,即发展和支持由工业界资助的研究活动,有时还提供早期知识产权管理和商业化服务。英国贸易与工业部(DTI)以"加强工业联络办公室"为名于 1992 年启动了一轮竞争性融资,因而早期的专业协会在名称中体现"工业联络"。

技术转移

"技术转移"一词出现于 20 世纪 90 年代,当时知识产权及商业开发与研究支持两方面活动和人员并行发展。与此不同,在美国常见的是"技术许可"办公室(TLO)。研究型大学往往同时设有研究支持团队和技术转移团队,它们在组织方式上有所不同(参见第五章)。

"技术转移"是主流的说法,指的是对大学拥有的科研成果进行识别、保护、营销,并通过授权给现有公司或成立及授权给新衍生公司来实现商业化的活动。承担这些工作的单位多被叫作"技术转移办公室"。

第三资金流、第三任务

这一术语起源于英国政府的举措——向大学提供资金以增进其与工业界和其他外部组织的互动。有别于政府资助教学的第一资金流和资助科研的第二资金流,第三资金流的标志是 1999 年的"高等教育对接企业和社区计划"(Higher Education Reach Out to Business and the Community, HEROBAC)这一首个明确的资金流。人们对这第三项活动的表述不一,除了第三资金流,还有第三任务、第三只手(或腿或其他什么东西)的叫法。

从 2000 年前后开始,众所周知大学做三件事:教学、科研和第三项活动。如上文所述,"第三项活动"尚未有固定名称。总体而言,普遍认同第三项活动涉及大学连接社会和商业界并与之建立密切关系的活动。

知识转移

2005 年前后，"知识转移"发展成为术语，指明大学向工业界转移的不仅是研究所产生的技术，还包括整个大学科研和教学活动中的知识、专长和技能等，这些都是技术转移办公室商业化项目所涉及的内容。

知识交换

"知识交换"一词继"知识转移"之后出现，因为有人认为"转移"不够恰当，只能代表从大学到企业的单向移动，而"交换"可以更好地反映大学和企业的合作关系。在某些情况下，科研人员认为这个术语是不适合的，主要在于"交换"这个字眼，他们认为其在社区中的研究活动为"共同创造"。如今科研人员说的是开放科学和在科学中的开放创新，技术转移工作者的认识须与时俱进。

英国《高等教育和研究法(2017)》将"知识交换"描述为："科学、技术、人文科学或新思想"相关知识作交换的"一个过程或者相应活动"，"该交换为英国或其他地方的经济增长和社会发展做出或者可能做出（直接或间接的）贡献"。

这让我自然而然地联想到曾经听说过的一场比赛。该比赛仿照数学方程求解大赛的形式，出了一道方程求解题：$X = KT - TT$[①]，已知 $X > 0$，求 X 的值。在提交给组委会的答卷中，有一份这样写道：$X = PR$，其中 PR 为公共关系。

广泛参与

"广泛参与"是一个宽泛的术语，用来描述大学在教学和自身学术研究之外，以多种方式参与本地、本国和国际社区的互动。

---

① KT 为知识转移，TT 为技术转移。——译者注

商务拓展

在大学院系中可能分布着许多好的商务拓展资源。"商务拓展"是一个被广泛使用的术语,而在技术转移语境下,商务拓展的重心是将大学的研究能力与研究资助者,尤其是商业资助者联系起来。随着研究资助的不断深入,商务拓展人员也越来越多参与其中。若遇到在大学里从事商务拓展的人,需要了解其所要拓展的业务内容具体是什么。

影响力

2005 年前后,英国出现了一些关于政府、纳税人、资助研究影响力的问题,集中体现在英国研究理事会经济影响力工作组(Research Council Economic Impact Group)于 2006 年向贸易与工业部(DTI)提交的一份报告上。[37] 英国政府要求研究理事会说明政府资助研究的影响力。由于研究理事会将大部分研究经费都拨给了大学,后者很快发现这一任务落在了自己头上——要从经济影响的角度,证明政府资助研究的产出合理性。大学内部对此的反应是复杂的,既有对立情绪,又要勉强接受。

政府进一步作出解释,说明政府工作中所提的"经济影响",还包括在社会、政策和文化等方面的影响。此举虽然在一定程度上缓和了大学的情绪,但之前造成的伤害已无法挽回。2014 年的"卓越研究框架"突出体现了影响力评估工作的必要性,它要求根据影响力战略和案例研究的评估结果对大学打分并分配资金(参见第十一章)。

知识交换和商业化

2016 年,专业协会 PraxisUnico 内部协商决定使用"知识交换和商业化"(KEC)这一术语,并将从事相关工作的人称为 KEC 专业人士。

转化、转化医学

转化一词广泛用于描述将大学研究成果从学术界语言转化为工业界和金

融界语言的过程,而技术转移管理者则在此过程中充当"翻译"的角色。和语言翻译者一样,技术转移"译者"不仅需要关注"语言"本身,还需要了解不同的文化,以合适的方式传达信息的内在含义。

"转化医学"是一个更具体的术语,描述了从实验室到临床、将基础研究成果转化成为有效治疗手段的全过程。转化医学需要密切协作,很多情况下涉及大学、公共医疗和私人医疗保健社区的技术转移工作。

价值增殖

卡尔·马克思在 19 世纪提出"价值增殖"一词,指的是在生产过程中通过运用形成价值的劳动力实现资本价值的增长。

近年来,欧洲广泛采用了"价值增殖"来描述知识转移和技术转移,即将大学科研成果转化为社会和经济效益的过程。从这个角度来说,该术语与"影响力"有相似之处。该术语在欧洲大陆大部分地区被广泛使用,但在英国却没有。意大利政府已使用这个术语来描述大学除了教学和研究之外的"第三任务"。

熟化

法国技术转移社区有时会用这个词代替"价值增殖"。

知识动员

2018 年末,我在北京第一次听到这种表达法,并了解到它是 2018 年初在英国医疗研究领域发展起来的。我还不清楚这个词的含义。

图 2.2 展示了部分术语在技术转移行业中的位置和层级。图示的中心是商业化,由此向外拓展至各种活动,各种术语以不同的方式交叉重叠。这幅图有助于我们理解技术转移所涉及的众多概念,不断拓展的边界一方面反映了一个社区积极探索新思想的勇气,但同时也显示出还没有足够的底气形成自己独有的行业语言。

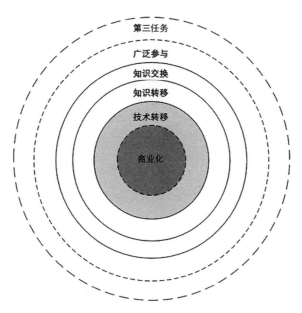

图 2.2 不断拓展的大学技术转移行业

第三章
运作方式

我们的生活都被琐碎的事浪费掉了……简单点,再简单点。

——亨利·戴维·梭罗(Henry David Thoreau),1854 年

第一章概述了大学技术转移的概念,第二章介绍了大学技术转移的发展史。本章将对开展大学技术转移工作所必需的条件作出说明,其中包含许多细节如下。

大学知识与技术转移的有效开展离不开资源,而对技术转移办公室来说,这些不可或缺的资源可归类为以下"九大要素"(9P):

- 工作人员(people)
- 专利预算(patent budget)
- 政策法规(policies)
- 概念验证基金(proof-of-concept funds)
- 营销推广(promotion)
- 流程手续(processes and procedures)
- 项目管理(project management)
- 文书工作(paperwork)

● 绩效考核(performance measurement)

这些年来,这些以"P"开头的要素在不断变化更新。许多年前,4 个以"P"开头的单词就足以精确概括大学技术转移办公室所需的资源。有了这些资源,技术转移办公室就可以充分运作甚至是百分百地取得成功。其他技术转移办公室成员曾到牛津访问我的单位,从交流中总结了这"4P"要素,即人员(people)、专利预算(patent budget)、政策(policies)和概念验证基金(proof-of-concept funds)。概念验证基金这一说法是最近才提出的,但在 2000 年以后的英国,概念验证基金显然已从"锦上添花"变成了必需品。

几年前又提出了第 5 个"P",即营销推广(promotion)。一个越来越显而易见的事实是,技术转移办公室能否成功,取决于是否有一系列校内和校外的市场营销活动来推广其业务及成果,从而使高校获得收益。在英国,这一定程度上也是政府的职责之一,即根据科研的"影响力"来分配研究经费资源,而技术转移办公室也是在帮助扩大这种"影响力"(参见第十一章)。最近,在巴塞罗那的庞培法布拉大学的一次研讨会上,我又确定了额外的两个要素,即流程与项目管理(processes and project management)。再后来,文书工作(paperwork)和绩效管理(performance measurement)也被纳入其中,与其他要素一起构成了"9P"要素。[1]

大学将这些资源落实到位需要很长时间。大学在提升技术转移能力的过程中,抱有的期望值应当与资源投入的水平相当,否则只会带来失望。此外,如第八章所述,要想成功实现技术转化,除了大学与技术转移办公室的资源,企业、投资者、政府等多种外部元素扮演的角色也不容忽视。

第一节 工 作 人 员

事在人为,不言而喻。然而,顺利雇用到胜任岗位的人员,满足招聘数量,且这些人员能获得研究人员的认可与尊重,实际做起来比说起来困难多了。优秀的人做优秀的事,杰出的人做杰出的事。理想情况下,技术转移项目经理应具有理科博士学位(这样才能懂得科学研究的语言,能获得高校学术圈的尊重),曾在行业中担任销售、市场推广、产品开发或业务拓展等职位(才能懂产业的语言,能获得商业界的尊重)。这一模式自20世纪90年代起就被牛津大学采用并推广。然而,并非所有的技术转移办公室都采用这种模式,因为寻找、招募、奖励并留住这类人才并非易事。这种理想模式对许多技术转移办公室而言都遥不可及,对公立大学而言,其雇用条件更是使实现这种模式难上加难。结果就是,技术转移办公室中更多的是行政管理人员,而非商业人才。但技术转移是一项商业活动,只有对高校环境敏感的商业人才才能创造出更好的成果。

技术转移办公室的规模取决于大学研究活动的体量与性质。一所以理论物理和纯数学研究为主的大型研究型大学,无论如何也不需要太多技术转移项目经理。又假设给每位研究人员配备一名技术转移项目经理,哪怕分管商业的副校长再大胆也不可能予以支持。一个基于经验的预估技术转移办公室规模的方法是:每一百万科研经费将会诞生一个新项目。这样算来,每年1.2亿欧元的科研经费将带来120个新项目。假设系统中有200个稳定的项目,就需要5名技术转移项目经理,以及领导层、管理层和支持人员。

以上稳定的项目数来自每年120个专利披露,其中三分之一通过了专利申请或其他等效的阶段,然后二分之一在12个月后进入PCT国际专利合作条约阶段,随后四分之一的项目在30个月后进入PCT国际专利合作条约的第二阶段(国家阶段),只有少数几个项目最终将继续由技术转移办公室管理。随着大学科研活动的增加,这一数字也会随之增长。第四章介绍的财务模型将会包含这些要点。

技术转移办公室内部工作岗位可描述如下。

技术转移项目经理——负责管理从初始发明披露到知识产权保护,再到市场营销、谈判、交易和交易后关系管理等各个阶段的项目。其职位名称可能有所不同,如商业化、许可和投资经理,主管、合伙人等。

知识产权专家——负责管理大学的专利及专利申请、专利预算、聘请外部专利律师,以及国际范围内的专利申请、延续和终止决策。

技术转移联络与推广经理——负责校内外技术转移活动的推广和联络工作,以及校外与电视、广播、互联网、社交媒体、报纸有关的推广和联络工作。

技术转移网络与活动经理——负责管理校内外的技术转移关系网络与活动。

法务经理——技术转移办公室可能有自己的内部法务支持,可能是从私人执业律师事务所聘请,也可能来自大学内部的法务办公室。由于合同、条款、交易数量繁多,技术转移办公室往往会增加律师数量。法务工作的不断增加总使得手头的法律资源显得捉襟见肘。律师提供建议,技术转移经理、校级领导层等负责人做决策。因此关键在于,要有好的标准协议合同,要知道何时需要律师参与,要有懂行的技术转移经理。

学生创业经理——若学生创业活动由学校技术转移办公室负责,则该职位负责管理并协调大学内的学生创业活动。

办公室支持人员——适量、少量的办公室支持人员,包括信息技术人员、系统人员和行政管理人员。

1. 技术转移办公室员工画像

个性至关重要。

——朱尔斯,《低俗小说》[2]

优秀的人做优秀的事,因此,需要吸引优秀的人才加盟技术转移办公室。技术转移办公室的工作内容令人着迷、种类复杂,胜任这项工作的人才需要掌握复合型的技能,拥有跨行业的经验,并头脑灵活。与其他工作一样,这项工作既需要能力(或技术、资质),也需要胜任力(或行为、态度)。"我能做到"这一态度尤其重要。我们往往能找出不计其数的理由不作为,而难以说出"我能做到",并努力使之成为现实。员工需要具备知识产权知识、销售技能与人际交往技能,还需要经过一定时间的沉淀,才能在大学中获得一定的知名度。这是一项艰难、有挑战性、有压力的工作。牛津大学的一位同事在桌上钉了一张便条，路过的所有人都能看到，便条上写着："别自作聪明了，这里所有的人都很聪明。试着友好一点吧。"

人们通常将技术转移办公室人员的角色描述为大学研究人员和商业投资者间的中介，或是大学语言体系和商业语言体系间的翻译。

大学技术转移办公室和研究支持办公室往往想从产业内招聘人才，但风险在于，一些产业内人士来到大学，很快就认为大学是一家经营不善的企业，而没意识到它实际上是一所运转良好的大学。在产业内如鱼得水的文化和管理风格来到大学可能会水土不服。当看到大学中的行事风格和企业不同时，这些业界人士往往变得愤怒、沮丧。技术转移办公室的人员需要认同大学，尤其是所就职大学的活动、文化和宗旨。

随着技术转移发展并扩展至知识的转移与交流，相关人员的能力需要进一步提升。此时，技术转移办公室需要引进不同背景的人才，例如，具备跨学科能力、了解社会科学领域的人才。

在任何管理框架中，员工发展和绩效考核都是重要组成部分。这是一项艰巨的工作，并不是所有大学管理人员都有能力或愿意发展并培养员工。从以下两段虚构的评估结语中摘取的片段可以看出恰当的语气非常重要，"他给自己设定的标准很低，但总是达不到要求""如果你看到两个人在谈话，听者看上去觉得很无聊，那他绝对是正在说话的那个人"。

2. 技术转移办公室员工薪酬

> 房主："我的天，最近水管工的工资怎么这么高，都超过脑外科医生的工资了。"
> 水管工："不然你以为我为什么不做脑外科医生了？"

技术转移办公室员工的薪酬中是否包含提成，这是一个经常被问到的问题。技术转移办公室员工薪酬应与其支持的研究人员及其他行政管理人员的薪酬结构相似、水平相当。这里的"相当"不是说数字上的相等。资深医生和商学院教授的薪酬可能比其他领域的学界人士要高，而为了吸引并留住人才，大学及其技术转移公司也需要向技术转移办公室员工在一定范围内提供高薪。然而，如果技术转移办公室的员工薪酬普遍高于科研人员，那么这样的薪酬制度就会招来不满。

以大学普遍薪酬聘请优秀的商业人士从事大学技术转移工作存在困难。众所周知，薪酬只是人们择业时考虑的因素之一。工作兴趣、多样性、办公室文化、生活方式、工作生活的平衡等因素也备受重视。

回到提成问题，为什么不给技术转移办公室的员工提成？大学中的其他员工也没有得到提成（尽管融资办公室总是传言不断）。团队合作对于技术转移办公室的工作而言至关重要，而差异化的提成设置不利于团队合作。提成计算标准是很难制定的。

最后一个不建议设立提成制度的原因，与大学技术转移工作的性质有关。当学者寻求与技术转移办公室合作时，他通常被指派给某位技术转移项目经理，而我们不希望看到技术转移员工争抢最热门的科研项目和最优秀的研究人员。在此之后，技术转移员工去开拓市场，与既有公司达成许可协议，或建立新的衍生公司。不同交易的财务条款差别很大，有很多因素需要权衡。如果存在提成制度，那么在提成的激励下，项目经理可能会寻求更高的预付许可费，而非更高的按产量支付的专利许可费（几年内不到账）。尽管在专利 20 年使用期内按产量支付的专利许可费的一个百分点就可能价值 1 亿英镑，相比 20 万英镑的预付许可费要多得多，但这些无法确定。这也是为什么设立提成制度如此困难。当年技术转移办公室用来支付现有员工提成的收入，可能来自数年前的交易，也可能是由已经离职的员工完成的。

那些坚持提成制度的人认为可以通过精心设计，解决上述每一个困难。但是，这不能解决关于研究人员提成的问题，这些研究属于研究人员，而不属于技术转移办公室。复杂的提成制度会分散管理人员的精力，只要有提成制度，员工就无法专注于手头繁杂的工作。

此外,技术转移工作人员会有年终奖,一笔以公平、公开、无偏颇的方式计算的奖金。在牛津大学,我所在单位基于年初设置的数字指标和阶段性考核、对员工在组织内部和面对校内外人员的行为评估,设计了一个奖金方案。概括来说,这就是把"做了什么"和"如何做的"结合起来,在年终考核时既关注员工的成就,又关注其实现目标的方法。

除了年薪制外,一些大学的技术转移办公室还制订了其他认可与奖励计划,包括医疗保险、留任激励计划、月度最佳员工奖。我所在的牛津大学创新有限公司(Oxford University Innovation Ltd.)在网站上用这些例子来吸引人才的加入:

牛津大学创新有限公司认可并奖励所有在过去一年中对公司业绩做出持续贡献的合格员工,表彰其成就并鼓励留任。奖励将按工资总额的百分比递延支付,以表彰员工对企业的贡献,且只发放给符合资格的个人。该计划的细节仅在公司正式雇员中披露……牛津大学创新有限公司重视员工的健康和福祉,因此投资了一项私人医疗保险计划。雇员可在通过试用期后自愿加入该计划。[3]

第二节 专利预算

许多技术转移项目要求提交专利申请,作为技术转移办公室与产业和投资者讨论该项发明成果的基础,然后签署商业知识产权许可协议。申请专利需要花钱,且需要在发明披露、与公司开始讨论之前完成。因此,这项支出需要由大学技术转移办公室从自己的预算中支付。

并非所有的项目都需要专利保护。一些项目受版权保护,比如某些软件项目,因此专利保护意义不大(尤其是根据欧洲专利法);再比如一些存在核心技术的项目。在100个披露的新项目中,技术转移办公室可能会着手推广30～50个,其中至少四分之三可能涉及专利申请。

寻求专利保护的主要途径是向所在国家的专利局,如英国的知识产权局 (UK IPO)和美国的专利商标局(USPTO)提交首份专利申请。许多国家出于国家安全的考虑要求发明人首先向本国递交专利申请。难以想象,美国专利商标局率先知道俄罗斯发明的一种新型神经毒剂化合物的后果。

首次专利申请确定了所有后续步骤中的优先权日期(priority date)。每个国家都有专利保护制度,但您可能希望您的专利在多个国家都有效。一些国际专利条约可以做到这一点,例如,涵盖 152 个国家的专利合作条约(PCT)和涵盖 38 个欧洲国家的欧洲专利公约。[4]

在完成本国申请后,可以在一年后提交专利合作条约申请,然后在两年半后进入国家阶段,在特定国家或地区获得专利保护。

总而言之,从首次专利申请到获得专利授权需要花费数年时间和大量金钱。这一过程的实质是向每个国家的专利局证明专利是否具有新颖性、创造性、工业实用性。专利局提出质疑(例如,早在 2003 年就已经有过类似专利公开,人们已经知道了这项发明),申请者予以论证。这一步骤非常重要,专利授权将证明申请的专利是可靠的,并更能在法庭上经受住严格的审查。

专利费用因国家、技术和技术转移办公室的经验(包括决策、内部承担的工作、发明人管理)而异。通常情况下,数量为 200 个的项目集每年可耗费 40 万欧元,这笔费用由技术转移办公室承担。这个数字是这样计算出来的:40 份首次专利申请,一份 3 000 欧元;20 份国际专利合作条约(PCT)申请,每份 6 000 欧元;5 份进入国家阶段,每份 20 000 欧元。在实践中,专利申请的策略在很大程度上受技术转移办公室的可用预算和案例具体情况的影响。第四章介绍的财务模型将予以详细说明。

1. 新颖性和公开披露

专利将授予具有新颖性、创造性和工业实用性并符合具体工业标准的发明,并且不会被撤回。总的来说,专利就是国家与发明人达成协议:发明人须以书面形式告知国家发明内容,国家在一定时间段内为发明人提供针对该发明的保护,阻止其他人在该地区内使用该发明。

发明需要具备新颖性。各国专利局发展出了一系列严格的测试来验证专利的新颖性。专利局将比对世界上所有现存公开的发明(称作现有技术)，包括申请人作为发明者之前公开的发明。这是一件好事，因为一旦专利申请顺利通过，申请人就不希望再出现任何证据证明当时的发明并不新颖。这同时也存在风险，因为大学研究人员非常热衷于通过演讲、会议海报和备受推崇的出版物的形式宣扬自己的发明。

2. 事先考虑专利

如果申请人在申请专利前就把发明告诉其他人，那么很有可能会申请失败。如果能做到妥善的保密安排，最好是形成书面文字，那么就可以避免这种风险。申请人可以放心与技术转移办公室讨论专利发明，因为办公室承担保密的义务。

研究人员需要意识到，在发表学术成果、提交会议论文摘要、在文章结尾指出成果对治疗癌症的巨大潜力之前，应首先考虑申请专利。这可能不会占用研究人员很长时间，但非常必要。如果研究人员愿意，可以随时联系技术转移办公室工作人员，他们将很乐意提供帮助。

研究人员还需要注意的是，在开始研究前进行专利检索。以前的专利申请和已授权的专利是了解前人学术成果的绝佳资源。文献检索是常用的方法，我也强烈推荐专利检索，因为并非所有的发明都是通过学术文献发表的。英国专利局曾在20世纪90年代估计，三分之一的大学研究项目前人都曾经做过。我不知道这一数字是如何得出的，但这一点也说明了检索的必要性。随着互联网的兴起，专利检索已变得轻松便捷，不再神秘。欧洲专利局数据库 Espacenet，美国专利商标局的 PatFT、AppFT 及最近的 The Lens 数据库都很容易上手和学习。这些数据库有助于了解领先的技术公司对未来的展望，例如，已披露的增强现实专利、折叠手机屏幕的专利，都显示了各自领域的前沿成果。

3. 先申请制与先发明制

在美国，专利是"颁发"(issued)的，在欧洲，专利是"授予"(granted)的。美国专利制度与世界上大部分专利制度存在众多差异，这种术语差异只是其中之一。

在 2013 年之前，美国和世界其他地区在专利申请上存在一个根本性的区别。美国采取的制度为"先发明制"，世界其他地区为"先申请制"。例如，欧洲专利局根据专利申请到达专利局的时间，而不是在此之前的时间，来评估专利申请的新颖性和创造性。申请日期就是关键的优先权日期，没有例外，并且是其他所有后续流程的参考日期。

美国是一个非常大的国家，在引入电子文档（和高效的国家邮政服务）之前，身处爱达荷州农村地区的发明人向位于弗吉尼亚州的美国专利商标局提交专利申请可能会花费数周，而其他类似发明的申请人距离专利商标局可能只有几个街区，一旦完成发明，吃个早餐的工夫就可以将申请送达。这显然有失公平。

这两种制度间的差别于 2013 年有所弱化，但并未完全消除。美国专利商标局现也采用"先申请制"的办法，但仍允许发明人在一年的宽限期内披露发明内容，而不丧失新颖性。2013 年 3 月 13 日之后申请的专利属于"先申请的发明人"。在此之前的申请被称为"美国发明法案前（pre‐AIA）的申请"。

在"先发明制"下，保存好实验室笔记至关重要，因为它可以作为向法院证明发明日期的材料。虽然它的价值不如专利，但对科研人员来说仍然非常重要，因为它可以证明工作完成的日期，并克服剽窃问题。

有关专利的内容非常复杂，非常建议读者寻求专业人士的帮助，包括我在内也经常需要专业的帮助。

4. 专利待决

读者可能听说过爱尔兰高产发明家的故事。申请专利与专利授权之间存在根本差异。我们常听到有人说自己拥有专利，但其实只是申请了专利，处于待决状态。专利申请描述了发明的内容，在申请过程中内容会不断细化，因为专利局会检索与申请相近的现有技术。因此，最终获得授权的专利将以更细致的方式描述发明内容。第二个根本区别在于，在专利待决期间，申请人不能以专利申请为依据提起法律诉讼，直到获得专利授权。如果有人说他拥有专利,需要确认他指的是专利申请还是专利授权。

第三节　法　规　政　策

从大学到企业的技术转移是一项非常复杂且困难的活动。其复杂性在于,大学需要解决许多政策领域的问题。大学为了传播信息,推广活动,最大限度提高透明度,确保公平公正,需要针对学者、研究人员和学生制定一系列政策,以阐明学校在所有相关要点和政策领域方面的做法。

1. 所有权

工作人员、学生、访问学者和合作者创造的知识产权归谁所有? 可能有国家法律的规定,但相关法律是否足够清晰? 大学在多大程度上具有进行下一步转化的决定权?

建议方法:大学可对工作人员在研究活动中产生的一切知识产权宣称所有权,但不对学生的知识产权宣称所有权,除非学生的知识产权是与大学教职工在合作研究项目中取得的。

原因如下:这种做法符合国际惯例。通过这种方式,大学能够统一管理知识产权,管理风险,保护未来决策的自主权,并履行对研究资助者的义务。有了良好的技术转移工作的支持,再加上良好的收益分配计划,这种模式将为研究人员带来实惠,他们还不用支付专利申请和商业化的前期费用。

2. 将知识产权转让给发明人和研究人员

技术转移办公室无法从一开始就推进每个项目,也可能会在一段时间后终止某些项目。如果技术转移办公室不去推进某一项目,大学是否应该将知识产权转让给研究人员?

建议方法:是的。如果大学没有投入资源管理该项目,且大学技术转移办公室决定不再继续推进该项目,那么知识产权应转让给相关研究人员,通常只给到发明人。

原因如下:不这样做可能会极大挫伤研究人员的积极性。研究人员可能会同意技术转移办公室的做法,但在某些情况下他们的期望值也可能超过了技术转移办公室能分配的资源。

转让条款需要经过仔细的考量。根据技术转移办公室参与推进的程度与终止项目可能带来的后果,可以合理安排提前收回前期专利相关成本,或从研究人员未来获得的部分收益中提取。

3. 收入分配

大家表示对钱不感兴趣……直到有钱了。

收入分配政策涵盖了许可收入(包括许可费和按产量支付的专利使用费)在以下群体间的分配方式:发明者、贡献者、技术转移办公室(为支付运营成本并收回外部成本)、完成工作的学术部门和大学。发明人或外部合作者能否放弃其权利,将收入转移至自己所在的学院?

建议方法:第一步,向参与项目的研究个人支付一定的收益(如10 000英镑/美元/欧元),这将直接激励研究人员参与技术转移项目。第二步,收回因知识产权保护产生的所有外部成本(大多数情况下是专利开销)。经过这两个步骤后,所有收入将均分给:① 研究人员;② 主办学院单位;③ 大学(包括技术转移办公室也会得到部分收入)。

原因如下:这种方法明确激励了研究人员,并奖励了支持研究活动的学院单位。大学则可以用这些收入资助技术转移办公室及其员工。

4. 发明人资格

确定项目参与人员至关重要,申请专利必须确定发明人。错误的发明人认定或遗漏发明人将会导致风险。根据专利法,每个发明人都明确享有权利。就专利授权机构而言,发明人资格既是事实问题,也是法律问题。学术惯例中往学术出版物上加上同事名字的做法,在专利申请时存在一定风险。专利申请的发明人数量通常远少于学术论文的作者数量。此外,一个合作研究小组中只有一个发明人也是不正常的。除了专利申请中的发明人外,还可能有其他的参与者也会获得未来收入中的一部分。这些人称为贡献者,而不是发明人。

政策需要提供的信息应包括:发明人和其他贡献者的认定方法,技术转移办公室及专利律师如何提供帮助和解决争议的办法。

5. 争议

这涉及大学如何解决发明人资格、收入分配、新设衍生公司的股权拆分和商业化计划等事项的争议。

建议方法：争议首先由技术转移办公室解决，若未能解决，争议将移交至副校长/校长层级解决，其决定作为最终决定。

原因如下：该做法鼓励争议在大学内部解决。将争议提交到副校长/校长是重要的一步，但不应视为工作成效。

6. 许可合作伙伴

如果一家航空公司将战斗机卖给一些名声恶劣的国家政权，你会考虑将相关技术许可给该公司吗？你会考虑把技术许可给销售含尼古丁产品的烟草公司吗？

建议方法：在与行业和公司合作时，遵循大学的道德原则。如果没有足够的信心，不要超越原则允许的范围，也不要低于原则行事。

原因如下：技术转移办公室的行为代表了大学。大学对研究合作伙伴、合乎道德伦理的投资标准、收取礼物等问题会有充分的考虑，应遵循校级的指导意见，主动询问清楚。

7. 许可条款

您会利用许可条款确保药品在低收入国家的合理定价吗？

建议方法：是的。请与学校领导层进行讨论，以确保技术转移办公室与学校的意见一致。此外，大学及技术转移办公室可以通过参与游说团体的协议框架来解决这类问题。

原因如下：技术转移办公室代表大学行事。大学可能已经基于与研究合作伙伴的合作做出了有关的考虑。一些经验丰富的学校成员也可以就这些问题提供建议。

8. 衍生公司股份所有权

大学和研究人员可以拥有股份吗？大学和研究人员各应持多少股份？

建议方法：公立大学的教职工可能需要遵守既有的规定。若公立大学禁止教职工在衍生公司中拥有股份，则大学应通过游说改变此项规定。如果没有这样的限制，那么教职工就可以在技术转移办公室授权的衍生公司中拥有股份。通常情况下，在公司成立时，高校持股25％，研究人员持股75％。

原因如下：这种做法对研究人员而言是慷慨的，也极大激励了研究人员参与初创公司的建设（参见第六章）。

9. 股份管理

谁来管理大学在衍生公司的股份持有情况？研究人员知道他们需要管理自己持有的那部分股份吗？

建议方法：大学的股份将以大学的名义持有，在前两年由技术转移办公室管理，之后由校级财务部门管理。

原因如下：股份是大学的资产，因此须对其进行专业管理。但在最初的两年中，所有出现的问题最好由技术转移办公室处理。因为是他们帮助公司成立，他们是解决初创时期问题的最合适人选。经验表明，由技术转移办公室管理的时间可短于或长于两年，但无论结果如何技术转移办公室和股权经理都需要通力协作、共享信息。

10. *股东责任*

作为股东，大学应当如何行事？为鼓励衍生企业按照一些特定的要求行事，大学应承担哪些责任？作为股东，大学应如何根据企业宗旨推行强有力的公司治理？科林·迈耶（Colin Mayer）教授在其最新著作《繁荣：更好的商业带来更多的善》（*Prosperity: Better Business Makes the Greater Good*）中写道："企业的建立有其公共目的，而这些目的却逐渐被股东至上的原则侵蚀。"他提倡负责任的商业行为，阐述企业如何重建社会信任："企业应像财务指标一样构建人力、自然、社会资本的衡量标准，并确定它们之间的关系。在计算利润时，企业应当减去持有这些资本的成本。"[5]

建议方法：大学态度明确地采取积极的股东管理政策，将弘扬企业宗旨置于追求净利润之上。这些价值原则往往在初期的影响力较大，但随着股东基数的扩大逐渐被忽视。大学可以在推行良好的企业治理中扮演重要的角色，同时推动良好的社会商业行为。

原因如下：在推行良好的企业治理、推动良好的社会商业行为方面，大学完全有能力发挥积极作用。或许外部金融投资者的唯一目的就是赚取利润，但大学可以支持早期创始人秉持企业创立初衷，专注于企业宗旨，而非利润。如果大学对此不作为，那么还有谁会作为呢？

11. 股权收益分配

股利和大学股份转让产生的收益如何在大学、院系、技术转移办公室，以及概念验证基金和种子基金间分配？

建议方法：① 首先，收回大学为支持新设公司建立产生的所有外部成本（通常为技术转移办公室产生的法律成本）；② 随后，所有收入在主办院系和大学间平分。

注意：研究人员拥有自己的股份，因此不再参与学校股权收益分配。

原因如下：这种方法鼓励院系支持新公司的创立。院系和大学都可以用这笔收入资助技术转移办公室的业务和员工。大学可选择在中心层面将部分股份收益拨至技术转移办公室，这取决于大学对技术转移办公室的总体资助模式。

12. 对衍生公司的许可条款

对还没有取得收入的衍生公司应当设定激进的、合理的、温和的还是相对实际的许可条款？如何指导作价投资过程？是否存在免许可费期，双方协议在若干年内不收取许可费？

建议方法：三年内不收取许可费用、分期付款或按量计算的抽成。在成立衍生公司时，合理协商三年后应支付的一切费用、分期付款和按量计算的抽成。

原因如下：参与衍生公司的非大学人员如果认为大学从衍生公司拿走太多利益，将会信心受阻。有时投资者认为大学作为衍生公司的促成者，就不应该收取专利使用许可费和获得股权。因此，相关许可费的金额必须合理，要考虑到衍生公司尚处于初创阶段，需要积累一定的现金，直到日后有能力支付相应的成本。

13. **作价入股**

是否允许技术转移办公室将大学知识产权以换取股份而非许可费收入的方式许可给衍生公司？如果允许,由谁决定何时出售这部分股份(这将影响发明人的收入)？发明人会允许大学代表他们出售股份吗？

建议方法：不建议。虽然这是可行的,但它非常复杂。为少数案例设计系统的解决方案,将分散投入至其他核心活动的资源。

原因如下：股份管理的问题过于复杂,难以达到各方的预期,并引发针对大学的诉讼。问题包括两方面。一是关于估值的技术性问题：如何在某一时间点,将一笔固定金额的钱或按净销售额比例收取的许可费,转化为一定数量的股份？二是关于估值的人情问题：若以大学的名义持有股份,由谁来决定何时出售这些股份？(例如,四位股份收入的获益人,将获得三分之一股份出售收入,其中一位正好想拿这笔钱装修新厨房或度个假。)通过一次性转让股份来获取许可,使知识产权估值变得非常困难;通过不断从公司转让股份来支付许可费也是不切实际的。

14. **学生创业**

学生在校期间可以创办公司吗？大学是否预期或希望入股学生的初创公司？不过多干预学生及其知识产权非常重要。学生不是雇员,他们只在学校停留一段时间,来去自如,并很容易获得公众的注意。随着技术转移与学生创业活动愈发紧密地结合,就学生创业制定明确的政策越来越重要。

建议方法：允许学生在校期间创办公司。在任何情况下,学生创办公司都应告知院系负责人。如果该公司是基于大学的研究活动而创办,则学生须通知技术转移办公室。如果公司得到大学学生创业项目的支持,那么该大学一开始就有权获得最多10%的股份。大学具体的持股量(最多10%)将由技术转移办公室决定。大学持有的学生公司的股份将采用与衍生公司股份相同的管理方式。

原因如下：学生告知院系负责人有关的创业事项后,大学就可以适当提供帮助。这样一来,研究资助、研究合作者、奖学金、公司支持的创新加速器项目等涉及第三方利益的相关问题也得以充分考虑。如果涉及大学研究活动,那么可能还要解决知识产权的问题。[6]当大学支持这类公司时,大学从建立联系中获利,也可能获得少量的财务回报。有时持有 10% 的股份可能过高,而 5% 则不那么有威胁性。

15. 利益冲突

研究人员可以成为衍生公司的顾问、总监和股东,并为研究人员的实验室研究项目提供资金吗? 对于不可避免的利益冲突,应不应当进行管理?

建议方法：大学可能已经建立了利益冲突的解决程序。如果还没有,大学可成立利益冲突委员会,以制定利益冲突的解决方法和政策。研究人员可以成为衍生公司的顾问、董事和股东。若研究人员存在私人利益关系的公司希望资助该研究人员的实验室,则该问题应由院系负责人转交给利益冲突委员会来处理。

利益冲突委员会在认为合作可以进行的情况下,将指派一名来自不同实验室的独立研究员监督合作,并适时向委员会报告相关事宜,例如至少每年一次。在这类问题中,一种非常明智的做法是大学应尽可能慷慨。许多大学会全力支持这种做法,但在实际行动中又很难做出判断。

可以认为这份冗长的政策清单本身就表明目前对技术转移的监管力度还太大,需要采取一种更加自由的监管方式,就像金融投资者往往认同更加自由的监管。根本性的挑战来自两个方面:一是大学愿意让员工做些什么;二是大学如何看待自己的公共/慈善地位。

诚然,大学可以决定忽略以上所有要点,但由此产生的混乱在几年后就会显而易见——人们议论纷纷,争论浮出水面,各种各样的法律问题产生。这些都是高校不能承担之风险。

政策讨论：一般做法与利益一致

知识产权管理与技术转移在大学层面的运作包含三项要点: 所有权、配套支持、收益分配。对于大学和技术转移办公室而言,所有权管理是非常重要的一项。就像三脚架一样,如果缺少一条腿,技术转移的方法和实践很快就会遇到问题。

1. 所有权

您卖掉某样东西时,您有其所有权吗?

如前所述,英国大学技术转移的通用模式是大学对研究活动产生的知识产权拥有所有权。实际情况因具体的知识产权权利类型,或是否涉及学生的知识产权,而有所不同。如果大学决定不进行或停止对某项技术转移的投资,往往会做出安排向研究人员提供该知识产权的所有权。当大学、技术转移办公室和相关研究人员就商业化前景出现分歧时,这是缓解矛盾的一个重要渠道。

就转让知识产权给研究人员而言,各所大学的做法存在差异。大学会根据知识产权转让前是否产生成本(通常指收回已有支出)、未来收益分配的义务,对具体案例进行具体分析。有时学校考虑到研究人员会阻碍学校来进行科研成果商业化,于是将知识产权转让给研究人员,令其自行商业化其科研成果。这种情况表明三脚架方法的重要性,所有权管理、专业的技术转移支持和合理的收益分配就像三条腿一样缺一不可。并且,大学应清晰地向科研人员阐明技术转移的策略。

关于所有权的第一个问题在个人和大学间产生,第二个问题在大学和提供部分或全部研究资助的企业间产生。所有权问题非常复杂,因此大学要花很多时间进行"上游"知识产权所有权尽职调查:研究工作由谁完成、由谁资助? 资助相关发明研究工作的组织机构合同条款有哪些? 这些上游尽职调查关注的是研究结果的产生过程。相比之下,下游尽职调查关注技术在市场中的表现、运营自由、竞争情况和消费者需求。

研究资助机构可分为多类,每一类都有其典型的所有权框架。

政府研究资助机构。一般大学是知识产权的所有者,无须分享收益,也无须寻求批准。但学校可能存在其他义务,如汇报并陈述资助来源。

慈善机构和基金会。一般大学是知识产权的所有者，而慈善机构将会希望获得部分未来收益，并拥有驳回与哪些公司进行交易的权利。

产业。这一领域存在非常多不同情况和争议。大学可能是知识产权所有者，而公司拥有决定将研究成果以何种方式、应用于哪些领域的重要优先权。兰伯特工具包(Lambert Toolkit)是进一步获取信息的绝佳来源。[7]

在实际运作中，回答技术转移项目的知识产权所有权问题，需要参考大学与研究资助机构签订的具体合同，具体案例具体分析，具体人员具体分体，具体文件具体分析。

为了避免出售不具有所有权(或无权出售)的情况，需要在交易完成前，最好是在技术转移办公室对该技术进行市场推广之前，就完成知识产权尽职调查。但知识产权尽职调查可能会花费很长时间，挫伤了技术转移办公室推广该技术的积极性。通过早期筛查所有权权属和准许的工作量，可以在两者间取得一定的平衡。

2. 配套支持

大学一旦声称拥有研究成果的所有权，就必须提供充分的知识产权管理和技术转移支持。这需要适当的资金和人力投入：必要数额的金钱，以及合适数量和类型的人员。研究人员对自己的研究成果怀有强烈的个人情感(即使不具备法律上的所有权)，如果大学一边主张具有所有权，一边又未能提供知识产权管理和技术转移的支持，那么这些研究人员自然会感到不满。技术转移办公室应当帮助那些需要帮助的研究人员完成研究成果的商业化。

3. 收益分配

在明确所有权，提供充分的技术转移支持之后，下一步就是对技术转移所得收入的分配做出明确的安排。

在收回外部成本(主要是专利申请成本)后，知识产权许可收入将在相关研究人员、院系和大学三者之间平均分配，这是世界各地的典型做法。一些情况下的具体做法可能不同，通常是在最初向研究人员进行一次性支付或分配更高比例，以激励他们参与技术转移并奖励其成果。在许多情况下，一部分收入会拨给技术转移办公室,作为大学支持技术转移活动的机制。这笔资金可纳入大学校级财务管理作为其中的一部分,也可以单独拨出。

一篇发表于 2012 年的文章评估了当时 84 所英国大学的收益分配政策。[8]其中一张图表显示,"在 39 所采用了'三主体'收益分配政策的英国大学中,分配给发明人、发明人所在部门和大学的百分比采取了以下安排"。对于超过 100 万英镑的净转化收益,大体上都被平均分成了三份;对于较低水平的净收益,大学的做法倾向于为发明人分配较大的份额,约达三分之二,最高可达 20 000 英镑。

4. 大学衍生公司的股份

大学技术转移收益分配机制的制定是为了分配知识产权许可协议带来的收益,如许可费、分期付款和按产量收取的费用等。这通常是在协商大学持有衍生公司股份(或股权)框架之前已经完成的。

在制定大学衍生公司的股份持有框架时,大学需要回答两个主要问题:① 学校是否同时获得衍生公司的许可费收入和股份,还是仅得其一;② 研究人员是否在获得许可费收入的同时,获得相等比例的股份。随之而来的还有与股份管理、股份出售决议和后续注资等相关的问题。

大学同时获得许可费收入和股权的做法越来越受到投资者的指摘,因此大学在近几年弱化了许可要求。此外,大学寻求在衍生公司中持有大量股份的做法也受到了投资者日益频繁的指责。

投资者的主张之一是大学应在衍生公司中持有与其他投资者不同的特殊类股份,从而持股比例有限。2015 年的论文《黄金股与反稀释条款》("Golden Share & Anti-dilution Provisions")对此进行了讨论。[9]这种方法已被美国一些大学采用,我将在第六章中进一步说明。美国的技术转移人员敏锐地指出,将美国的做法移植到环境全然不同的英国是存在问题的:"技术转移的国际联盟关系和相关经验告诉我们,知识交换不会在山寨文化中蓬勃发展。相反,大学应当打造自己独特的企业家族关系纽带。"[10]

第四节　概念验证基金与种子基金

这些资金用于将大学科研成果转化为对公司来说符合实际的投资机会。之所以需要这些特殊的资金，是因为公司愿意花费或投资的资金，与大学需要的研究资金之间存在差距（参见第七章）。一般而言，概念验证基金在进行技术转移商业交易之前提供资金，而种子基金为新设公司提供首轮融资。概念验证资金可以以赠款的形式（或附带商业条款，通常是日后可转换为股票的某种形式贷款）提供。

1999 年，英国政府成立了"大学挑战种子基金"（UCSF）项目。截至 20 世纪 90 年代中期，大学技术转移的资金缺口仍然存在，特别是在概念验证阶段，将研究成果转化为新产品时尤为如此。1998 年，新组建的工党政府决定提升英国的研究能力，耕耘沃土，重振经济，与威康信托基金会（Wellcome Trust）和盖茨比慈善基金会（Gatsby Charitable Foundation）积极合作，建立了 UCSF。该项目不仅提供概念验证资金，还鼓励高校研究人员从事研究的商业化。由戴维·库克西（David Cooksey）爵士主持的委员会负责指导分配赞助者提供的4 000 万英镑资金。作为一次新的尝试，USCF 项目以加强大学、风险投资人和产业之间的联系和理解为初衷，获得了巨大的成功。除了英国政府（2 000 万英镑）、威康信托基金会和盖茨比慈善基金会（2 000 万英镑）的资助外，各大学还被要求提供至少四分之一的资金。

这就是英国大学概念验证基金的创立。如今，大学、地区与国家政府以及慈善基金会拥有和管理着各式各类的基金。

大学研究活动所处的阶段与业界认准的商业化起点之间存在鸿沟。一项研究计划的结果可能只满足了研究人员学术上的好奇心与学术期刊发表要求，但不足以说服企业开启项目，投资开发新产品和服务，或采取新的工作方法。

商业界对大学研究的普遍反馈都是"研究想法非常有趣，但作为商业计划为时过早,等你有进一步开发后再来找我们讨论"。而项目的进一步试验研发需要大笔资金。

在组建时,基金的主要特点包括成立基金的目标(如加速项目达成交易,非营利性,可能将资本返还给基金用于再投资,收回成本等),资金来源(大学、政府、慈善机构),以及对商业提案、决策和监督的有关安排。

第五节　营 销 推 广

显然,技术转移办公室的成功离不开在大学内外开展一系列市场营销活动,以推广其工作和成果,从而使大学受益。

技术转移办公室需要与大学合作举办各种精彩、有趣的活动,在大学、城市、地区、全国乃至全世界宣介学校的技术转移工作。内部推广的目标受众是大学员工,而外部推广面向的是大学以外的所有受众。但外部受众与内部受众之间往往联系紧密,并且联系通常是无形的。因此,技术转移办公室必须确保所有的推广活动都考虑到大学的文化与员工。

市场推广项目并非朝夕之功,一蹴而就,需要一直持续。技术转移办公室需要一个长期的计划,并不是按一下"开关"或"魔术按钮"就能立刻解决问题。推广和营销活动涉及各种各样的活动,针对不同受众,是一项具有挑战性的工作。大学内的人对于技术转移包含的内容及运作方式有各自的理解,保持信息的畅通很有裨益。

1. 内部营销

活动。校内技术转移推广活动的关键是了解研究人员的需求,以及怎样才能为其提供有效帮助。不同院系的情况会有所不同。有些院系想为全体教工做一场讲座,有的则想为部分小团队做系列研讨会,或者是每周一次的咖啡早会。还有的院系不需要帮助,虽然有些令人失望,但可以接受他们的观点,并明年再次询问。技术转移办公室可以与大学校友办公室紧密合作,确定哪些校友可以参加活动,哪些校友可以支持大学技术转移项目。

指南、手册。对于我这个年纪的人，手册是介绍技术转移办公室如何运作的好方式。技术转移办公室可以针对一系列主题(专利、许可、衍生公司、概念验证基金)编写《研究人员指南》，向研究人员解释技术转移办公室的职责和可以提供的帮助。手册的一大好处是它们既可以放在技术转移办公室的网站上，也可以放在开放空间的桌子上供人阅读。这些指南也可以向技术转移办公室的员工介绍相关工作内容和运作方式。

培训项目。技术转移办公室制订有关技术转移的常规培训计划，包括技术转移工作人员能为大学员工提供的各种帮助。

平台。利用一切可用的平台支持校内社区发展和信息共享，包括技术转移办公室网站、社交媒体、新闻通讯或电子邮件列表。

院系代表。技术转移办公室可以与大学各院系合作，确定院系内部愿意充当技术转移办公室及其活动信息联络员的关键个人。相关问题包括联络员如何选出，是否会得到报酬，是否专职等。如果这些问题不妥善解决，计划就可能搁浅。理想情况是有人自愿从事服务，而技术转移办公室和院系可以一起想出一个简单的奖励办法。

奖项和表彰仪式。越来越多的大学和技术转移办公室正设法表彰和奖励从事技术转移活动并获得成功的研究人员。奖项和奖励很好地提高了相关活动的知名度，高校领导层也能借此机会展示对创新和技术转移项目的支持。奖项具有很强的象征意义，所带来的效益远远超过组织颁奖的财务成本本身。获得校长创新奖是一项极高的殊荣，理想情况下校长还会亲自到场颁奖。

2. 红色跑车的故事

从前，在牛津大学有一位化学教授，他极富创造力和企业家精神，取得了巨大成功。[11]他成立了许多衍生公司，这些公司不断发展壮大，其中一个公司甚至在伦敦证券交易所上市。教授卖掉了一些股票，从中赚了一大笔钱，并买了一辆闪闪发光的红色跑车。那是辆捷豹牌跑车，速度非常快，外观也很漂亮。每天早上，教授开车去实验室，把他那闪亮的红色跑车停在化学实验楼外。许多同事用羡慕、贪婪和嫉妒的眼光盯着那辆闪亮的红色跑车。

他们问车主是谁，教授当中怎么有人可以买得起如此闪亮的红色跑车。他们得知这辆跑车是一个同事通过研究成果商业化获利买下的。消息传开了，大学里的许多其他科学家也来看这辆闪亮的红色跑车。一些人以积极的方式引导他们的嫉妒之情，决定自己也参与到研究的商业化中，因此联系了技术转移办公室。

这个故事在世界各地广为流传，成了技术转移最有效的内部营销形式之一。当然，技术转移办公室不太可能购买或负担得起一辆闪亮的红色跑车，甚至连停车位也不能保证。但从这一案例中，技术转移办公室可以学到一点：不单只有技术转移办公室能参与内部营销。很多情况下，研究人员更加关注同行的所作所为，而不是技术转移办公室的一家之言。

3. 外部营销

外部营销是一项规模大、持续久的活动，以下分别从总体和具体项目进行介绍。

(1) 技术转移办公室需要向校外宣传大学"开放与企业合作"，并且存在无限商机。大学如何吸引企业对开发的技术产生兴趣，这本身就存在巨大的文化挑战。"非我发明综合征"(not invented here)这个词描述了不愿意使用、购买或者接受某种产品、研究成果或者知识的一种心态，不是出于技术或者法律等因素，而只是因为它源自其他地方。这是一种社会、公司和组织中存在的文化现象。为什么一家公司要把钱花在大学的研究想法上？外部营销推广旨在解决这一问题。

(2) 技术转移办公室还需要做大量工作，用企业和投资者能够理解的方式描述大学进行的各种技术研发，并在各种场合以不同形式进行营销推广。

首先，高校应从编写技术概要开始。概要的初稿不能太过科学化和技术化，否则就不能说明白商业化前景的性质，而且显得枯燥。可以从读者的角度出发，尽可能将商业化前景描写得振奋人心、易于理解。

其次，可以通过网络、书面或线下的方式开展营销推广活动。技术转移办公室在网络上的对外宣传就像一个展示窗口,相比于直接促成交易,更可能吸引潜在的合作伙伴。尽管只是吸引公司参与初步讨论,这种宣传也是非常有必要的。对许多人来说,纸质时代已经成为过去,但也不能忽视一些千禧年之前出生的人,吸引他们对工作也很有帮助。

最后,面对面推广非常关键。动用关系网络,通过电话、在线、面对面或参加会议的方式,与产业人士和潜在客户攀谈。这样才能谈成生意!

4. 创新协会

社交关系网络和活动是大学加深与产业界合作,推广技术转移项目最有效的手段之一。人们喜欢与熟人互动。通过设立"创新协会",大学可以管理与创新社区中各类人群的关系。具体活动需要经过讨论,并应该基于当地的社会和文化习俗。关键是要把人聚在一起,并且活动不止一次,而是持续开展,这样人们才能互相了解。

1990 年,在牛津大学技术转移活动的初始阶段,牛津创新协会(Oxford Innovation Society, OIS)就成立了,并运行至今。关于协会的活动详见第八章。

5. 天使投资网络

目前,投资者和顾问可以通过系统完善的展演活动,接触各类投资机会。技术转移办公室可以帮助相关团队准备投资推介,建立早期潜在投资者的关系网络(如商业天使投资人、有相关经验的有钱人),并向这些人推荐项目。理想情况下,天使网络将由天使投资人管理和运作,但如果他们没有发挥作用,技术转移办公室可以介入提供帮助。

6. 大学创新周

大学可以每年选择一个或多个时间段,聚焦创新、技术转移和企业家精神等主题,开展活动、演讲、讲座、研讨会、展演和颁奖活动。这些活动可以持续一天、一周或一个月。

通过这些活动,大学领导层可以展现其对创新和技术转移项目的重视。活动可以与地区性的组织一起举办。

第六节　流程手续

与政策相似,流程和程序并不是商业活动吸引人的一面。技术转移办公室的各项任务和活动都需要清晰的、书面的流程与程序。流程与程序还必须灵活,适应现实变化而更新至最新版本,以确保技术转移办公室以最佳方案行事。技术转移办公室的流程还要与现有的大学流程衔接(例如,财务部门和研究支持办公室的流程),并且反映技术转移办公室当前的总体条件、资源和态度。

流程要有助于工作的展开,包括以下几点:有助于新员工了解技术转移的工作内容;有助于帮助管理层避免做无用功;有助于指导员工按步骤做好工作;有助于向研究人员解释技术转移办公室的操作实践。这些流程将反映技术转移办公室的经验水平,有时这些经验也是从困难与挑战中获得的。

技术转移办公室将为各种活动制定操作程序,包括:

- 启动一个项目
- 项目管理的各个阶段
  - 项目营销推广
  - 签署协议:准许和签字
  - 交易后管理
- 申请专利
- 标准法律协议
  - 保密条款
  - 许可条款
  - 条款列表
  - 投资协议
  - 发生变更的批准级别
- 衍生公司创立

- 学生创业支持

- 申请概念验证基金

程序需要反映大学实际情况，因此制定技术转移管理相关程序是一个动态过程。

由于自动化的应用广泛，目前智能工具手段正在改进或取代某些技术转移工作流程。许多技术转移办公室已引入在线一键许可，点击一下即可获取版权文件和生物材料。专利和法律文件的机器阅读在某些商业领域已经开始应用，但许多技术转移专业人士仍对此保持警惕，这不仅仅是因为担心失业，而且是因为专利申请非常复杂。

制定一套标准协议是建立技术转移办公室的关键步骤。所需的协议类型包括：

- 研究合作

- 双方或三方的保密协议

- 材料转让协议

- 研究资助协议

- 员工交流协议

- 学生交流协议

- 大学访问人员（知识产权和保密协议）

- 商业化协议

- 给大学的知识产权转让

- 排他性和非排他性的许可协议

- 期权协议

- 股东协议

- 概念验证授予书

英国的兰伯特工具包（the UK Lambert Toolkit）是公开可用的资料，其中提供了许多此类协议的示例。

对标准协议可以进行哪些修改，一定要有清晰的认知。条款可以用彩色编码来表示技术转移办公室项目经理、团队负责人、总负责人、律师可以在哪些地方进行修改(并且只有在获得大学批准的情况下才能修改)。

第七节 项 目 管 理

大学技术转移的许多方面都涉及项目管理,以及与多位利益攸关方建立联系。整个活动从促进产生有潜力的项目开始,通常以线性的发展路径,来来回回,从一个阶段推进到另一个阶段,以期与外部组织成功达成交易。

技术转移办公室需要清晰的项目管理框架,定义明确的阶段,以及相应的工具,并在每个阶段监控项目的数量和市场化发展的情况。

1. 项目管理的六个阶段

大学技术转移项目管理分为六个阶段。

阶段一:项目遴选

通过一系列内部营销活动,技术转移办公室掌握了有潜力的项目。技术转移办公室的作用是鼓励研究人员参与开发这些项目。

当研究人员认为自己有一个绝佳的想法时,技术转移办公室应鼓励研究人员向技术转移项目经理披露信息。研究人员和技术转移项目经理之间的第一次会议对于建立信任和信誉至关重要。咨询公司现在都会派一名高级合伙人和一名初级员工参加与客户的首次会议,以建立信任和信誉,并赢得业务。技术转移办公室可以效仿,并设法避免只指派初级的技术转移项目经理与期望对成果进行商业化的研究人员们进行第一次重要会议。应当派一名有经验的员工与学习能力强的初级员工共同参与会议。

阶段二:项目评估

技术转移办公室员工需要结合硬条件(目标市场规模、知识产权归属情况、时间表、专利检索)和软条件(参与者积极性、以往类似项目的经验),对项目进行评估。有许多现成的商业工具为评估形式提供了框架。

在医疗机构中,可以通过分诊判断伤口或疾病的紧急程度,从而决定患者或伤亡人员的治疗顺序。在大学里，可以通过技术转移分类法，决定优先关注哪项发明披露或项目，从而分配技术转移项目经理的时间、专利预算等稀缺资源。分类法是技术转移办公室可以用于评估发明披露的重要方式。

我曾经参加过最好的一次大学技术经理人协会（AUTM）研讨会就是关于发明披露的分类。[12]我记得会议的形式很简单，是一场介绍性的演讲，描述了六项虚构的可行发明披露，并分成小组讨论如何对其进行分类，最初是将其分为三类：优秀且显然值得一试的；有缺陷（或其他委婉的说法）且显然不值得一试的；以及不确定，存在改进空间，需要更加完善的。

在评估时，检索现有专利数据库至关重要。这项研究以前有人做过吗？哪些公司在该领域很活跃？欧洲专利局数据库 Espacenet，美国专利商标局的 PatFT、AppFT 及最新的 The Lens 都很容易上手和学习。还有许多商业工具可用，比如电气与电子工程师学会（IEEE）的专利检索与分析工具 InnovationQ Plus。

专利地图是识别特定领域专利技术分布态势的有力工具。尽管互联网已在一定程度上实现了自主进行的专利搜索，但专利地图需要具有数据库和软件工具经验的操作人员。一个很好的专利地图范例就是英国知识产权局发布的有关石墨烯专利情况的报告。[13]该报告显示哪些人在申请专利，专利在哪些领域应用。许多专利律师表格和专业知识产权咨询表格都可以用来制作专利地图。

评估还包括"上游"的尽职调查，如确定知识产权所有权，获取研究资助者对成果商业化的许可和相关研究人员的背景。随着科学研究涉及越来越多的机构和资助方协作，尽职调查工作也越来越耗时。

阶段三：项目保护

技术转移办公室管理着大学的专利预算，专利预算用于提交并推进专利申请，直至获得专利授权。技术转移办公室需要良好的专利律师关系网络，以合理的成本发起优秀的专利申请。

阶段四：进入市场

这一步需要做大量的工作。必须与该项目所在行业的专业人士进行交流，包括打电话、参加会议、面对面交谈，这一步是无可替代的。网络搜索同样必要,但远远不够。技术转移办公室往往在这一阶段投入的精力不够。研究人员认识许多业内人士,因此能提供重要帮助。除此以外,他们在专利检索和专利地图阶段也能贡献力量。

阶段五:交易

这个阶段需要强有力的谈判技巧和良好的法律支持。技术转移办公室要记得谈判的目的是达成交易,避免因谈判僵持导致交易破裂。

阶段六:交易后关系维护

交易签署后,还有大量的工作要做,这通常也被称为交易后管理。某种程度上,交易达成就是技术转移办公室项目管理的最后阶段,但这往往只是一个开始。对于研究合作而言,显然需要维护长期关系。对于技术商业化项目而言,技术转移办公室也希望与交易公司建立良好的关系,以防公司对项目失去兴趣或收回资金。

1988年,英国大学工业联络主管协会(UDIL)发布报告《大学知识产权:管理和商业开发》(*University Intellectual Property: Its Management and Commercial Exploitation*),其中包含以下总结性的观察和建议:

> 即便大学成功许可了发明,也很少制定后续的跟进制度,以确保被许可方遵守协议条款。
>
> 签订许可协议后,大学管理者应负责确保双方遵守条款,并且大学能获得适当专利使用费收入以及合理分配由此产生的净收入。[14]

在过去的三十年中,很少有大学能实施此条建议。

图3.1显示了这些首尾相接,有序进行的项目管理阶段。当然,现实中不是这样的。在实际情况中,各个阶段可能重叠,往复,重新开始,滞后,停止,重新启动,等等,许多项目可能在某一阶段就面临结束。

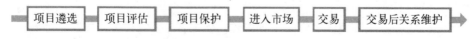

图3.1 大学技术转移项目管理的各个阶段

技术转移项目经理负责管理项目的所有阶段，但不是唯一参与者。如图3.2所示，在不同的阶段，项目经理可以从各种渠道获得帮助。这才是好的做法。

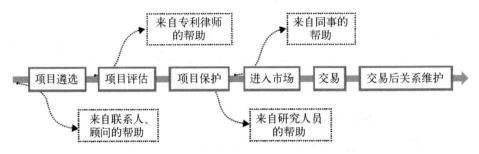

图3.2　技术转移项目经理并非独自工作，而是会从各种渠道获得帮助

技术转移项目经理在推进项目发展时面临许多挑战，技术转移办公室管理各类项目组合时也会面对各种困难。通常情况下，技术转移办公室都在全负荷运转，动用了全部可用的资源。资源约束的结果就是资源在早期阶段就被分配，而非后期。在最坏的情况下，所有资源都在前三个阶段消耗殆尽，没有资源可用于营销推广或达成交易。如果技术转移办公室的角色是专利局，那么这种情况不成问题。然而，技术转移办公室旨在推进技术转移，在达成交易之前，无技术转移可言。

技术转移办公室需要拥有一些项目管理数据库。数据库可从一个 Excel 表格做起，发展为一个自制的 Access 数据库。随着时间的流逝和项目数量的增加，技术转移办公室可购买一套商用的技术转移数据库系统。[15]这是一大步，涉及钱，办公的实践需要适应购买的系统，系统也需要足够灵活，以适应办公。

2. 项目管理与资源分配

图3.3展示了三种可能的情况：黑色实线代表最坏的情况，即所有资源都在推广和交易阶段前消耗殆尽；灰色实线表示稍好一些的情况，即兼顾后期阶段；虚线代表理想情况，即所有阶段都得到了充分关注。

最坏的情况时常发生，原因多种多样。例如：办公室员工可能对项目刚开始的阶段非常适应，至于与公司交谈、销售、谈判和达成交易，就不那么适应

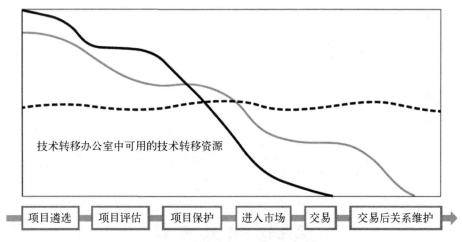

图 3.3 项目管理各个阶段的资源分配

① 黑色实线：最坏情况，在交易达成前所有资源消耗殆尽;② 灰色实线：较好情况,关注交易达成,但仍不够理想;③ 虚线：应该追求的目标,资源在所有阶段间均衡分配。

了;研究人员可能在专利申请的早期阶段需要大量帮助。

如果每个小时、每天、每周、每个月您都要与研究人员开会讨论技术,辩论如何编写专利申请草案中的权利要求书,您就不可能达成任何交易,也不会做成任何技术转移项目。

第八节　文　书　工　作

文书工作涉及大量文件。技术转移办公室需要制定一系列文件表格,记录下关于研究成果、相关人员与商业交易计划的重要信息。

在过去,这些文件都是在打印好的表格上手写的,现在都可以在计算机上完成。有时这些表格是在网络上填写的,技术转移办公室采用了包含电子签名的精密便捷的系统,完成必要信息的收集与展示。一些商用项目管理系统的供应商可在这方面提供帮助。

主要文件表格包括：

● 发明记录、披露文件

- 许可收入分配表
- 知识产权所有权表
- 知识产权转让表
- 衍生公司交易表
- 文件签名/管辖表格
- 咨询表

文件种类繁多，但确有裨益。

第九节　绩效考核

对技术转移项目活动有必要进行监控，从而明确"什么是成功的技术转移"以及大学所追求的目标。技术转移项目需要设立符合"SMART"原则的清晰目标，即应有具体（specific）、可测量（measurable）、可实现（achievable）、现实（realistic）、有时间节点（timely）的目标。

绩效考核重要且复杂。考核可以从简单的内容开始。随着管理者对不同维度重要性的理解逐渐加深，考核制度可逐渐向复杂化发展。第十章将详细探讨这些问题，包括对技术转移办公室业绩的回顾。

第一年设置的目标可以适度谨慎，认清未来的挑战并激励参与。目标最好由领导层和员工共同设定，并可以将其分为三类：投入、活动和产出。

在英国，2014 年的"卓越研究框架"（Research Excellence Framework）将"影响力"（impact）作为衡量研究质量的重要标准之一，并产生了深远的影响。而即将推出的"知识卓越框架"（Knowledge Excellence Framework）对技术转移办公室的业绩衡量给予了高度重视和关注（参见第十章）。

以上就是九大要素的全部介绍。另外，还有一位 20 世纪 90 年代来自英国专利局的传奇营销人物，计划撰写一本知识产权袖珍指南，书名拟定为《口袋里的知识产权》（*IP in Your Pocket*）。

第四章

难在何处

不要在乎是否困难,只问自己值不值得。

——梅·韦斯特(Mae West)

本章从不同角度解释了大学技术转移难在何处。大学技术转移虽然困难,但绝非不可能。本章将继续介绍启动技术转移工作的关键步骤,继而描述成功运作大学技术转移办公室的财务模型,最后介绍技术转移领域的法律运行框架。

第一节 困 难 之 处

将技术从大学转移到企业困难且复杂。大学的设立宗旨与企业截然不同,说服投资者去投资别人的点子也绝非易事。在不稳定的运营环境中存在许多不确定因素,而资源充足的技术转移办公室能在一定程度上克服这些问题。

技术转移办公室应当被研究人员视为主体机构,以最大限度地减少文化差异和心态上的不信任。这一点并不妨碍大学外包一个小型技术转移办公室,从其他供应商(如其他大学技术转移办公室或独立企业)获得技术转移服务。无论如何,大学技术转移办公室应当被研究人员视为大学的一部分。

站在企业的角度,技术转移办公室必须是了解企业需求、宗旨与目标的;技术转移办公室员工必须了解大学与企业及金融投资者之间的文化差异与宗旨差异。正是由于这些差异,资源需要投入三者交叉的区域,以便不同利益方加深合作。

大学技术转移难以实现的原因不胜枚举。让其他人为你的想法花钱绝非易事,你需要说服他们。将上一章介绍的所有资源落实到位本身就是一项艰巨的任务,更不用说所需的校外资源了。

从根本上讲,最深层的原因是高校人士与商界人士大不相同,他们有着不同的背景、经历、动机、个性和目标。人与人在素不相识时自然不会互相信任,而彼此了解后,信任就会建立起来,偏见就会烟消云散。高校人士通常与自己或其他高校的人士往来,他们了解彼此的文化并互相信任。但高校人士不了解产业和金融界人士的文化,通常也不信任他们。反之亦然。这些文化都各有其道理,但大不相同。技术转移处于商界文化与大学文化的交叉环节,如果能够克服一切困难和阻碍,就能顺利达成交易,完成技术转移。

16 世纪法国著名作家亨利·埃斯蒂安(Henri Estienne)在他 1594 年的作品《开端》(*The Beginnings*)中写下一段有用的话:"如果年少识广,老当益壮(那该有多好啊)。"在校企合作方面,这句话可以表述为:如果企业能理解高校的研究,高校能够将研究转化(那该有多好啊)。

大学技术转移的路径

下面将介绍大学技术转移工作的关键特征。

释义

大学技术转移有多种路径,所涉及的内容也存在不同解释。这些年来,术语不断变化,目前广泛使用的名词包括:技术转移、知识转移、知识交换、商业化、校企合作、广泛参与和第三任务。

需要在概念上作出重要分辨的是，大学的"技术转移"是否涵盖由产业资助的研究合作，还是仅涵盖为遴选、保护和推广大学拥有的技术，通过许可或新设公司而进行的狭义技术转移活动。

在英国，国家大学和商业中心（NCUB）与帝国理工学院、剑桥大学和巴斯大学的研究人员共同发表了一份报告。休斯（Hughes）等人[1]在报告中探讨了大学学术研究与外部可能进行的各种互动，将互动分为四类：人员互动、旨在解决问题的互动、基于社区的互动和商业化的互动。

人员互动

- 参加会议
- 参与社交活动
- 举办特邀讲座
- 担任顾问委员
- 学生就业
- 员工培训
- 标准制定论坛
- 课程开发（学校）
- 企业教育

旨在解决问题的互动

- 合作出版
- 合作研究
- 非正式的建议
- 咨询服务
- 研究协会
- 人员入驻（企业进入大学）
- 合同研究
- 设施建设
- 外部派驻（大学进入企业）

- 原型设计和测试

基于社区的互动

- 社区演讲

- 学校项目

- 博物馆和美术馆

- 表演艺术与相关文化活动

- 公共展览

- 社会事业

- 传承和旅游活动

- 社区体育

商业化的互动

- 申请专利

- 向公司许可知识产权/专利

- 新设衍生公司

- 咨询

有时，技术转移仅限于第四种类型，即商业化的互动。

校企合作的范围非常广泛。企业最想从大学获取的通常是受过良好教育、训练有素、进入就业市场的毕业生。

动机与激励

与产业合作有很多优势和好处，能为高校员工提供合作动力。2016年国家大学和商业中心的报告《知识交换动态》（*The Changing State of Knowledge Exchange*）基于英国经验，阐述了英国学术界与产业的合作动机。在全球几乎所有的大学中，大学员工都主要专注于教学和研究（有时还有管理）任务，无可避免地缺少参与产业合作的时间精力。这是早期开展技术转移项目的主要阻碍。通过有力的领导、明确的政策、高效的流程和激励措施可以克服这些阻碍。

大学须制定一系列激励措施,鼓励员工参与技术转移。表彰和奖励是基础性的激励措施。

奖励激励分为财务和非财务的激励:

直接财务激励

- 共享许可费收入

- 新设公司股权

- 奖金

非直接财务激励

- 将参与技术转移作为晋升考核因素

- 增加研究人员实验室的研究经费

表彰单位往往低估了表彰的激励效应,而被表彰者往往高度重视其价值,因此表彰往往能以极低的成本获得可观的回报。最有效的认可来自大学高层领导的直接表扬,比如大学领导在演讲和报告中对技术转移的认可和表彰。此外,大学可以设立技术转移/创新奖。奖金可能很低,但得到表彰的价值却很高。

供给侧与需求侧

2003 年发布的《兰伯特校企合作评论:最终报告》(*Lambert Review of Business — University Collaboration: Final Report*)强调"目前最大的挑战在于需求方",并写道:"过去十年,英国大学的文化发生了显著变化。"[2]

近年来,作为技术供给方的大学活动受到了严格的审视,包括许多评论、报告和报道。

需求侧有两个方面值得关注。一是企业对大学研究成果的吸纳和开发能力。毫无疑问,英国的产业没有能力发掘所有机遇,世界范围内其他国家可能也是如此。二是英国产业在创新方面的行为、文化和态度。目前,英国已经建立起了一种"开放式创新现象"。[3]曾经的英国贸易与工业部(先后更名为商业、企业和管理改革部,商业、企业和创新部),技术战略委员会(现更名为创新英国[4]），均做出了长足的努力。尽管如此，仍鲜有英国公司积极从大学寻求创新技术，开拓商机。

大学产出研究成果，而企业将研究成果进行开发利用。考虑到大学和企业各自扮演的角色，将研究成果开发力度不够的责任归咎于大学的观点有失公平。技术本身不能赢利，但是技术能从商业转化中赢利。对大学而言，技术（成果）是一项成本，但通过技术转移，可以让公司投资这些技术并获利。与美国相比，英国的产业在技术转移方面做得并不够成功。与其将英国的顶尖大学与美国的大学进行比较，更应将英国的商业活动与波士顿和加利福尼亚州等全球热点商圈的商业活动进行比较。

足球与技术转移

在赛场所向披靡的亚历克斯·弗格森（Alex Ferguson）爵士（前曼联足球俱乐部经理）与美国风险投资人迈克尔·莫里茨（Michael Moritz）在 2015 年共同出版了《领导力》（*Leading*）一书。弗格森在批评部分中说："关于足球的话题，每个人都把自己当作是专家，即使他们关于比赛的知识少之又少。就像其他娱乐或创意活动一样，做一个批评家容易，做一个从业者却难得多。"[5]

稍加修改，这一道理在大学技术转移领域也同样适用："关于技术转移，每个研究者都认为自己是专家，即使他们关于技术转移的知识少之又少。就像其他活动一样，做一个批评家容易，做一个从业者却难得多。"

大学技术转移办公室员工必须学会接受有关的批评，从中汲取经验，以一种建设性的、积极的、令人信服的方式，向外界说明技术转移办公室的行事方式是具备充分理由的，且通常是为了满足大学或研究资助机构的需求。

当学者们抱怨时，他们抱怨的内容并不总是明确的。在大多数情况下，问题被归咎于大学本身，即学者所在的大学，没有向技术转移办公室投入足够的资源。许多学者觉得自己与大学的联系并不紧密，大学按月给他们发工资，几乎没有施加任何管理权限（尽管有很重的行政负担），并以充裕的假期作为激励。因此，向他们解释问题来自大学拨款不足，可能并不能令他们信服。

大学里的"纳西索斯"

纳西索斯(Narcissus)的故事众所周知。这个名字起源于希腊神话,年轻的纳西索斯爱上了自己在水中的倒影。自恋就是一种因虚荣心或自我身体属性获得满足感的心态。

从事大学技术转移的乐趣之一是可以自己做些自由的研究。我兴奋地发现埋藏在牛津大学伯德雷恩图书馆深处,一个迄今为止不为人知的希腊神话故事,即大学里的"纳西索斯"(Univercissus)的故事。[6]年轻的 Univercissus 爱上了自己从学术出版物中反映出来的才智(见图 4.1)。Univercissism 指因虚荣心或自我智力属性获得满足感的一种心态。

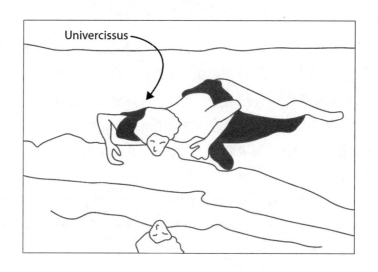

图 4.1　大学里的"纳西索斯"

医药品普及性

从一开始,大学技术转移就一直致力于将研究成果从大学转移到产业,开发更好的产品和服务并造福社会。这就包括通过诊断、医疗设备、治疗方法、疫苗等途径实现的医疗保障。大学技术转移涵盖通过开发新方法提升健康水平。

专利保护公司投资开发新药,给予公司受保护的市场地位,获得投资回报。药品通过专利得以开发,公司通过专利得以收取高价。

药品定价是世界上每个国家都面临的一个问题。利用《拜杜法案》的介入权控制药品定价是技术转移运用于药品普及性的一个例子。

在美国和其他地方,一些大学采纳了有关技术转移和药品普及性的一系列原则。《公平传播医疗技术原则与战略声明》("The Statement of Principles and Strategies for the Equitable Dissemination of Medical Technologies")承诺,将通过创造性地使用许可战略、理智地使用知识产权,基于公共卫生目的而非经济利益目的进行科学研究,在发展中国家进行有效的技术转移。[7]

动物权利

一个周一的早晨,我来到牛津大学技术转移办公室工作,发现楼上的走廊有许多安保人员和同事正拿着拖把和一桶桶的肥皂水。原来上周末,有人爬上了屋顶,在天窗上钻了一个洞,并把燃料倒在地毯上,试图通过从天窗往下扔火柴和蜡烛点燃燃料。幸运的是,燃料是柴油,不会被火柴点燃。

我们曾被动物权益保护者盯上。我们是牛津大学的一部分,我们的办公室离市中心稍远。牛津大学进行了动物实验,而我们是这所大学涉及生命科学和医疗卫生领域的一部分。当时,动物权益保护者在牛津非常活跃。[8]

大学将某些技术(如转基因技术、纳米技术、人体测试诊断方法)商业化的直接结果就是社会活动家可能会对大学表示不满。作为大学的一部分,大学技术转移常常被社会活动家攻击,这样的风险普遍存在。

技术转移之所以困难,根本原因在于其本质是将来自不同文化的人联系起来,说服商界人士将钱投在学术界的想法上,鼓励大学研究人员从事他们不熟悉的领域,直面相关社会和政治问题的细节。

第二节 启 动 运 行

如果想在大学建立技术转移办公室,需要证明其必要性。在向大学行政部门、管理层、领导层和教职员工介绍技术转移办公室的必要性时,有四点需要强调。

(1) 技术转移是件好事。除了教学和科研等核心活动外,技术转移也是大学宗旨的一部分。如果说生产并传播新知识是大学的宗旨,那么技术转移就是一种利用商业化手段实现该宗旨的方式。一旦获得成功,技术转移同时也会产生许多积极效益。技术转移将新知识转移至大学以外,为产业提供新的创新想法,为产业、投资者和大学三方带来可能的收益,并催生积极的社会、文化、技术和经济影响力。

同样,在个人层面,技术转移对于研究人员而言也是件好事。研究人员有机会将自己的科学研究成果造福社会,面对将实验室规模阶段的研究转化为产品的智力挑战,提高对有趣应用问题的认识,有机会将收入用作自主研究资金,同时也可能收获个人财富。

(2) 技术转移不会自动发生。如果缺少人为推动,技术转移很难成功。为技术转移投入资源至关重要。如果大学为技术转移提供的资源和支持不足,可能会产生零星的成功案例,但这些案例缺乏监管,也可能存在风险。

所需的资源可以归类为多个以 P 开头的内容(参见第三章)。需要有人帮助评估科研项目的商业潜力,联系合作伙伴并达成交易,就知识产权保护提供建议和支持,以及成立新公司。如果让研究人员自行管理技术转移活动,那么其投入科研、教学和行政活动的时间就相应减少了。

一旦大学领导层支持技术转移,并有足够吸引人的案例说明技术转移能带来效益,那么就很有可能赢得资源,建立技术转移办公室。

(3) 需要建立政策体系。大学内的许多领域须政策明确,并制定明确的规章制度。政策包括大学教职员工和学生发明的知识产权的所有权,大学与研究人员之间的权利转让,收益分配的安排,衍生公司的成立,衡量和管理利益冲突,争议解决机制。一个成功的政策体系须具备三要素,即制定规则、提供资源保障、分享收益。第三章详细介绍了政策体系。

(4) 技术转移项目的成功需要很长的时间来证明。这是因为从商业角度来看,大学研究的成果往往处于早期阶段,少有研究项目能够直接进入市场。将大学的研究成果整合成成功的产品和服务需要花费很多年。由此可以得出两个结论:① 项目越早开始越好,越早开始,资源就越能够开发和增长到足够的水平;② 一旦开始,必须将项目持续很多年,直到其效益显现。很多时候,一个项目在启动数年后停止,就被判定为失败。一个两到三年的大学或政府项目是极不可能具有可持续性的。如果您种下一棵树,每过几年就挖出来看看它的根,这棵树永远不会茁壮成长。

发展壮大

一旦有了两三个核心员工并启用技术转移办公室后,如何将其发展壮大呢?优秀的人做优秀的事,要想发展壮大,关键在于聘用和留住优秀员工,做正确的事。在 21 世纪的前 20 年,牛津大学技术转移办公室的早期成功为后续兴盛奠定了基础,不断扩大了雇用规模。技术转移是一项人的业务,也是一项服务业务。我们雇用了更多员工,建立的商业模型解释了为何扩大雇用规模能推动更多的技术转移项目,产生更多的收益,并负担不断上涨的雇用成本。技术转移办公室的管理层有信心,大学领导层也有信心,一切都发展顺利。

每位新员工都可以参与更多的内部营销、发明披露和评估、外部营销、商业交易、关系维护,并带来更多的收入。

伊西斯创新有限公司的发展历程

已公开发布的年度报告和财务账目提供了 1988—2015 年的增长数据。这些数据显示了公司的活动、技术转移、收益,及累计资产的不断增长,供对细节感兴趣的人查阅。但这种增长是如何实现的?是哪些人,做了哪些事才取得了成功?伊西斯创新有限公司的案例描述了一所大学在一段时间内采取的行动。一些杰出的人做出了出色的决策,一批优秀的人向着目标齐心协力。成功的关键在于:

- 持续的内部营销,向大学展示我们的工作与大学计划保持一致。

- 五年计划——长期规划,列出工作计划与实施方案。

- 获得学校的大力支持,包括不断增加的专利预算和资深学术人员的支持。

- 公开透明——完成任何大学管理层要求提交的常规报告。

- 自信地成长——根据五年计划,不断扩大雇用规模。

- 利用大规模而高质量的研究知识来平衡风险。

- 优秀人才——招聘具有博士学位和业务经验的项目经理;重要的事应由优秀的人完成。

- 每笔交易都是好交易,支持并维护技术转移活动。

- 利用牛津创新协会建立创新社区平台。

- 勤勉工作——完成第三章中的所有资源配置的工作内容。

- 勇于承担风险,并在失败时给出合理的解释。

第三节　建 立 模 型

本节介绍了两种建立大学技术转移办公室运营模型的方法。第一种是相对简单的收支模型,第二种是相对复杂的活动与收支结合模型,并可用于预测未来发展。

收入与支出模型

这种方法以制定技术转移办公室(无论是行政单位还是独立的全资公司)年度预算为基础。技术转移办公室的收入来自拨款和商业交易,支出项目包括员工薪资、专利申请和市场营销。

1. 收入

收入将来自两个领域。

首先,技术转移办公室的收入来自大学、政府机构或慈善捐赠的拨款。技术转移办公室一般会提前知晓具体金额,理想情况下,这笔收入足以支撑办公室运转。在早期阶段,还没有产生商业交易收入时,这就是办公室全部收入来源。根据大学的规划和预算周期,技术转移办公室可能掌握未来几年内的收入金额。技术转移办公室负责人应拼命(以一种友好的方式)争取拿到大学校级预算的可观份额。

其次,技术转移办公室的收入还来自技术转移办公室从商业交易中得到的业务收入。这笔金额取决于技术转移办公室的职责范围,也取决于技术转移办公室将总收入中的多少留存内部使用。收入来源于专利许可、转让,商业技术咨询和技术服务,创新俱乐部会员费,衍生公司股份出售及股息。一些大学可能会将部分产业资助的研究经费分配给技术转移办公室。技术转移办公室也可从内部的概念验证基金中收取运营成本。

来年的业务收入数额可能是很难预测的。在所有收入来源中,有一些会比另一些更可靠。到了适当的时候,按产量支付的许可费可能会可靠;衍生公司股份出售收入应当始终被视为计划外的额外收入。

2. 支出

这将涉及三个广泛的领域。

第一类是与员工相关的支出,更宽泛地来说,是与人有关的支出。这些费用包括员工薪资,社保养老金,培训、学习和发展费用,以及咨询顾问费等工资单以外的费用。还包括办公室运营的一般费用,例如,纸张、电脑、办公桌相关费用和租金。这笔支出可能会相当巨大,例如,随着项目数的增加,项目管理数据库系统的支出将大幅增加。

根据经验,每投入100万美元的研究经费,通常会产生一个项目披露。以此估算,每年1.2亿美元的研究经费将产生120个新项目,在任何一个时间点系统中都保持着200个项目的稳定数目,这就需要5名技术转移项目经理,及领导层、管理层和支持人员。200个项目的稳定数字来自每年新产生的120个披露项目,其中三分之一通过了专利申请或等效阶段,随后其中的一半项目在12个月后进入专利合作条约(PCT)阶段,然后其中四分之一进入专利合作条约第二章的国家阶段,最后少数一些项目继续由技术转移办公室管理。这个数字会随着大学研究活动的增加而递增。

其次,根据经验,每位转移项目经理可有效管理约 40 个项目。项目从披露开始,可能会迅速终止,也可能一直进行到复杂的许可交易阶段。这是根据牛津大学技术转移办公室的实际经验,结合与其他技术转移办公室同僚的交流得出的。这 40 个项目可能处于第三章中图 3.1 所描述的不同项目阶段,有时好几个项目不需要任何关注,而有时好几个项目就将占用项目经理所有的时间。

第二类支出是专利支出。这项支出是不断累积的,非常复杂,需要运用一些建模方法(可以使用一些软件工具)。每个项目从首次提交专利申请开始产生费用,随后进入检索和审查阶段、PCT 阶段、国家阶段、专利授权办公室管理阶段、续约阶段等,费用也随之累积。技术转移办公室可以在任何阶段终止项目,但如果专利已许可出去,则不能终止。在这种情况下,被许可方应支付部分或全部专利费用。放弃专利地位需要与发明者协商,并为他们提供足够的时间来考虑是否愿意承担未来产生的费用。

每 100 个新披露的项目中,技术转移办公室可能会推进 30～50 个,其中至少四分之三可能涉及专利申请。申请专利的费用因国家、技术和技术转移办公室经验水平(如决策、内部服务和发明人限制)而异。一个由 200 个项目组成的项目组合,每年可以轻松消耗技术转移办公室 40 万欧元,技术转移办公室需自行承担这笔费用。这一数字是这样计算出的: 40 项专利申请,每项3 000 欧元,20 项进入 PCT 阶段,每项 6 000 欧元,5 项进入国家阶段,每项20 000 欧元。专利申请的实际策略很大程度上取决于技术转移办公室专利申请预算和每个案例的具体情况。

第三类支出是营销费用。营销涵盖众多事项,包括活动、网站、宣传册、差旅和创新奖项的费用。

这些费用都是相互关联的。技术转移项目经理吸引项目披露,其中一些会进行专利申请,需要在会议上进行展示或发布在网站上,并可能在交易完成后继续带来商业收入。

技术转移办公室的人数是决定技术转移活动数量、收入和支出的关键性因素。下一小节将进一步探讨这一点。

总体而言,账户收支明细如下所示:

收入

- 拨款
  - 大学校级拨款
  - 政府支持
  - 捐赠
- 商业活动
  - 许可收入(技术转移办公室保留的份额)
- 专利费用报销
  - 咨询收入(技术转移办公室保留的份额)
  - 衍生公司股份收益(技术转移办公室保留的股份)
  - 研究合同的管理费
  - 概念验证基金的管理费

支出

- 员工
  - 工资、社保与养老金
  - 培训、学习与发展
  - 办公室费用
- 专利
  - 新专利申请
  - 现有专利申请
  - 对非专利项目的同等支持
- 市场营销
  - 活动、宣传册、差旅费、圣诞派对等等

以史为鉴

早在 21 世纪初,我们就建立了牛津大学技术转移办公室运作模型。我们有完整的数据记录过去数年的工作成果;我们清楚了解技术转移活动的关键影响因素;我们能够预测主要投入,并计算未来几年活动的预期产出。我们运用这套模型预测相同员工人数条件下的未来产出,以及雇用规模扩大后的未来产出,从而为技术转移办公室争取更多资源。我们的模型显示,投入越多,产出越多,无论是技术转移效率方面(即达成的交易),还是收益方面皆是如此。

该模型基于以下基本原则构建:技术转移办公室中技术转移项目经理的数量是计算资源的主要计量单位。

图 4.2 对该模型进行了说明。在左上角象限 A 区域输入实际数据,这要求在数年内以可靠一致的方式获取数据。一致性其实很难实现,随着时间的流逝,我们会将一件事越做越好,但回头更新旧数据绝非易事。左下角象限的

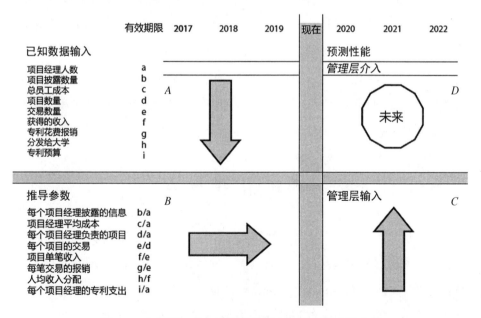

图 4.2 由蒂姆·库克和汤姆·霍卡迪建立的牛津大学
技术转移办公室的预测模型

B区域是根据 A 中的输入数据计算出的比率或百分比。折线图有助于显示其每年变化情况。我们发现关键参数上有明显的一致性,这使我们有信心对这些参数进行预测。然后,管理层在右下角象限的 C 区域中输入关键参数的预测值。在右上角象限的 D 区域中,我们可以看到 C 中的输入值和输入的项目经理数量对关键预期收益的影响。区域 A 显示已经发生的事,而区域 D 是对未来的预测。

美国国会图书馆

2007 年 5 月 24 日,我和蒂姆·库克在华盛顿特区的美国国会图书馆举办了一场题为"大学研究商业化的威胁与机遇：牛津模式"(Commercialising University Research：Threats and Opportunities：The Oxford Model) 的研讨会。[9]

约翰·W. 克鲁格中心的客座科学与技术主席、牛津大学生物化学教授雷蒙德·德威克(Raymond Dwek)教授为我们提供了举办这次研讨会的机会。约翰·W. 克鲁格中心学术项目办公室主任卡罗琳·布朗(Carolyn Brown)博士致开幕词。德威克教授,美国哲学学会(APS)的巴鲁克·布伦伯格(Baruch Blumberg)教授,和美国科学促进会(AAAS)的马克·弗兰克尔(Mark Frankel)博士分别作了介绍性发言。研讨会介绍了牛津大学在过去十年中为解决大学传统教学、科研职责与第三任务间的矛盾而采取的策略,并详细地描述了预测模型。我从未想过有朝一日能在美国国会山分享我们的经验。

第四节　法　律　体　系

许多法律领域都与大学技术转移有关。我不是律师,但律师从业者众多。与大学技术转移相关的法律书籍有马克·安德森(Mark Anderson)的《技术转移：法律与实践》(*Technology Transfer: Law and Practice*)。[10]我推荐这本由律师撰写的书。本节着眼于知识产权所有权,并简单概述需要深入了解相关法律制度。

知识产权所有权

英国大学技术转移的常见模式即大学拥有研究活动产生的知识产权的所有权。这种方法通常适用于所有大学研究人员。对本科生和研究生的安排则不太一致,有些大学拥有知识产权所有权,而另一些则不然。在一些大学,根据所适用的知识产权相关权利规定,不同类型的知识产权的保护政策也各不相同。通常可申请专利的知识产权(发明)由大学所拥有,但可申请著作权的知识产权(文本、图像、代码)不由大学所拥有。大部分学校在决定不进行投资或停止投资技术转移时,会有将知识产权所有权转让给研究人员的制度安排。

1. 英国法律

《1977 年专利法》(*The Patents Act 1977*)。该法案是英国规范专利制度的主要法律,它规定了专利申请的要求,专利授予过程,与专利纠纷有关的法律。该法案还规定了英国法律与《欧洲专利公约》和《专利合作条约》的关系。《1977 年专利法》的最近一次修订是在 2014 年 10 月 1 日,通过了包括《2014 年知识产权法案》(*Intellectual Property Act 2014*)和《2014 年立法改革(专利)令》[*Legislative Reform（Patents）Order 2014*]在内的立法修订。英国知识产权局还出版了《专利实践手册》(*Manual of Patent Practice*, MOPP),解释了英国知识产权局在《1977 年专利法》指导下的实践。[11]

职务发明所有权——1977 年专利法第 39 条。第 39 条描述了与职务发明所有权有关的法律条文。

职务发明所有权

39.（1）无论任何法律规则有何规定,根据本法案,在以下情况下,雇员与雇主之间的发明应视为属于其雇主:

（a）该项发明在雇员正常职责范围内完成,或虽在该名雇员的职责范围之外,但系专门分配给该名雇员的职责,在上述两种情况下,该项发明均须合理推断为因履行雇员职责而产生;或

（b）该项发明在雇员职责范围内完成，在完成发明时，因雇员职责性质以及由该职责性质产生的特定责任，该名雇员对进一步促进其雇主的利益负有特别义务。[12]

这就是大学对研究人员发明拥有所有权的基本法律依据。关键词包括"正常职责范围"与"虽在该名雇员的职责范围之外，但系专门分配给该名雇员"。这些术语会在过度解读或误解的情况下产生争议。

对雇员某些发明的报酬——《1977年专利法》第40条。该法条规定雇主需就其拥有、获得"显著利益"的发明向雇员支付报酬。

对雇员某些发明的报酬

40.（1）对于法院或专利局长，凡雇员在规定期限内提交的专利申请符合以下条件的：

（a）雇员已完成发明，该项发明属于雇主，且已被授予专利；

（b）考虑到雇主经营的规模和性质，该项发明或专利（或二者的结合）为雇主带来显著利益；

（c）基于这些事实，雇主应向雇员支付报酬。[13]

虽然这些条文可以视为大学与研究人员共享收益的初步法律基础，但大学已远不只停留在具体案例具体分析"显著利益"的多少。通常情况下，大学在所有项目中都与研究人员共享许可费收入，既当作对研究人员的激励，也当作是报酬。

须提醒的是，请勿仅阅读法律摘要并将其独立于先例和判例法来理解。这一领域与其他领域一样，国家之间存在巨大差异。

《1988年版权、外观设计和专利法案》。《1988年版权、外观设计和专利法案》（*Copyright Designs and Patents Act 1988*）规定了受版权和外观设计保护的职务作品的所有权。

版权的第一所有权

11.

（1）根据如下规定，作者是作品版权的第一拥有者。

（2）若有相反的协议约定，雇员在受雇期间从事的文学、戏剧、音乐或艺术作品创作的版权第一拥有者是雇主，则遵从该协议约定。[14]

就专利而言，大学雇员需注意的关键词是"受雇期间"。还有与大学学术实践有关的各种各样的其他问题产生，大学可能因此对一些版权作品（如教材）拥有所有权。

2. 欧洲法律

欧洲政治错综复杂，与专利有关的政治制度也复杂难懂，难以描述。

欧洲专利局（EPO）独立于欧盟、欧洲议会等欧洲政治组织之外，负责审查欧洲专利申请（EPA）程序。EPA一旦获批，申请将继续在欧洲各国（无论是加入欧盟，还是未加入欧盟的国家，比如瑞士和挪威）获取专利。EPA是获得英国国家专利权的有效途径，但无法通过EPA获得包含英国在内的欧洲范围专利。EPA为欧洲各国家内的专利保护提供了一种经济有效的途径，但距欧洲范围专利还相去甚远。

多年来，欧盟一直希望能通过一项单一专利制度，只需申请一项专利，即可在欧盟范围内获得专利保护。欧盟自20世纪70年代起就在研究立法，但因未能得到所有欧盟成员国的同意，推出了欧洲单一专利（unitary patent）作为一种折中的方案。根据方案，只要向欧洲专利局提交一次申请，就有机会在26个欧盟成员国获得专利保护。欧洲专利局在2017年年中对此持乐观态度：

与会成员国当前围绕使欧洲单一专利将在2018年第一季度生效展开协作。单一专利制度与单一专利法院的建立密不可分，该法院将具有单一专利与"传统"欧洲专利的司法管辖权。建立单一专利制度的欧盟法规（第1257/2012号和第1260/2012号）于2013年1月20日生效，但将仅在单一专利法院协议生效之日起生效，也就是交存第 13 份批准书或加入书后第四个月的第一天（并且在单一专利法院协议签署的前一年，拥有已生效的欧洲专利数量最多的三个成员国，即法国、德国和英国，必须包括在内）。在单一专利法院协议生效之日起（包括生效之日），任何已授予的欧洲专利均可发起申请单一专利。有关批准的进展情况，请访问欧盟理事会的网站。起初，单一专利可能未涵盖所有参与成员国，因为其中一些成员国可能还未批准单一专利法院协议。

然而，2017 年 6 月，德国联邦宪法法院阻止了政府批准欧盟的单一专利计划，使单一专利的前景遇阻。在本书成稿时，协议的签署日期仍不明朗。

知识产权立法已成为世界各国踢来踢去的政治皮球。无论是 20 世纪 90 年代围绕与贸易有关的知识产权协议（TRIPS）的谈判，还是对中国知识产权制度的持续争论，都能说明这一点。欧洲单一专利也不例外。[15]

3. 美国法律

美国专利法编纂在《美国法典》第 35 卷中。美国专利商标局（USPTO）是美国商务部下设机构，负责专利申请程序。《美国法典》第 35 卷第 2 部分第 18 章包含了《拜杜法案》；第 2 部分的前几章、第 10～17 章，以及第三部分的第 26 章第 261 节提到了发明所有权：

> 根据本卷规定，专利具有个人财产之属性。专利商标局应将专利受益及专利申请登记在册，按要求记录有关的任何文件，并可为此收费。
>
> 专利申请、专利及其受益情况在法律上可以以书面形式转让。申请人、专利权人或其受让人，或法定代理人可以类似的方式将其一项或多项专利申请下的专有权授予并转让给美国或其任何特定部分。
>
> 美国国内经授权且宣誓的官员，国外的美国外交或领事人员，或经授权且宣誓、其身份经美国外交或领事官员证明，或经其他国家指定官员出具的海牙认证（根据协议或公约，与美国指定官员的海牙认证须具有同等

效力)所签名且加盖公章的确认书将作为进行转让、授予或让渡专利或专利申请的初步证据。

先前经转让、授予或让渡的权益,在任何后来的买方或抵押权人面前均属无效,不再另作通知,但自该日起或在其后购买或者抵押之日前三个月内向专利商标局备案的除外。[16]

专利语言和法律条文复杂难懂;什么是海牙认证? 有必要请专业、合格的专利律师协助完成专利工作。

自 1952 年《专利法》以来,近期美国最重要的专利立法是 2011 年的《莱希-史密斯美国发明法》。在该法案后,美国专利制度由先发明制改为了世界上广为采用的先申请制。

对于作品版权,在美国,版权第一所有人为作品作者,但被《美国法典》第 17 章第 201 节定义为"职务作品"的除外。

201. 版权

(a)初始所有权。受此法律条文保护的作品著作权属于作品作者。合作者为创作作品的共同所有人。

(b)职务作品。在因职务雇用而完成作品的情况下,根据法律规定,雇主或委托他人完成作品的委托人为作品作者,拥有版权所包含的一切权利,当事方在其签署的书面文件中另有明确规定的除外。

美国专利制度与其他国家的专利制度之间的一个重要区别是软件专利申请方法不同。一般而言,在美国获得计算机软件程序的专利要比在欧洲和其他地方容易得多。

4. 共同所有权

共同所有权非常复杂,因国家而异,应尽量避免。共同所有权一开始似乎是个好主意,发明人能够共同合作、共享收益,但实际上结果往往是混乱与纷争。

英国有关共同所有权的法律包括《1977 年专利法》第 36、37 和 66 节。简而言之，根据上述条款，一方共同所有人只有在其他共同所有人均同意的情况下才可以将知识产权许可出去。这当然对大学与有商业开发能力的公司开展研究合作具有重要意义。公司可以在内部使用这项发明并获得商业利益；大学则需要获得公司的同意才能将知识产权许可出去并获得商业利益。未经另一方允许，任何一方都不能将知识产权许可出去。因此，投资者对投资共有专利持谨慎态度。

共同专利所有权及专利申请

36.(3)

(3) 根据上文第 8 节、第 12 节与下文第 37 节的规定，以及现时有效的任何协议，如果两人或两人以上是某项专利的共同所有人，则其中一人未经另一人或其他人同意不得——

(a) 修改专利说明书，申请修改专利说明书，或申请撤销专利，或者

(b) 进行专利许可，转让或抵押专利中的部分或苏格兰国有事业中的部分，或允许担保其安全性。

再次强调，请勿仅阅读法律摘要并独立于先例和判例法进行理解。

这与美国专利法不同。美国专利法规定，若没有其他相反协议另作规定，专利共同所有人均可在未得到其他共同所有人的允许的情况下制造、使用、出售专利保护下的发明，也无须告知其他共同所有人。这也解释了为何必须确保所有发明人姓名准确无误。

262. 共同所有人

在没有相反协议的情况下，无需其他共同所有人的同意或向其告知，专利的每个共同所有人均可在美国境内制造、使用、许诺销售或出售专利产品，或将专利产品进口到美国。[17]

其他法律问题

除了针对知识产权的特定法律之外,许多与大学技术转移相关的其他法律问题也需要考虑。简而言之,需要深入了解与大学技术转移相关的法律法规制度包括以下方面:

- 大学作为慈善机构的义务
  - 可以从事多少商业活动
  - 税收——利润、增值税
- 大学作为公共机构
  - 信息自由法
- 欧洲
  - 国家补贴
  - 竞争法——集体豁免
- 员工雇用合同
- 学生"商业合同"
- 出口管制许可证

戴维·鲍伊和专利律师

戴维·鲍伊是音乐、时尚、知识产权融资等领域的一位伟大的创新者。他曾经扮演过一个依靠专利来拯救家人和地球的角色。

在 1976 年的电影《天外来客》中,鲍伊扮演牛顿先生,一个坠入地球的外星人。牛顿先生的目标是在地球上赚到足够的钱,返回家园,拯救家人于干旱之中。他开始将他从外太空带来的许多专利发明进行商业化(星际技术转移的早期例子),并取得了巨大的成功,但始终也未能回到家乡。最终,牛顿先生被政府和行业要人的神秘力量打倒了。尽管没有受到任何指控或审判,但是他被俘虏了很多年,逮捕他的人还怂恿他酗酒。

电影开始时,牛顿先生刚到地球不久,便找到了专利律师奥利弗·法恩斯沃思先生。法恩斯沃思先生太忙了,没有时间去办公室见牛顿先生,一天晚上,他们在法恩斯沃思先生家见面了。牛顿先生提供了 1 000 美元的时薪。法恩斯沃思先生很客气地解释说,这远远超出了他的正常价格。牛顿先生在法恩斯沃思先生的家中解释说,他想要一位精通电子产品专利的律师(牛顿先生不确定"专利"一词的发音,便以不同的发音说了两遍)。

法恩斯沃思先生读了文件后,兴奋地说,牛顿先生拥有九项基本专利,这意味着牛顿先生可以胜过多家美国大公司。

法恩斯沃思先生对这些专利的估值约为 3 亿美元(相当于现在的 13 亿美元,谁说知识产权的价值被高估了)。牛顿先生向他的专利律师提供净利润的10% 和所有公司股份的 5%,为他提供一切服务。他许可法恩斯沃思先生"全权"管理他的事务。

牛顿先生和法恩斯沃思先生根据牛顿先生的专利建立了一个庞大的商业帝国。牛顿先生正要返回家乡,却在没有受到指控的情况下被逮捕,并被软禁了多年,在这期间他开始酗酒。

在这段时间里,一位神秘的卡努蒂教授在电视上接受了采访,并解释了事情的来龙去脉:"众所周知,一家在这个国家家喻户晓的大公司陷入了财务困境,因为该公司过于依赖新颖但具有争议的创新。美国消费者在一段时间内只能接受一定数量的新产品,不能再接受更多了。"

令人惊讶的是,在与法恩斯沃思先生的第一场戏之后,影片中再也没有提到专利;专利的题材始终没能带来大票房。

基于我们每个人的偏见和幽默感,我们可以从中解读出很多东西。我们可以了解到客户与律师的关系、专利的力量、技术转移的利与弊、对创新和发明人本身甚至对酗酒的恐惧、大企业的力量,以及政府力量。这部电影是四十年前制作的,实属不易。

第五章

组织结构

优秀的员工可以使任何组织结构运转高效,而不称职的员工会使任何组织结构运转失衡。

前几章介绍了大学技术转移的必要条件与困难所在。本章将介绍技术转移如何适应大学的环境。技术转移办公室是学校行政单位还是全资公司?是位于一个地方还是分布在校园各处?技术转移办公室和研究支持办公室有何关系?

第一节　什么是最佳组织结构

整体来说,有三点需要说明。

第一,优秀的员工可以使任何组织结构运转良好,而不称职的员工会使任何组织结构运转失衡。话虽如此,组织结构仍然存在优劣之分。

第二,大学采用的组织结构反映了根据当时情况做出的最合适的选择,而这一选择是根据决策者的个人经验。

第三,无论采用什么组织结构,技术转移办公室必须始终谨记它在大学中发挥的作用：技术转移办公室完全依赖于科研人员参与技术转移工作的意愿，以及大学高层领导的支持。因此，技术转移办公室应始终秉持服务科研人员的理念。

大学需要决定技术转移办公室的组织结构和技术转移项目的管理办法。技术转移在组织层级中的位置尤其能体现大学对技术转移活动的重视程度。

如今，许多大学都采用了这样一种组织模式，即少数高级领导向最高领导（院长、教务长或校长）汇报，每位高级领导都承担特定职责。例如，若最高层是院长，则分管某项工作的是副院长；最高层是校长，则分管某项工作的是副校长；最高层是教务长，则分管某项工作的是副教务长。这些副职岗位通常负责比如教育、发展和研究等方面的工作，而近几年来，设立一位分管创新工作的副校长也变得越来越普遍了。这个岗位可以是独立的一项职务，也可以与科研管理岗共同设立，称作"科研与创新副校长"。这个岗位的工作职责将涉及技术转移工作。

大学领导层应当支持学校的各类技术转移项目，包括支持所有相关的活动与人员。成功的技术转移是大学理想愿景的一部分，大学领导层可以通过积极讨论或挂名技术转移项目，来提升项目的"合法性"。这种支持有助于技术转移氛围的改变在学校深深扎根。说服大学领导层支持技术转移项目也是技术转移办公室的一项工作。来自大学领导层的支持可能是主动的，也可能是被动的，并不存在的，甚至是负面的。如果你工作的大学不但对您所做的事持怀疑态度，而且对整个技术转移活动都持异议，那么你就应当考虑换个地方了。

第二节　行政单位还是公司

大学需要决定其技术转移办公室的性质是大学行政单位还是独立公司。本节将讨论这一问题，并比较将技术转移办公室作为全资子公司的利与弊。无论将其作为行政单位还是全资子公司都各有道理，但毋庸置疑，技术转移办公室必须由大学全权拥有。

将技术转移办公室作为独立全资公司的好处

以下要点均建立在技术转移办公室作为大学全资子公司的基础之上。后文会讨论将技术转移办公室作为非全资公司所面临的挑战。

商业人士更喜欢与企业讨论商业问题,他们可能把与大学打交道视为挑战,对象牙塔、实验室里的"科研狂人"、与企业截然不同的时间安排与管理层级抱有不少先入为主的想法。商业界人士认识了解企业,因此更愿意与企业人士打交道,而不愿与他们知之甚少的大学往来。

大学研究人员更愿意与企业讨论商业问题。研究人员来到技术转移办公室,目的是在商业化与知识产权管理方面寻求专业帮助。这些是商业问题,因此研究人员更愿与专注商业活动的组织打交道。

得益于独立的管理,技术转移公司更受青睐,尽管其行事方式不应与所属的学校有太大差异。独立管理的好处体现在各个方面,例如,技术转移公司可以拥有自己的人力资源管理系统,包括绩效评估、能力框架、职位描述、申诉、纪律、薪酬表、薪酬变动等,而这些管理结构和风格可以由董事会和董事经理明确设定。技术转移公司应当是小型企业,可快速响应不断变化的商业环境,随机应变,采取响应措施。

若将技术转移办公室作为公司建设,就更有可能吸引到具有必要商业背景的员工入职。商业人士会反感大学的行政文化,而愿意到企业工作。对在拥有概念验证基金和种子基金的大学里参与投资基金管理的人员,尤其如此。但这并不意味着作为独立公司的技术转移公司的员工薪资,应高于作为大学行政部门的技术转移办公室的员工薪资,这一点在第三章已经讨论过了。

当有了独立的公司,技术转移公司和研究支持办公室(RSO)之间就可以有清晰的责任分工,明确的管理和工作重点。技术转移公司负责现有研究成果的商业化,而研究支持办公室负责研究经费安排和未来可能的科研产出。有些研究项目会同时涉及两者,在这种情况下,技术转移公司需要和研究支持办公室密切协作。

如果大学决定需要一个完全商业化的技术转移办公室，并全面开展商业活动和进行资产管理——包括技术转移项目的梯队，各类专利权和专利申请项目，各类专利许可和衍生公司资产——将技术转移办公室作为独资公司通常是唯一可行的途径。

在一些模式下，在技术转移办公室许可出售相关知识产权之前，由研究支持办公室负责检查知识产权的所有权是否为大学所有，这种设计安排的优势是负责核查知识产权所有权的单位独立于知识产权的开发利用与商业化。

将技术转移办公室设立为有限责任的全资子公司，可以增加一道法律的"防火墙"，为大学提供更多保护。理论上讲，如果大学认为公司的内部风险过大，则可选择关闭公司。

创建新的全资子公司可以向大学、地方和国家的创新社区传达一个强有力的信号，告诉外界学校正设法拓展其创新活动。通过全资子公司的创立，大学也可以获得额外的宣传效果。

独立技术转移公司的治理

全资子公司需要大学的有效治理，也需要有经验的商业人士参与。

● 技术转移公司管理层应定期向大学和公司董事会报告。

● 技术转移公司应由大学负责审计。

● 大学应管理（或审阅）技术转移公司的工资核算。

● 公司董事会应由三方代表组成：大学资深学者、大学高层管理人员、具有商业和投资背景的外部成员。

● 大学成员应占据董事会相当一部分名额，其人数应超过外部成员。

● 董事会主席需要得到大学校长的信任和接触校长的机会。

● 董事会主席应来自校外，并具有商业经验，这有助于董事会以企业而不是委员会的方式行事。

● 公司董事会应设立审计委员会和薪酬委员会；公司首席执行官不应担

任薪酬委员会成员。

● 董事会应至少每年审查一次公司的风险登记册、健康与安全政策和记录以及灾难恢复政策。

公司董事会的实际成员往往反映当时大学的人员政治。理想情况下,大学资深学者具有将研究成果商业化的个人经验,并能全面地理解所涉及的相关问题;大学的高层管理人员应包括大学财务主管;外部成员则应具有优秀的人际关系网络,以及对大学的了解。

这些治理要点至关重要。没有良好的治理,大学难以对公司的运作放心,而治理不善将为大学带来更大的风险。

将技术转移办公室作为独立公司的缺点

技术转移公司很难与大学其他行政管理部门和研究人员持相同价值观。如果技术转移公司行事装腔作势,那么研究人员和管理人员还会抵制。因此技术转移公司和分管的领导必须和研究支持办公室及负责人保持良好的关系。在研究资金的筹集、研究成果的保护、成果的商业化之间存在内生的紧张关系,而这些人员需要对之加以管理。

一些大学成立了子公司,购买了该大学知识产权所有权,并进行交易,但却没有员工。这种情况下,技术转移办公室的员工受雇于大学,而非公司。这种组织架构就不具备上述作为全资独立子公司的优势。

公司可能逐渐脱离大学,大学(和其他人)也可能会忘记技术转移办公室的存在。当大学的科研基础不能提供足够多的项目机会,来满足技术转移公司的雄心壮志时,这种情况就很有可能发生。一所规模较小的大学可能也无法设立独立的公司来管理技术转移工作。

将技术转移办公室作为大学行政管理部门的好处

这种做法的最大的优势在于负责技术转移的人员、行政人员和大学职员隶属于同一组织。这非常有利于制定共同愿景与价值观,并产出符合大学规划的成果。

　　所有职员都有相似的薪酬标准、薪酬变动、养老金安排和其他福利；都享有公共投资带来的福利，也共同承担预算削减带来的困难。所有职员都以某种形式隶属于同一组织。对于效力于同一老板的职员来说，组织层级趋向于一个单点。

　　而最大的缺点在于，技术转移是一种商业化活动，很难在大学内部推行。

独立但非全资所有公司

　　这种情况应当避免。帝国理工学院(Imperial College, London)于1986年成立了全资所有的技术转移子公司——帝国创新(Imperial Innovations)。2005年，帝国理工学院开始向外界金融投资者出售帝国创新的股票，以筹集资金。帝国创新逐渐私有化，而学校成为少数股东。该公司筹集了更多资金，开始计划投资帝国理工学院以外的大学衍生公司，并更名为Touchstone，最后于2017年被IP集团恶意收购了。2018年，帝国理工学院终止了与IP集团的合作关系，并在学校内部设立企业部门，重新发展其技术转移职能。

　　部分控股的技术转移公司的潜在风险就在于股东利益的分歧，以及公司管理无法兼顾大学与外部股东的利益。部分控股技术转移公司的发展机会来自更商业化的路径和投资资金的获取。

　　帝国理工学院现在只拥有一家上市投资公司的少数股权，占股约为5%，在撰写本书时其价值还不到5 000万英镑。[1]过去几十年，帝国理工学院在其衍生公司中不持有任何股权资产，也不拥有数量足够多的专利库，目前正重建自己的技术转移能力。相比之下，其他拥有全资子公司的英国一流大学却实实在在地拥有着上述这些。牛津大学在衍生公司中的股份投资组合总价值超过1.5亿英镑，拥有大量的专利和积淀深厚的技术转移业务，而剑桥大学和伦敦大学学院也是如此。这些学校自始至终管理着自己的技术转移活动使其对学校有益，并且去适应更大范围内的趋势和变化。

　　我们姑且可以将帝国创新公司的私有化作为一次有趣的实验。

规模临界点

对于一所小型研究型大学而言,还需要额外考虑其科研活动是否足以支撑建立专门的技术转移办公室。大学自身需要具备一定的技术转移能力,这样研究人员才知道自己是与所在的学校就科研成果商业化展开讨论。相比之下,如果科研人员需要与学校外部展开讨论,那么技术转移活动在早期就障碍重重。

大学可以拥有适当的技术转移资源(哪怕只有一名指定人员),并在很大程度上依靠外部专业资源。这样一来,大学就需要与外部组织建立联系,该组织应有信心和决心为学校长期提供支持,并拥有足够广泛的专业知识。

一些大学可能会考虑联合起来,投资建立集体通用的技术转移资源。这一构想要在展示、沟通和管理方面克服许多挑战,但是有可能实现的。通过这种方式,也可以让研究人员认识到,大学自身掌握一定的技术转移能力。

联合的风险在于,在业务和资源的压力下,技术转移资源会集中于某些项目并向其中一些大学倾斜,不能为所有合作院校提供服务。这种集中资源的管理需要极具领导魅力的社交才能。

战略伙伴关系

在21世纪的前10年里,许多英国大学与从事技术商业化的企业建立了长期的战略伙伴关系/联盟。

这一趋势由戴维·诺伍德(David Norwood)于2000年在英国发起,他和比森·格雷戈里(Beeson Gregory)一起创建了IP2IPO,也就是现在的IP集团股份有限公司。还有许多其他公司也采用了这种商业模式:Fusion IP(即以前的Biofusion,现在是IP集团的一部分)、Braveheart和IPSO Ventures(参见第七章)。

这种模式的典型特征是大学将较长一段时间内(比如15～25年)的部分知识产权商业化的收益,换取投融资和组建衍生公司所需的专业支持。评估的关键点是合作伙伴的可持续性和交易条款:大学应以怎样的价格获取专业支持?

　　大型的研究大学可能拥有足够的资源和需求设立集中的技术转移机构，由于规模足够大，机构可以以最高级别运行。相比之下，规模较小的大学可以与第三方达成伙伴协议，获取技术转移方面的专业支持。这种做法的好处有以下三点：① 获得广泛的专业支持和经验；② 获得成熟的业务和专业关系网络；③ 从他人犯的错误吸取经验，确保行事有效。关键点在于，大学务必在内部保有一定的技术转移能力。学校可以将技术转移活动外包出去以获取支持，但做出商业决策的责任依然在大学。

政府、国家和地区模式

　　政府、国家和地区模式可从外部将技术转移强加给大学。1950—1985 年间的英国就是这种情况。在这段时间，国家研究与发展公司（NRDC，已更名为英国技术集团 BTG）拥有将公立大学知识产权商业化的优先权。这样一来，大学就缺乏动力将技术转移做好。NRDC/BTG 的总部在伦敦，工作人员定期（但通常很少）访问大学，这种模式是不成功的（参见第二章）。

　　反对中央政府管理技术转移的原因有以下两点：

　　一是距离。技术转移办公室、技术转移项目经理和研究人员距离越近越好。项目启动时，研究人员要决定是否要联系技术转移办公室。这一过程越便捷越好，如果拿起电话就能在第二天约个时间，或在回家路上停下车即可，就再好不过了。随着项目的发展，讨论和会议将越来越频繁地开展，技术转移人员与研究人员将愈发从频繁的联络中受益。

　　二是家庭或群体归属。科研人员和技术转移项目经理最好隶属于同一所大学、同一组织、同一家庭网络或同一群体。与不同组织中的人员联络增加了阻碍，不同组织的利益也可能存在分歧。

　　尽管由中央政府管理大学技术转移是错误的，但中央政府仍然可以在一些具体方面为大学提供诸如拨款和税收优惠政策等建设性的帮助（参见第九章）。在这些领域，中央集权的方法可能具有优势，但也始终取决于现有的技术转移环境以及对中央控制和干预的响应程度，包括数据收集和汇报、培训活动、国家奖励和游说。

有一些成功的区域模式的案例，或许是因为这些模式是这些大学自主选择而非政府强加的。JoTTO 是 2016 年由意大利托斯卡纳区的三所大学（即意大利卢卡 IMT 高等研究学校、比萨高等师范学校和意大利比萨圣安娜高等学校）成立的联合技术转移办公室。每所大学都保留自己的技术转移办公室，而 JoTTO 则负责大学间的合作活动，并在意大利和全球范围内提供更多的技术转移机会。SET Squared 是英格兰南部的巴斯大学、布里斯托尔大学、埃克塞特大学、南安普敦大学和萨里大学五所大学合作举办的一个非常有效的员工和学生创业机构，曾两次被评为世界顶级企业孵化器。SET Squared 最初的动力是获得政府资助，然而很快就不仅限于此。与此同时，每所大学都保留了自己的技术转移办公室，而 SET Squared 专注于为初创企业和衍生公司提供特定的创业支持。

英国现状

英国绝大多数大学都没有技术转移子公司。总体而言，2017 年 9 月对英国 145 所大学的分析显示出以下趋势：112 所大学设有某种形式的知识转移/技术转移办公室（77%），而 27 所大学没有。换言之，略高于四分之三的大学有，而略低于四分之一的大学没有。[2] 这 112 所大学中，有 12 所大学设立了技术转移公司（12 / 112 = 11%；12 / 145 = 8%），有 100 所大学设立了校内技术转移办公室。

这 100 个行政办公室，正如你能想象那样，这是研究、企业创新、商业和知识的广泛结合。甚至"影响"这个词，也出现在了最具前瞻性的大学技术转移办公室名称中。

白驹过隙，全资子公司也许在未来会盛行。

超越

英国的大学不是公共机构，它们是独立的慈善机构（一些私立大学除外）。

尽管这些学校的绝大多数资金来自政府，但它们并非政府所有，其工作人员也不是政府雇员。这样的体系使大学能够发展自己的组织结构，设立子公司，参与投资基金，并拥有衍生公司的股份。

在许多其他国家/地区，大学为公共机构，其职员为公务员，职员也受到更多限制。一些活动可能在某一地区实属寻常，但在另一些地区，充满想象力和创新精神的大学在获得许可方面却困难重重。即使修改了法律，也存在根深蒂固的文化制约因素，例如，担心滥用公款、承担风险、损失公共资金，甚至面临牢狱之灾。

中枢辐射模型

下面将探讨分散在多个校区的大学在优化技术转移系统时面临的额外挑战。这些校区之间可能相距几公里左右，有时甚至更远。

技术转移办公室应力求足够知名，取得良好口碑，以便研究人员联系。研究人员事务繁忙，既从事研究又从事教学工作，在取得一定成就时还会参与行政管理工作。无论政策和规则多么强硬，研究人员联系技术转移办公室与否基本上都是个人选择问题。鉴于此，技术转移办公室应努力吸引研究人员与之联系。

1. 一个站点

当高校研究活动集中在一个校区或区域时，技术转移办公室可以从一个站点展开业务，并开展合理的内部营销活动，吸引研究人员与之联系。

从一个站点展开业务的优势在于：

- 一个技术转移中心，便于研究人员了解。
- 集中资源，以集中的方式运营和交付。
- 集中专业人士和相互支持，整体大于部分之和。
- 拥有内部关系网络，便于信息共享。

一些只有一个校区的高校采取了资源分散或下放模式。在这一模式中，存在一个小型的中心技术转移办公室，其他技术转移人员则分散在该校区的关键院系或部门中(在某些情况下,这一模式会有所变化,可能没有中心技术转移办公室,技术转移人员分散在大学各院系)。

这种方法也存在一些缺点:

● 失去上述一个站点的优势。

● 维护技术转移团队需要额外的管理时间。

● 下放的资源有可能会分散并转移至其他活动。帮助研究人员赢得科研资助是当务之急,可能会优先于潜在的技术转移活动。因此,技术转移办公室的人员在最后发现自己并没有从事太多技术转移工作。

理想的情况是大学院系中有人积极推动技术转移活动,但并不隶属于技术转移办公室。这些人鼓励同事积极参与技术转移并与技术转移办公室交流,宣传技术转移的好处。

2. 多个站点

当研究机构的研究活动在不同校区开展的时候,将所有的技术转移资源都集中在一个地点可能会适得其反。什么时候单一站点不是最佳模式? 临界点可能是通勤时间的直接函数,但还有其他因素在起作用,这使事情更加复杂。

大学本部、其他分散校区之间泾渭分明的界限是技术转移有效运作的重大阻碍;即便将低效的通勤时间搁置一边,本部人员的来访也与本校区人员的来访也大不相同。地理位置很重要。即使人们掌握了最新的通信技术,也要把大量的时间花在路程中,这简直是效率低下。长期以来,人们将技术转移视为一种联络活动。技术转移办公室的人员和研究人员需要彼此了解。

这可能就需要采用中枢辐射模式。

中央枢纽在一个地点集中提供资源,将技术转移专业资源集中管理,关于中央枢纽的要点如下:

● 技术转移办公室是该高校所有技术转移事务的唯一联络点。

● 集中信息收集与管理。

● 提供行政和营销支持。

- 提供技术转移专业知识。

各院系(也就是"辐射轴"的末端)提供技术转移人员专门为研究人员服务。某些院系可能安排不止一名技术转移人员,关于院系技术转移人员的要点如下:

- 是研究人员的联络人。
- 院系内部人员,隶属于院系内部团队,可为研究人员提供帮助。
- 任何对技术转移有兴趣的人都可以推开办公室大门,了解与探讨。
- 足够专业,能够吸引项目披露,并将项目推进到下一阶段。
- 起到路标的作用,了解哪些研究人员在参与技术转移项目,以及如何吸引研究人员参与。

在科研活动集中于一个校区或区域的大学里,最好采用唯一的集中式技术转移办公室,避免跨院系的下放式模式。在涉及多个校区的大学中,采取中央辐射模式既能满足各院系需要,又能集中专业知识和资源。

第三节 适 应 高 校

本节从研究活动和组织结构的角度探讨了研究型大学的研究支持办公室和技术转移办公室之间的关系。如何将技术转移与研究支持活动结合起来?通常情况下,研究支持办公室是大学校级行政管理的重要组成部分,而技术转移办公室在整个组织结构中的位置则存在不同情况。我们需要考虑如何划分研究支持办公室和技术转移办公室的活动分工,也需要思索两者之间工作关系的性质。最常见的问题是谁来管理科研与产业之间的关系? 答案是研究支持办公室,而不是技术转移办公室。

研究支持办公室和技术转移办公室在组织结构中的位置

理想情况下,研究支持办公室应视为大学主要的行政支持部门,向大学管理层汇报工作。研究是大学的核心活动,应在大学内部集中管理并给予支持。

这种方法并不限制将组织内的某些研究管理工作分配给院系和部门。研究支持办公室和技术转移办公室均需要足够的资源才能有效运转；地域临近有助于研究支持办公室和技术转移办公室之间联络互动，不过这并非必要条件。

技术转移是一项独立的活动，虽然至关重要并愈发受到重视，也收获了越来越辉煌的成功，但它并不是大学主要教学和研究的核心活动。此外，技术转移是一种商业化活动。技术转移办公室应作为独立的组织单位（可以是校内行政管理单位，也可以是公司）。这种分工成功的关键在于，研究支持办公室在谈判科研资助条款时应关注大学是否拥有知识产权，而技术转移办公室也应当理解，相较于潜在的商业化机会，科研经费资助机会对大学而言更为重要。

组织中的人们喜欢更改组织方式和组织单位的名称。这在技术转移中也很盛行，因为各级的新任领导层都寻求用新的方法来解决已知的问题。但如果没有更多的资源投入进来，对零件进行改组不可能解决问题。名称变更有助于宣传组织目标发生变化，并表明来自内外部的消息均已收到。

出现的问题

研究支持办公室和技术转移办公室的活动与互动中会出现许多问题，包括：

- 谁来管理产业资助研究的有关合同？
- 在技术转移前检查知识产权所有权归谁所有。
- 综合研究与技术转移协议。
- 材料转让协议。

1. 谁来管理产业资助研究合同

考虑到研究支持办公室和技术转移办公室的组织结构，这一问题经常出现在大学内部。这一问题在于把产业资助的研究看作研究还是商业活动。研究是大学的一项主要活动，应该在一个地方集中管理。如果大学部分研究活动在单独的地方进行管理，那么在机构、部门和个人层面上，信息收集、一致性和报告方面都会存在问题。研究支持办公室管理与研究资金有关的协议,包括确定对新产生知识产权的管理。这些协议可能会包括技术转移办公室正在进行商业化的现有知识产权;因此,技术转移办公室与研究支持办公室应保持良好的沟通和紧密的联系。

一些人支持由技术转移办公室管理产业资助研究的合同,认为技术转移办公室的人员具备与产业谈判所需的技能,而且与产业有关的工作最好由一个团队管理。要坚持的关键原则在于,研究支持办公室管理所有研究资助安排(而不是技术转移),技术转移办公室从事所有与技术转移有关的活动(而不是研究资助)。即便研究支持办公室目前还不具备与产业谈判的必需技能,这些技能也可以从工作中不断学习。

在某些情况下,研究资助和技术转移问题需要一起解决,因为一方面,研究资助机构鼓励或要求产业合作伙伴加入研究项目,另一方面企业也在寻求与重点大学展开长期战略性合作。在这些情况下,研究支持办公室与技术转移办公室需要紧密合作,两个办公室的负责人也需要作为一个团队通力协作。如果其中一个人掌握更出色的谈判技巧,要发挥其优势。团队协商通常会更好。

研究合同是研究活动的一部分(应优先考虑学术目的,而非商业化目的),而不是知识产权商业化的一部分。研究是大学的核心,研究支持服务具有相关专业知识。每个活动所需的能力是不同的,管理研究合同所需的能力与其他研究支持活动有更密切的联系。

如果由技术转移办公室管理研究合同,在协商知识产权条款方面,技术转移办公室就有可能为了达成潜在的商业收益而牺牲学者要做的研究,也有可能为了赢得产业资助研究合同而牺牲出版权。

如果技术转移办公室以知识产权条款不充分为理由阻止研究经费投入,那么除非它能够说服研究支持办公室该交易不符合大学的利益,否则它的理由很可能会站不住脚。然而,这不是技术转移办公室的分内工作。技术转移办公室应保持警惕,避免干涉其不负责的领域。

2. 在许可出去之前检查知识产权所有权

大学在经营技术转移项目时,可能会许可出去其并不具有所有权的知识产品(例如,许可出去其并不具备所有权的专利;或虽然具备所有权,但无权许可出去,因为之前就已经将其许可出去了;或需要获得资助者的许可)。因此,必须有完善强大的系统来检查和确认大学知识产权所有权与商业化的自由。所有权是一回事,商业化的自由是另一回事。一方面,研究资助者对成果的使用越来越感兴趣,并对大学施加更多的控制;另一方面,研究更具协作性,任何一个项目都涉及更多的研究者和研究资助者。大学研究活动越来越需要研究人员和研究资助者的通力协作。研究人员的流动性也越来越大。这一切都需要在技术转移办公室签署交易之前检查清楚并解决。

这就造成了确认知识产权所有权时可能出现的复杂情况:可能许多研究人员都参与研究,有些是发明人,有些是合作者,这些人可能来自不同高校,每个高校都有自己的方式方法;研究活动的资助经费可能有不同来源,每个资助者都有自己的方式方法,对研究成果的使用情况也有自己的考虑。

一个用于检查确认知识产权所有权和商业化自由的完善系统需要充足的资源和有能力、有经验的雇员。接下来的问题是这个团队应该在组织中处于什么位置。有三种选择:研究支持办公室、技术转移办公室或法律服务办公室。我的观点是这项工作应该:① 在大学内部进行;② 与技术转移办公室分开;③ 最好在研究支持办公室内部进行。

① 之所以在大学内部进行,是因为大学最清楚自身关于员工和学生间知识产权所有权的政策规定(大学对这些政策规定负责,而非技术转移办公室)。

② 之所以与技术转移办公室分开,是因为这样就可以避免致力于用知识产权促成商业化交易的技术转移办公室负责确定所有权情况。换言之,技术转移办公室若旨在促成交易并因此得到回报,那么在做所有权尽职调查时就不会那么用心。

③ 之所以在研究支持办公室内部进行,是因为研究支持办公室负责管理与研究资助者的关系,并与其签订协议,协议将涉及出现的知识产权的管理

情况。

随着研究资助者对知识产权越来越感兴趣，管理研究资助和建立知识产权许可能需要更多的资源投入。

3. 研究和技术转移综合性协议

还有一个补充问题，既涉及研究经费，又涉及现有技术权利的转让情况，由谁来负责管理和进行交易。

与企业签订的研究协议包含对研究成果所有权的规定，以及企业对研究成果的使用权限。例如，以排他性或非排他性的条款，获得某些符合公司利益的研究成果的期权或许可权。

若由研究支持办公室管理所有研究，那么一旦外部公司希望同时从技术转移办公室了解现有技术并为大学研究提供资金，就必须和研究支持办公室和技术转移办公室两个部门打交道。这是首选模式的一个明显缺点。公司向大学校长抱怨道，我要同时与两个不同的部门打交道，这是多么程序繁杂！让我来告诉你吧，如何像管理一个好公司一样管理大学。这时，校长应该认识到，大学不是公司，产业人士的抱怨毫无依据（即使是公司，也要划分为不同的部门）。

这是大学优化其研究管理体系必须付出的代价，也是公司获得大学的专业知识和技术必须付出的代价。

一些大学可能会寻求在理论上解决这一问题，进而制定政策：任何大学技术的被许可方（尤其是衍生公司）都不能资助大学相关技术的开发，涉及的利益冲突过于复杂。但这样的政策不太可能对研究人员有吸引力，并且可能在执行方面难以坚持，因此，将总有例外情况发生，进而导致政策的修改。[3]

4. 材料转让协议

大学，研究机构和公司之间经常会交换研究材料（比如细胞系、化合物）。这些活动通常受《材料转让协议》（MTA）规范，并被称为进出 MTA。除了偶尔的运输/航运费用，这些材料的转让通常并不需要财务考虑。

由于 MTA 与支持和促进研究有关，因此最好由研究支持办公室管理。

MTA虽然不是商业交易,但通常包含复杂的知识产权和许可条款,所以在进行商业化前的知识产权所有权调查时须将其考虑进来。MTA可能会要求大学在发明完成时告知供应商,可能会要求获得许可,也可能要求在将来共享许可费收益。

一些人认为应由技术转移办公室管理MTA,理由是技术转移办公室拥有知识产权方面的专业知识,而这是MTA涉的领域之一。毫无疑问,管理MTA需要专业知识,但最好放在研究支持办公室,而不是技术转移办公室。与MTA相关的尽职调查越来越复杂,在确认发明贡献者和对第三方的合同义务时尤其重要。

技术转移的"牛津模式"

牛津大学是一所世界一流的研究型大学,有人说它是世界上最好的大学。[4]在牛津大学,技术转移是大学战略的重要组成部分,也是大学旨在通过研究造福社会之慈善使命的重要组成部分。

牛津大学在知识产权所有权和知识产权收益分配方面制定了明确的政策。大学知识产权咨询小组(IPAG)负责制定和监督大学的知识产权政策,并向大学理事会报告。牛津大学通过雇用研究服务人员(RS)和技术转移办公室[即牛津大学创新有限公司(OUI),前身为伊西斯创新有限公司,负责学校政策的实施]人员,从而支持其研究人员。

研究服务人员为校内研究人员、希望资助或以其他方式支持牛津大学研究的外部组织提供支持,并制定研究政策。牛津大学创新有限公司保护和管理拟将其研究成果商业化的科研人员所产生的知识产权。

该模式的基本要素包括:在大学内部设立一个办公室,主要负责促进研究;在大学外部设立一个由大学100%控股的公司,主要负责知识产权的商业化。

研究支持办公室负责协商并批准所有研究的合同条款,包括所有权和知识产权的使用;与外部研究资助者和合作者沟通;并负责确认合同下所有的责任义务。这些责任义务包括大学和研究资助者之间知识产权的所有权和使用权的条款条件。

研究支持办公室确认知识产权所有权，并将大学拥有的知识产权转让给牛津大学创新有限公司，研究人员根据具体项目与牛津大学创新有限公司合作。牛津大学创新有限公司评估商业机会，申请并管理专利，谈判并管理知识产权商业化协议（期权、许可证、咨询、衍生公司）。

该模式的优势如下：

- 牛津大学创新有限公司和研究支持办公室之间的责任划分明确。
- 技术转移支持结构的两个要素协作密切。
- 大学管理层的明确支持。
- 统一记录由研究资助、合作和材料转让协议产生的所有知识产权义务。
- 在大学中，确认知识产权所有权与知识产权商业化的工作责任分开，从而尽可能避免出售不具有所有权的知识产权，也避免了知识产权卖方与大学研究资助者直接打交道。
- 研究服务始终涉及所有研究资助活动。
- 研究人员能够在大学批准的情况下独立地将其研究成果商业化。
- 牛津大学创新有限公司不会试图影响大学的研究活动。

以下是关于牛津模式经常被问到的一些问题。

为什么需要两个组织？

- 每项活动所需的能力是不同的。
- 明确每项活动的目的和目标。
- 避免交易者查看许可内容的所有者。

为什么设立牛津大学创新有限公司？

- 牛津大学创新有限公司致力于为产业提供商业化服务。
- 产业界更喜欢和企业沟通，而不愿与大学往来。
- 公司可保护大学免于承担某些责任。

为什么研究合同由研究服务人员管理,而不是由牛津大学创新有限公司管理?

● 研究合同是大学研究活动的一部分(应优先考虑学术而非商业化前景),而不是知识产权商业化的一部分。研究是大学的核心。

● 研究服务人员具有相关专业知识。所需的能力与其他研究服务活动密切相关。

牛津大学创新有限公司为什么要管理个人咨询和技术实验室服务?

● 这些活动旨在达成商业目的,由研究人员和部门经理自行决定。

牛津模式的缺点是什么?

● 在研究服务和技术转移办公室方面都需要的充足资源。

● 地理位置的邻近有助于两个组织的交流。

● 随着研究资助者对知识产权越来越感兴趣,管理研究资助和建立知识产权许可需要更多资源。

研究支持办公室是研究型大学校级行政管理的重要组成部分。技术转移办公室应独立于研究支持办公室,并从属于研究支持办公室,理想情况下应作为大学全资子公司。研究支持办公室应管理大学与研究资助者之间的所有关系,而不是将处理产业关系的责任移交给技术转移办公室。在这些问题上,应首先认识到研究是大学的主要活动,而商业化是次要活动。

产业资助研究合作和合同

当产业资助部分(或偶尔资助全部)研究项目经费时,研究支持办公室负责帮助研究人员与产业谈判并最终确认合同。鉴于产业资助研究通常只占一所大学全部研究的 10% 左右,这项活动引起的关注和评论远超预期,但由于政府越来越重视校企合作,企业在游说团体中的呼声越来越高,这项活动也变得越来越重要。

产业资助的研究安排错综复杂,不是本书的重点。了解详情的两个绝佳途径是 Lambert Toolkit 网站和《知识转移爱尔兰国家知识产权协议》。然而,许多大学的技术转移办公室负责这项活动，下面的框架有助于理解这些问题。

关于如何安排产业资助的研究，图 5.1 围绕三个变量显示了三种可能的结果（A、B 和 C），这三个变量分别是研究的性质、知识产权所有权/用户权利和大学收取的费用占总成本（成本/价格）的比例。大学与公司主要围绕这三个变量讨论如何管理双方关系，然后在合同协议中加以描述。

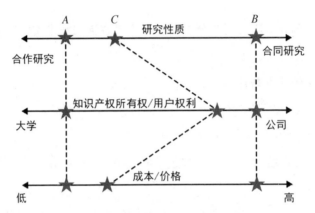

图 5.1　研究活动与产业之间的适当平衡
（图片来源：技术转移创新有限公司）

结果 A 和 B 是合理的；结果 C 不合理。

在结果 A 中，正在进行的研究是相对早期的探索性研究，大学研究人员与公司研究人员进行合作。研究活动围绕大学的核心研究兴趣展开，大学合理拥有由此产生的知识产权，因为形成的知识产权是接下来研究兴趣的一部分。公司将在其特定的商业利益领域享有某种形式的知识产权优先权。公司不会支付全部研究费用，这反映了研究的性质，也反映了大学研究人员在研究方向上的兴趣问题。全部费用包括直接费用和间接费用（有时被称为一般费用）。公司支付的费用将是直接费用加上一定比例的间接费用。支付的间接费用的比例将成为谈判中的重点争论问题。

结果 B 在三个变量范围的另一端。正在进行的研究处于后期阶段，大学研究人员正遵循公司的具体指示，解决公司提出的问题。研究活动基于大学的已知研究成果,不涉及大学的核心研究兴趣。公司合理拥有由此产生的知识产权,因为其旨在解决公司面对的特定问题。大学将坚持拥有继续从事该领域研究的自由,并将该知识产权用于研究目的。公司承担全部研究费用,这反映了该类研究的性质。间接费用的定义可能会成为激烈辩论的主题:为什么公司需要支付大学健身中心和花园维护费的一部分?

结果 C 未能在三个变量之间取得平衡。该研究尚处于初期阶段,令大学研究人员兴奋不已,所支付的价格也反映了这一点。但该公司坚持要拥有知识产权,限制了大学未来的自由,可能超越了具体的国家立法限制,并且公司可能并没有准备好开发研究结果的所有潜在应用。

在简要回顾了产业资助的校企研究合作后,我不禁想起了剑桥大学校长在 2018 年 9 月"泰晤士高等教育世界学术峰会"上的一句话:"我得出的结论是,因为利益不统一,我们不得不把事情变得复杂。我之所以这么说,是因为在校企研究合作中,试图制定出一套完美的知识产权政策是在浪费时间。"[5]

第六章

进入市场

这只小猪去了市场

这只小猪待在家里

这只小猪吃了烤牛肉

这只小猪什么都没有

这只小猪哭唧唧

一路回家

这只小猪去了市场

这只小猪做了在线搜索

这只小猪有许可证交易

这只小猪什么都没有

那只小猪哇哇大哭

一直到院长办公室

本章将进一步阐述第三章中的项目遴选、项目保护、进入市场和交易阶段。内部营销活动有助于为大学技术转移办公室确立机会和新项目。在对机会进行早期评估和探索研究成果的保护方式之后,技术转移办公室应决定是否需要申请专利保护或开展其他形式的知识产权保护活动。

本章,我主要讲解大学技术转移办公室如何在大学以外开展项目营销,即外部营销,探索进入市场的途径。这些一旦成功,便会涉及现有公司的技术许可或成立新设衍生公司。本章不会从实用性角度详细介绍如何获取宣传机会和确定潜在合作伙伴,[1]而是着重介绍进入市场的途径以及有关技术许可和衍生公司的关键问题。

一个或多个成功的交易涉及就技术的某种价值达成协议,有关价值的规定包含在交易的商业条款之下,下面介绍的估值部分将详细阐述这个问题。本章还会涉及谈判的一些要点。

第一节 许可与衍生公司

大学技术转移中的衍生公司和许可有什么区别?应该如何决定选择哪种方式?其实一切并不复杂:从发明人那里获得信息,申请专利,市场营销,最终可以将技术授权给现有公司,也可以成立新设公司实现该技术的商业化。

有两点需要澄清:首先,术语"spin-out"和"spin-off"指的是同一个事物(衍生公司)。但我更倾向于使用"spin-out",因为它更具体,不同于从高校中衍生出的一般活动。然而,它也不同于"初创公司"——初创公司通常指学生的创业公司,和基于研究的新设公司有根本区别。

其次,"许可"和"衍生公司"的叫法让人们忽略了非常重要的一点:这两种选择的本质一个是把许可授予给现有公司,另一个是授权给技术转移办公室协助创建的新公司。可以相应概括为与现有公司达成许可协议,或与技术转移办公室帮助成立的新公司达成许可协议。从大学的角度来看,强烈建议将技术许可给衍生公司,而不是转让所有权。

针对早期技术,在确定其进入市场的最佳途径时,要考虑许多问题和观点。本节讨论了其中涉及的一些因素和传统观点,然后论述了为何相似之处多于不同之处。

术语解释：

在本书语境下，许可证或许可指的是许可协议，该协议允许现有公司(被许可方)使用大学或其技术转移公司(许可方)拥有的知识产权。被许可方可以是世界上任何地区任何规模的现有公司。通常，被许可方已处于许可其成立时所用技术以外的新技术阶段。

衍生公司是一家专门为开发大学内部产生的技术而成立的新公司，由大学创始研究人员作为股东直接参与。初始股东通常包括四类：创始研究人员、所在大学、投资者和公司经营者。在这种情况下，知识产权(IP)以许可协议的形式转移到该新公司中。

图 6.1 显示了整体技术转移图案以及进入市场的两种方式。也有其他成功的途径，但可能不属于技术转移办公室的职权范围，因此未在图中显示。无论如何，成功的结果对所有相关人员都有好处。其他成功途径包括研究人员担任顾问、为合同研究或合作研究提供专业知识。

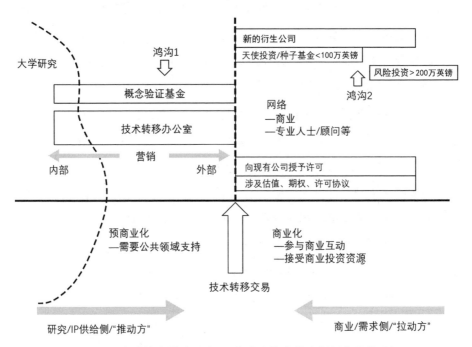

图 6.1　大学技术转让图案(图片来自技术转让创新有限公司)

有何区别

一种常规且广为接受的观点认为许可比衍生公司更容易。表 6.1 总结了一些普遍看法。

表 6.1　关于许可和衍生公司的普遍观点

	许　　可	衍 生 公 司
时间和精力	相对轻松：营销，找到公司，完成交易，结束	大量工作，艰难地寻找投资者，以股东、董事、顾问身份参与建设和运营
速度	快速，一旦找到公司，谈判时间不会很久	时间漫长且任务艰巨，需要寻找业务人员、寻找投资人
花费	小，只需支付初期专利申请费用	大，需要投资人投入数百万资金
收益	包括许可费收入、使用费和里程碑收益，总额可能很大	许可费收入总额可能很大，股份上涨带来大量资金回报
研究人员参与度	不是很高，仅初期参与许可"售出"	高，整个工作的核心
研究人员成就感	不是很强烈，初期成就感较强，后期亲切感淡化	高，"我成立了一家公司"
风险	低，一切运行正常	高，有倒闭或破产风险
乐趣	不多，乐趣属于见证产品上市的公司	极高，会议室里的肉搏战
研究人员痛苦程度	低，一段轻松的经历	可能很高

以表中的"速度"为例来说明这种变化，常规思路如下。许可的谈判和缔结不需要很长时间，一旦签署了协议，研究人员和技术转移办公室的工作很少，只需等待产品售出带来许可费。而衍生公司需要花费很多时间组建团队，还要付出大量心血，数年之后才能将该技术推向市场。

但这个过程可能会有所不同。有时候达成许可协议需要很长时间，然后需要重新协商，诉讼，获得研究人员的支持，再等上数年许可费才能进账。也有一些蒸蒸日上的新公司，经营经验很丰富，几乎不需要研究人员的额外投入,在几年内就可以产生可观的回报,让股东适时脱手。

另一种观点

表 6.2 列出了与表 6.1 不同的观点。

表 6.2　关于许可和衍生公司的不同观点

	许　可	衍 生 公 司
时间和精力	需要提供大量支持,回答对方公司的问题,协助开发	轻松,只需当坐享其成的股东,让别人干活,反正他们不需要我
速度	找公司已经很难,还要考虑估值、期权、许可交易,可能花费数年	成立公司,找到 CEO,找到投资人,越来越容易
花费	随年份增加专利费可能很高	不是我要考虑的问题,别人会投资
收益	许可费收入、使用费和里程碑收益,总额可能很大	如果投资人坚持不采用许可,公司告吹,努力白费
研究人员参与度	很高,我可以见证每一个环节	被公司排挤,"过度干涉的创始研究人员"
研究人员成就感	产品面市,我的想法随处可见	如果公司失败,名誉受损,非常尴尬
风险	可能很高,担保和赔偿出现问题,公司陷入困境	不用担心,公司会保护我
乐趣	坐享其成	悲伤可能持续很久
研究人员痛苦程度	高,"我被榨干了"	非常有趣

表 6.2 展示了许可路线和衍生公司路线可能产生的另一种结果。实际上,两条路线都不简单,都需要研究人员投入大量的时间和精力,都可能苦乐参半。

如何决定

是什么让你认为自己有选择?

技术转移办公室经常被问到如何决定是将技术许可给现有公司还是衍生公司。第一反应可能是："是什么让你认为自己有选择?"我将从两个方面说明这个问题的严肃性。

第一个原因,如第四章所述,将技术从大学转移到产业中去从根源上就很难。不管是找现有公司根据许可协议投资开发技术,还是请金融投资者投资衍生公司,找到愿意为自己想法投资的人都很难。技术转移办公室从来都不是从琳琅满目的意向公司中随心挑选,因此也有人将技术转移称为"可能的艺术"。

第二个原因,进入市场的途径不是由技术转移办公室一个部门决定的。我们只是项目团队中的一部分,团队的共同目标是通过这样或那样的方式把技术从大学转移到产业界,继而开发为可供人们使用的新产品和服务。

参与人员

技术转移办公室的人员需要与发明技术的研究人员合作。有些大学里的技术转移办公室负责制订和执行技术转移计划,而有的大学则要求研究人员告知技术转移办公室打算如何处理自己的研究成果。试图违背研究人员想法通常会适得其反,因此通常情况下,技术转移计划是由技术转移办公室和研究人员共同决定的。

故事只讲了一半,目前我们仅考虑了从大学到产业界的供应侧(或推动方),那么需求侧(或拉动方)那边呢?技术转移的实现需要找到有意向的业界人士,而技术转移办公室的关键作用就是尽力了解可能的市场途径,并寻找愿意接受开发新技术这一挑战的公司和投资者。

研究人员想扮演什么角色

选择许可还是衍生公司对研究人员以后的角色有重要影响,最显著的区别在于研究人员是否作为新公司的股东。但这个区别有时可能会不那么明显,因为研究人员可以选择不做衍生公司的创始人股东,获得许可的现有公司也可以通过顾问合约给予研究人员股权激励。

研究人员在各个方面的看法因人而异，特别是谈到如何使用他们的技术。有些人认为，允许别人使用自己的成果，对方应当心存感激；而有的人则很乐意看到自己的研究成果被别人采纳。

不论是许可还是衍生公司，让研究人员全力以赴非常重要，尤其是在选择衍生公司的情况下。如果研究人员过早失去兴趣，衍生公司很可能会陷入险境。

明确目标

参与者的目标也各不相同：不论是研究人员、大学、技术转移办公室还是投资者、公司和经营者。研究人员可能更希望自己的想法被看到、被使用、最大限度地创造商业价值；大学可能最关心向人们展示它与产业界的联系多么密切，能够为社会带来多少福利，同时可以从长期合作的业务伙伴处获得捐赠；对于技术转移办公室来说，可能还没等到从研究成果中获得收益，办公室拥有的资源就被研究人员耗尽了，无法继续运转。综上，每位利益攸关方都有自己的立场。

建议方法

技术转移办公室的关键任务是确定最有可能成功的市场路线。仅仅通过偏好决定创立的衍生公司或授权给现有公司是不科学的。重点应该放在为大学的科研成果选择最合适的商业化途径上，而不是刻意追求某一途径。

选择的基准在于是现有公司还是衍生公司可以使技术得到更好的开发。但通常很难说哪个更好，最终结果往往是供应侧（研究人员、技术转移办公室）和需求侧（公司、投资者）共同权衡得出的。

第二节 估 值

为早期技术的发展前景估值非常困难。面对众多项目，没有一劳永逸的解决方案,需要大量艰苦的工作。有许多关于早期技术估值的培训课程,听讲人往往寄希望于在这里找到万能的通用答案,但这种答案并不存在。你能得到的最好的答案就是估值工作既是艺术又是科学,必须脚踏实地完成,并且只有在达成协议时,答案才会完全显现。

方法与技巧

1. 交谈(与倾听)

技术转移项目经理需要尽可能多地与业界人士交谈。电子邮件算不上交谈,你需要离开电脑桌,与人见面,在谈话中学习如何有效提问。交谈的关键是倾听,这不是简单的任务,需要尽己所能联系业内人士,然后仔细倾听他们的回答。

> 他们的回应相互交叠,断断续续,甚至相互矛盾或略显不耐烦,却让不现实成为可能,让可能成为或然,让或然成为不容置辩的事实,这就是人类欲望变为语言后的力量。
>
> ——威廉·福克纳(William Faulkner),《喧哗与骚动》[2]

2. 比较

比较当前项目和你了解的其他项目,比较当前技术和市场上的其他技术。

3. 电子表格、净现值

计算某技术净现值的常用方法是先假设该技术将在几年内转化为成功的产品。首先,假设该技术可以在一定时间范围内开发出一定范围的产品、有一定的销售预估水平,那么整个商业机会就具有了一定价值;然后,在对产品、时间范围和销售额的假设中加入风险因子,在此基础上将未来的潜在价值折现为今天的价值。估算结果取决于输入值及计算过程中的假设。净现值是一种非常有效且令人信服的估值方法,使用知名估算模型的情况下效果更佳。

对于不善沟通的技术转移项目经理来说，这是一种安全的方法，无需与任何人交谈，坐在电脑桌前便可完成许多工作。

4. 外部帮助

适时寻求外部帮助非常明智。如果你认为有必要且有能力支付，可以请估值专家来帮忙。市场上有很多所谓的专家，建议选择其他技术转移办公室推荐的人选。

5. 湿度–手指系数分析法

找出风向的方法之一是把手指放进嘴里，然后晾在空中，看哪一侧干得快，先干的那侧就是风来的方向。"在空气中晾干手指"是一种粗略的、不精准的风向和风速评估方法，已经成为对"猜测"的一种比喻性描述——我们不知道，但可以猜测一下。给这种方法取一个专业名称"湿度–手指系数分析法"（moist digit coefficient analysis），再取首字母缩写 MDCA，会让这种广受欢迎的估值技巧看起来更专业一些。收集的信息越多，估值就会越准确。

6. 泡沫和深色物质

走进一家爱尔兰酒吧，点一品脱①健力士啤酒，看着旋转的白色泡沫变成深色物质。或者更通俗地说，打开一罐健力士啤酒，倒入高脚杯，观察泡沫颜色由浅变深。

白色泡沫代表的是诱人的潜力，深色物质代表的则是真正价值。这个比喻可以帮助我们理解未经验证的早期技术所带来的兴奋感和由该技术生产的商品在市场上的真正价值。技术转移办公室出售的正是白色泡沫，而泡沫的价值在于未知的、尚未展现的潜力。

谈判

技术的价值在协议达成后才算真正显现。不管你认为有多大价值，都需要找到一个看法一致并且同意签署交易协议的人。因此，善于谈判非常

---

① 品脱是英制体积单位，1 品脱 = 568.3 毫升。——译者注

重要,比其他非常重要的事情还要重要。这再次说明技术转移是一项复杂的工作。

1. 明确谈判目的

谈判的首要任务是达成协议、转移技术。"技术转移办公室"的名称也明确指出,我们的目标就是转移技术。我们不叫"硬汉谈判办公室",面对的不是异常强硬、坚决不肯同意协议条款的人;我们也不叫"发家致富办公室",不会企图通过达成交易赚得盆满钵满;我们只希望实现技术转移。你曾达成过技术转移协议吗? 如果你认为谈判就是用尽全力拼个你死我活,要尽早改变这种想法,放松一下,实在不行就考虑换一份工作。

2. 不要独自面对

与公司初步沟通时可能是一对一的,但是正式谈判会议中对方会派出团队。无论是面对面的会议还是电话会议,都不要独自走进会议室。带上朋友或同事,如果对方带了律师,你最好也带上律师。反之,如果你要带律师的话,最好事先通知对方,没有人喜欢不提前打招呼的安排。

我曾经听过一些美国人把会议叫作"西装五人组",意思是至少五名人员着正装出席,如果会议室只有你一人穿凉鞋,场面将会十分尴尬。

3. 求同存异

布莱斯·帕斯卡尔(Blaise Pascal)是一位智者、数学家、物理学家兼哲学家,用今天的话来说,是一位谈判技巧专家,他曾说:

> 当我们希望在自己擅长的领域纠正他人,并提醒他人犯了错误时,我们必须注意他看待问题的立场,因为从他的立场来看通常没有问题,应该首先肯定他所认定的事实,然后向他阐述不同的立场。这样对方在心理上会更容易接受,因为他发现自己并没有完全说错,只是没有看到事物的其他方面而已。这样一来,没有人会因为无法全面看待事物而感到冒犯。人类不喜欢被人指正,这可能是由于没有人能够顾及事物的方方面面,对于我们所能看到的那一面,理所当然地认为自己永远是对的。[3]

4. 休息一下

会议可能耗时许久，不建议中间不休息连续谈判一小时以上。瑞典人已在全国普及这种倡导劳逸结合的"放松时刻"(fika-time)，甚至还有人写书专门介绍这种文化。你可以选择自己喜欢的方式时不时放松一下，或者在谈判僵持不下的时候休息几分钟，有利于消除紧张气氛，给自己时间思考，于谈判有益。

5. 让发明人了解进展

这并不意味着每次都要求发明人与你一同出席会议，而是强调要确保他们知道交易的对象是谁、项目的规模和进展如何。和发明人不中意的公司进行交易是不正确的，如果发明人投诉，你将陷入不必要的麻烦。毕竟不论法律上的权属如何界定，这些都是发明者的成果，不可以按照非本人的意愿随意处置。

6. 持续营销

谈判很难，没有选择余地的谈判更难。在达成交易之前，必须持续与其他潜在的业务伙伴沟通。这需要满足两个前提：① 有多家公司或投资者对该机会感兴趣；② 双方尚未签署某种形式的"锁定协议"，即规定你在一段时间内不能将该技术转移给其他公司的协议。

达成交易非常困难。因此在交易快要达成的时候，很多人就会因为太激动而不再和对方交谈，开始着手下一个项目——毕竟交易基本尘埃落定，对方还有什么需要和我们沟通的吗？当然有，一方面，要了解有关技术和知识产权状态的详细信息；另一方面，要警惕对方也许会选择终止交易。

7. 小技巧

美国大学技术经理人协会（AUTM）过去经常举办名为"授权许可中的肮脏小技巧"的培训课程，借助丰富的示例讲述谈判是如何被些微不足道的小错误毁掉的。谈判一方是准备不充分的技术许可专业人士，另一方是经验丰富的公司谈判官，整个课程列举约五十个这样的事例来说明缺乏经验是如何导致谈判破裂的，内容精彩翔实，又令人捧腹大笑。

以上介绍可能会让一些人认为谈判充满对抗性,并因此心生畏惧。实际上,谈判是找到对双方都有益的方法,最终实现双赢。双方观点在某种程度上来说都是正确的。

8. 做好准备

不论是独立还是和同事一起进行谈判,一定要提前计划、计划、再计划。为各种可能的情况提前准备对策,想象如果他们这样或那样说,我们该怎么办。做好充分准备,如果从未亲口说过"我认为该技术有潜力达到五百万美元的里程碑价值",请在谈判前一天晚上对着镜子反复练习,这样你就可以在谈判会议上自信地说出这句话,而不是喃喃自语或突然卡壳。

祝你好运,享受谈判的过程。时刻记住有人在审视你的言行。

对于如何提高估值和谈判技巧,最佳做法是参加培训课程,多加练习,从别人那里取经,大多数人都可以做到熟能生巧。

目前的交易成绩可能不及五年之后,但不要因此就停下脚步,完成现阶段的交易任务,经过不断积累才能让五年之后的交易更上一层楼。

第三节　许　　可

许可作为动词,表示给予许可,授予执照以做某事。

许可(证)作为名词,表示允许做某事的正式准许。

许可(证)和许可是指允许现有公司(被许可方)使用大学或其技术转移公司(许可方)拥有的知识产权(包括专有技术)的协议。许可方允许被许可方在某些条件下以某些方式使用许可方拥有的东西。

在技术转移语境下,这种"东西"指的就是大学拥有的知识产权。这个领域十分复杂,由于专利使用权有巨大的价值,其中涉及很多法律规定,因此价值实现的过程需要律师的参与。律师出动也就意味着你手中的"东西"价值非凡。

许可作为名词时,美式英语拼写方法为"license",而英式英语的写法为

"licence"，有人可能对此感到疑惑，但对于谈判者或协议起草者而言，这一点并不重要。

许可协议中的关键条款

强烈建议大学技术转移办公室在谈判前拟定一份标准许可协议，以便后续工作的开展。从大学技术转让办公室的角度来看，标准协议中有许多关键条款，进入谈判阶段前要考虑的问题包括：

- 许可范围
  - 非独占许可、独占许可
  - 地理范围
  - 使用、开发、制造、销售、出口、分许可
  - 使用领域——产品或行业限制
- 包含的内容——哪些专利、哪些版权、哪些技术诀窍
- 改进
- 大学保留某些权利——继续研究、教学、出版
- 时间——开始和结束
- 如何终止
- 专利申请——谁付费、谁决定
- 付款
- 费用——前期和里程碑节点、发展过程、期限
- 许可费率
- 分许可费/再许可费
- 分许可费率
- 许可费叠加
- 付款时间
- 扣除
- 发展计划

○ 双方是否满意

○ 如果没有达到里程碑或目标应如何处理

● 报告——频率、细节

○ 跟进付款

○ 跟进发展进度

● 包括卓越研究框架信息收集条款(针对英国大学)

● 审计权

● 责任

● 担保

● 赔偿

● 宣传

● 推广

● 协议转让

需要考虑的问题很多,因为许可授权是一项复杂的商业交易。

投资条款清单

投资条款清单有助于推进谈判。我们应该尽早考虑好是要制定一个涵盖要点的条款清单,还是直接达成完整协议。条款清单可以不具有法律约束力,也可以具有法律约束力,目的在于明确完整协议中的关键点并提高谈判效率。但有时条款清单也可能不利于集中精力,因为我们总想加入尽可能多的要点,这种情况下跳过此步直接达成完整协议可能更明智。经验丰富的律师倾向于使用条款清单,他们可以将关键条款扩展为完整协议。但公司高管通常对条款清单没有明显偏好,因为根据他们的经验,一切谈判内容随时可能推倒重来。

在谈判初期引入条款清单非常有用,不仅有助于明确关键条款和问题,也有利于决定后续谈判是否有必要使用该清单。

许可与转让

许可(证)允许公司以某种方式使用大学拥有的知识产权,大学仍然是所有者。

转让是将知识产权的所有权从大学转移到公司,公司成为所有者。

公司有时希望成为知识产权的所有者,因为他们认为掌握所有权可以在早期有更多自由获得专利保护,以及后期从资产中创造价值。

总的来说,现有公司从大学获得许可并不能获得所有权。他们知道自己可以通过许可协议获得想要的东西,如果要拿到所有权,就必须付出更大的代价。

而新的衍生公司情况不同,它们可以没有所有权,也可以拥有所有权。一些非常成功的投资方拒绝投资大学的衍生公司,因为他们坚持要求公司拥有这项技术。但不是所有投资者都如此,大多数人认为风险是可以控制的,并且尊重大学不愿转让技术的理由。大学不转让技术的原因通常如下:

● 大学希望保持对专利程序的控制权,因为知识产权的范围可能比公司的兴趣范围更广。

● 大学不希望因为公司倒闭而失去对知识产权的控制权,鉴于公司可能会以大学反对的方式出售知识产权来偿还债务。

● 大学意识到该公司是新公司,确实存在倒闭的风险。

● 大学可以举出许多例子证明在不转让技术而只授予许可的情况下,衍生公司依旧可以发展得很好。

● 公司可以在大学消除大部分顾虑后提出购买知识产权。

在大约十年前的英国,人们对衍生公司是否可以拥有知识产权的所有权观点不一。所幸现在这一问题已不存在。

改进和进度

被许可人不仅希望获得专利申请书中所述的技术,还希望知晓与该技术有关的未来发展方案。被许可人的立场有一定道理,因为如果大学学者想出一种更好的方法并将其许可给其他公司,会让被许可人措手不及。许可协议中的"改进"条款针对这一问题做出说明,允许将符合许可技术范围的某些发展计划纳入许可范围。大学希望对此的定义更严格,而公司则希望宽泛一些。合理的结果是规定"改进"必须是两年之内由相同发明人在现有专利权限要求的范围内做出的。公司可能会质疑这些限定条件,大学方面应努力做到:明确截止日期,到期之后义务终止;不根据现有协议招募尚未确定的新研究人员;明确间接相关技术纳入该许可协议的风险。公司可能愿意支付更多费用使大学放宽限制条件。时间期限是大学可以考虑延长的唯一条件。"改进"未涵盖的技术可以通过分项协议授权给公司。

有时候,公司希望从高级学术实验室、大学院系或专家机构持续获得各种知识产权的使用权,通常以支付大量研究经费作为回报。用行话来说,该公司希望签订"管线协议"(该协议对知识产权所属技术领域和研发人员的限定非常宽泛),以确保公司有权使用后续产生的各种知识产权。管线协议对大学来说是不利的,等同于提前出售未知的研究成果,而相关的研究人员可能强烈反对与该公司合作,预售所产生的知识产权,因而有可能被切断研究资金来源。从另外角度来看,管线协议也可以给大学带来可观的资金,有效促进研究和发明。

审计被许可人

许可协议中应有条款规定许可方有权审计被许可方的账户,以检查其收到的许可费金额是否正确。该条款应详细说明许可方可以采取的措施:何时进行审计、审计的频率、由谁进行审计、是否聘用外部人员、由谁支付费用、如果发现金额出入应如何处理、账户回溯期限多久等等。大多数许可审计条款的说明并不详细,原因有两个:一是此类内容可能会被解读为许可方对被许可方缺乏信任;二是这不是许可初期阶段关注的重点问题。

许可审计或许可费审计很有必要。如果许可协议的年许可费回报达到100万英镑,则值得进行审计;如果许可协议的年许可费回报达到10万英镑,则值得仔细检查发展情况并考虑是否进行审计。许多公司的内部系统许可费审核制度并不完善,缺少产品生产,产品线销售,基础专利,许可专利,和财务部门之间的联动。如果年许可费接近 100 万英镑,那么许可费审计结果很有可能是公司没有缴纳足够的许可费,主要原因可能不是故意欺诈而是内部系统上的缺陷。审核员首先需要查看相关产品的生产数量(库存)与许可费声明上的销售账目是否一致。

另一种方法是尽早开始审计,使其成为一项常规流程,避免使被许可方产生抵触心理。这种方法适用于有望在一年之内获得销售利润的技术,但初期的大学技术很难满足这一条件。

许可审计或许可费审计是一个非常复杂的领域,建议聘请相关专家,许多经验丰富的专业会计师知道应该如何开展此项工作。相反,选择错误的方法或错误的人员可能会导致被许可方将许可方拒之门外,拒绝商议解决办法并拖延数年。

许可费货币化

许可费资金流是可以购买和出售的资产。大学或发明人不妨现在就将未来几年的许可费以固定金额套现,而不是未来才拿到这部分费用。现在专业投资基金、专业律师和估值专家经常采用这种方法,为未来的许可费资金流定价,目前主要针对制药领域。在技术转移的众多参与者中,许可费资金流的受益人包括每个发明人和发明人所属机构,可能还有研究资助者。现在可以将这些受益人划分开来,只有某些而非所有受益人可以将许可费资金流中属于他们的份额部分或全部货币化。交易结果可能非常可观:2019 年中期,英国医疗慈善机构 LifeArc 以 13 亿美元的价格出售了抗癌药物 Keytruda 的部分许可费资金流。[4]

专利侵权保险

如果专利所有人怀疑专利被侵权,可以购买涵盖高昂法律费用赔偿的保险。

对于以销售基于专利发明的产品为主要业务的企业,这种类型的保险可以保护业务免受侵害。

考虑到高校自主申请专利的数量普遍多于专利获批或大学作为被许可人的情况,大学的技术转移办公室不太适合购买这种保险。如果大学认为某专利具有一定市场价值,并且怀疑该专利被一家或多家公司侵权,建议大学首先与该公司取得联系,邀请他们购买许可。鉴于大学不太可能向公司投入更多资源,未来的许可费收益可以在一定程度上弥补之前的损失。如果前期沟通不成功,大学可以与合作伙伴一起对侵权者采取行动,费用和风险由侵权公司承担。对大学来说,一项专利从申请到获批所需时间可能很长,因此为众多专利申请购买保险并长期持有的费用将会十分昂贵。

"亚马逊实用专利中立评估程序"和"亚马逊实用专利中立评估协议"是亚马逊网站新推出的专利侵权纠纷评估办法,由亚马逊聘请资质合格的美国专利事务所(中立评估方)对平台上的专利侵权纠纷进行评估分析。大学技术转移通常不涉及实用专利,而且大多数情况下关注的是专利申请而不是获批专利,因此不太适合聘请独立的中立专利律师进行仲裁。

IP 便捷访问计划

1977 年,法国厨师雷蒙德·布兰克(Raymond Blanc)在牛津萨默敦开了一间叫作"四季农庄"的小餐厅,革命性地将英国传统的自产自销和当代法国烹饪艺术完美结合,形成了餐厅的独特风格。大厨布兰克装盘十分考究,擅长将少量的精美食物放在超大的彩色盘子上。这种风格非常大胆,和其他许多革命性事件一样让人为之一震。布兰克的出现最终带动英国餐饮界水准节节攀升。

2010 年,苏格兰技术转让经理凯文·卡伦(Kevin Cullen)在格拉斯哥大学工作时,凭借"IP 便捷访问计划"(Easy Access IP Initiative)掀起了大学技术许可领域的革命。简单来说,该计划要求高校免费提供 IP,但并非全部 IP,而是大学技术转移办公室 IP 组合中的某些项目，且高校认为处理这部分项目的最佳方式是将其免费提供给任何想要的公司。这种方式也极为大胆，打破了常规思维，后来这一计划逐渐被采纳并改善了全国范围内的技术转移工作。

格拉斯哥大学将 IP 便捷访问计划称为"一种加快 IP 商业用途转化的全新模式，为公司或个人免费提供一系列 IP，以便他们利用这些知识造福英国社会和经济发展"。2011 年 3 月，格拉斯哥大学、布里斯托尔大学和伦敦国王学院提出要成立高校联盟，共同建设便捷访问创新合作伙伴关系，英国知识产权局对这一做法表示支持。

2014 年，联盟成员开发了一个公共网站来推广 IP 便捷访问计划。[5] 该计划有四个基本原则：① 旨在通过知识交流最大限度提高大学 IP 的传播速度；② 努力使大学的研究成果产生积极影响，而不是为了获得物质回报；③ 通过简单的交易和协议流程，使产业界和大学的合作更加便捷；④ 明确协议只是合作关系的开始，不代表知识交换过程的结束。作为免费获取知识产权的回报，被许可人必须：① 说明他们将如何为社会和经济创造价值；② 承认许可机构是知识产权的创始人或发明人；③ 每年汇报相关知识产权的开发进度；④ 同意如果三年内未使用该 IP，将吊销其许可证；⑤ 同意许可人可以不受限制地将该 IP 用于自己的研究。

IP 便捷访问计划是英国创新技术转移方法的优秀例子。该计划在启动后受到了一些质疑，2015 年参与此项计划的合作大学数量仍然很少，只有 24 所，其中 10 所为英国高校。[6] 该计划的发布虽然备受争议，但对挑战当时的传统模式以及探索校企合作模式都具有重要意义。这项计划最大的好处在于，企业只需通过简单、标准化、可点击下载的协议模板便可接触大学的研究成果，大大提高了大学科研成果的可用性。但其弊端在于大学利用部分内部资源换取企业支付专利申请的费用，这相当于告诉 IP 的研究人员他们的项目"低一档"，研究人员的积极性可能会受到打击。权衡利弊可以得到一个结论：该计划唯一真正的好处就是帮助大学建立和拓展公共关系。

2015 年，英国政府要求国家大学和商业中心（NCUB）评估 IP 便捷访问计划对加快高等教育机构 IP 应用和商业化的贡献。该报告由 IP Pragmatics 责任有限公司编写，并得到 PraxisUnico 的支持。[7]该报告的主要发现如下：

> 对于大多数参与者来说，判断该计划是否成功还为时过早。
>
> 本调查涵盖了由 18 个机构报告的 68 笔 IP 便捷访问计划许可交易，与同期达成的传统许可交易数量（14 个机构报告的 677 笔交易）相比，这个数字很小。
>
> 大多数参与者仅偶尔使用 IP 便捷访问计划许可，并且仅使用他们签署的此类许可中的一小部分。三分之二的报告机构仅完成过一次或根本未完成过 IP 便捷访问计划交易。
>
> 其中两家组织完成的 IP 便捷访问计划交易占此类交易总数的 66% 左右。

可以看到，IP 便捷访问计划不能算作十分成功，但也无须太过担心，因为"即使在该计划未得到广泛使用的地方，大多数参与者都认为它是对现有可用知识交流机制的有益补充，并且所有人都打算维持合作伙伴关系并在需要时继续使用该计划"。

该计划的确是一个有益补充，致使之后又诞生了许多类似计划，使产业可以更便捷地获得大学的研究成果。尽管我对 IP 便捷访问计划的初始版本仍有一些怀疑，但总体上它带来的益处非常之多。IP Pragmatic 的关键发现还包括：

> IP 便捷访问计划为各种机构提供了具有多样化功能的 IP 开发框架，例如：
>
> ● 作为引子促进与产业的其他互动。
> ● 处理合作研究的成果。
> ● 促进社会和学生创业。

- 轻松将 IP 返还给发明人。
- 促进当地的中小企业参与。

符合知识交流活动的需要,有利于实现技术转移的影响力,促进类似活动的开展。

评估期

如果有公司确信某项技术具有价值并且愿意投入资源进一步开发该技术,那么该公司将希望得到相关许可。

在明确技术价值和产生投资意向之前,公司很可能希望对投资机会进行评估、探索、测试和试验,从而决定接下来是否签署完整的许可协议。使用评估协议是实现此目标的好方法。评估协议和期权协议在很多方面有相似之处,可以理解为该公司购买了一种期权,允许公司日后根据需要获得许可。这种方法叫作"评估协议",协议内容包括该公司对该技术开展评估的详细计划。评估期间,尤其是在公司未将评估转换为正式许可的情况下,技术转移办公室必须密切关注该公司对知识产权行使的权利是否合规,以及该时间段内该公司所做的任何开发。

自动化

如前所述,IP 便捷访问计划的出现使得许多技术转移办公室也纷纷设立网站,浏览者只需单击链接便可下载许可协议。所涵盖的产品和服务通常涉及最终用户软件、生命科学研究工具、医疗保健使用情况标准问卷以及其他不可转让内容。Ocean Tomo 公司提出了一种更加自动化的方法,在满足技术转移办公室对估值和谈判技巧的需求之上又跨进了一大步。Ocean Tomo 成立于 2003 年,是一家总部位于芝加哥的 IP 咨询和贸易公司,自 21 世纪初以来一直运营专利发明拍卖业务。但此类业务在大学技术转移领域尚未取得成功,而且成功的可能性不大,因为技术转移办公室通常针对专利申请(非授权专利)提供许可,而非转让所有权。不过,自动化和工业 4.0 时代可能会有所不同。

第四节 衍 生 公 司

衍生公司是专门为开发大学内部产生的技术而成立的新公司,由该大学的一名或多名创始研究人员直接作为股东参与。初始股东通常包括四类:创始研究人员、所在大学、投资者和公司经营者。在这种情况下,IP 会以许可或其他适当形式转移到新公司中。

虽然衍生公司和大多数新公司一样引人注目,但这只是大学技术转移工作的一部分。本节描述了成立衍生公司、创造价值、确保稳定投资以及从中实现价值的过程。

成立衍生公司

最大的挑战在于组建一支新团队,团队成员能够投入相当长的时间共同制订业务计划、吸引投资并学习如何开展新公司的其他业务。该团队最初包括一位或多位大学研究人员、一位商务人员、一位或多位投资者以及一位大学技术转移办公室项目经理。

对于研究人员而言,参与衍生公司将是一种全新体验,充满惊喜甚至是冲击。一些研究人员很快就可以上手经营新业务,但大多数并非如此。许多人都可以学习商务语言和商业运作方式,但所有人都需要实操经验才能成为优秀的商务经理,而大学科研工作无法使研究人员获得这种经验。

对于商务经理来说,与大学研究人员交流同样是一种全新体验,充满惊喜甚至是冲击。目前还没有专门针对商务人士教授科研实验室语言和运作方式的课程。相互尊重彼此的价值观和专业性至关重要,在此基础上可以建立友谊,但不是必需的。

通常投资者承担的风险最大,其他人承担的风险似乎相对较小。研究人员常常获得大笔拨款作为研究资金,经营人员支配的资源往往是已付清费用的,但是投资者却投入大量现金,用以获得真实的商业回报。在商业世界的原始沼泽里,投资者在挖掘和支持优秀技术和团队方面的能力越强,利用所得回报继续投资其他项目的可能性就越高。

大学技术转移项目经理的职责是全程管理项目,直至签署投资协议将技术许可给新公司,同时确保相关人员职责明确且对创始持股比例无异议。有时技术转移项目经理还需要留意被别人忽略的事情。公司成立后,技术转移项目经理的任务已基本结束,但公司会持续向优秀的项目经理咨询业务建议。

非常关键的是,上述四类人中的每一类都可以在公司成立之前以及之后中止该项目。

一旦团队认为自己有能力且有希望站上起跑线(也就是技术转移办公室的"杀青会议")时,就要开始寻找能为公司其他事务提供服务的专业人士,包括律师、会计师、银行事务负责人,他们愿意无偿献出自己的时间和精力,充分相信自己第一次遇到的团队有潜力发展为可靠的付费客户。此类人脉网络是技术转移项目的重要资源。从开始创立衍生公司到获得投资的时间跨度差异很大,从伊西斯创新有限公司的经历来看,所需时间从 6 个月到 6 年不等。

确保稳定投资

对于大多数基于技术的企业而言,启动资金至关重要。市场上有些企业从一开始就可以赢得开发合同或获得销售收入,但在将大学研发的技术推向市场的过程中,获得资金并没有这么简单。开发新型医疗健康产品对融资的需求很大,而且通常为数千万美元的长期融资,但这些前期融资仅仅是为了拿出研究成果吸引大型制药企业的注意力,后者将投入更多的资金用以批量生产,把最终产品送到患者手中。

一些风险投资公司愿意投资早期的技术业务,但几乎没有投资公司愿意为刚起步的公司提供"零"轮融资,即给该公司带来第一笔资金,因为风险报酬系数实在不理想。因此,这种情况下需要依靠天使投资人(有创业经验的富人)、种子资金和私人股权投资来提供第一笔投资。由于这些人使用的是自己的钱或者无须听命于更高级别的投资者,他们可以承担更高的风险。

近年来,许多大学已获得针对高校的概念验证基金和种子基金,这些钱用于将技术推向市场,有时还可以为衍生公司提供第一笔资金。在英国,政府资助了许多"大学挑战种子基金"(参见第七章)和其他概念验证基金,例如,"苏格兰创业概念验证计划"始于 1999 年,截至 2007 年已通过公共资金为 201 个项目提供共 3 600 万英镑支持。[8]

天使投资人、种子基金和风险投资、私人股权投资、政府拨款和贷款计划都在衍生公司融资中发挥着重要作用。初创公司要通过简单易懂的故事吸引投资,需要讲述业务的盈利模式,以及如果投资者投入资金,他们将在何时获得多少回报,便于投资者计算内部收益率。

创造价值

企业通过两种方式创造价值:① 累积资产、商誉和现金;② 随业务发展说服投资者购买更多公司股份。可出售资产和可兑现现金具有实际价值,企业创新发明的期权具有感知价值。价值随公司内部和外部的活动而波动:即使公司销售额增长,其股价也可能由于地缘政治原因而暴跌;即使公司的近期业务前景萎缩,其股价也可能由于市场大环境的活跃而上涨。

随着大学衍生公司的发展和日趋成熟,大学和技术转移办公室将注意力转向管理大学在其未上市的私有衍生公司中持有的股票组合。股东价值的创造、维持或降低与后续投资决定息息相关。投资早期技术业务的风险很高,大学应该根据最有经验的专业投资经理的建议投入自己的资源。大学应全力提高商业经营水平、培养良好的商业行为、实现价值创造。

价值变现

价值变现的预期途径通常有两种,一种是根据销售额向另一公司出售股份(贸易销售),另一种是在证券交易所上市(例如,纳斯达克或伦敦证券交易所)。股东有可能通过直接向员工、顾问支付报酬或红利派发的方式实现价值变现,但是能够最大化资本收益的机会是退出贸易销售或 IPO。最成功的结果是：投资者通过自己的商业模式获得多重回报；经营管理者获得大量资金，作为其愿意承担业务从无到有开发风险的回报；研究人员能够获得超出预期的现金，不必再为研究项目申报和经费申报头疼；大学也可以获得大量资金，用以继续支持核心研究和教学活动。这个过程也会带来强烈的成就感，因为参与者不仅成功打造了一家新公司，还为社会和经济发展做出了贡献，为客户和社会带来了新产品和服务。

科学、科学家、资金和经营

可以认为衍生公司是由两大部分组成的，一部分是科学和科学家，另一部分是资金和经营。从大学技术转移办公室的角度来看，我们已经拥有科学和科学家，还需要找到资金和业务经营人员。

1. 科学与科学家

假定大学的技术转移办公室正在与该大学的研究团队合作，该研究团队已经开发出了研究成果并具有商业应用的潜力，那就可以称我们拥有了科学和科学家。科学包括转化为实际应用的潜力、知识产权保护和进入市场的途径，本书其他章节对这三方面进行了讨论。科学家们指的是大学技术转移办公室通过与科学家的顺利合作，"协助有意向的研究人员将其研究成果商业化"，本书其他章节阐述了这一问题。

值得注意的一点是团队人员构成。可能有不止一名大学研究人员加入团队，但并非总是如此。如果有一名以上的研究人员参与，那么重要的是提前和他们沟通希望如何参与公司事务，还要确保所有人都清楚和同意开发计划。要考虑的问题包括：是否聘请研究人员担任新公司的顾问？是否聘请研究人员作为董事并加入董事会？研究人员担任公司的顾问委员还是雇员（以及如果是这种情况，每个人具体负责什么工作）？

当然，并不是所有人都是科学家，有些人可能从事人文艺术领域的研究。

2. 经营水平

谁来经营公司？想也不用想，答案肯定不是科学家。公司需要一名专业人士打理业务,那个人就是首席执行官或总经理。大学研究人员很有可能没有足够的经验、能力和时间担任这一角色,但也并非完全不可能。找到经验丰富的总经理人选可能非常困难,这时候建立商业人脉网和加入创新社区的重要性就体现出来了,第八章会继续探讨这个问题。

人们经常引用两句话:"投资者在评估公司时关注三样东西:经营水平、经营水平,还是经营水平。""投资者更倾向于投资具有一流经营水平的二流想法,而不是具有二流经营水平的一流想法。"无论开发计划如何,科学实力有多强,衍生公司都需要良好的经营管理,而且最好由经验丰富的经营管理者来实现,经营管理者负责将梦想变为现实。也许研究人员和经营者不会成为好朋友,但重要的是,他们必须尊重并重视彼此的能力。

3. 资金

为衍生公司寻找投资者需要大量的艰苦工作,创始研究人员和技术转移项目经理可能需要运气加成。该过程中面临的挑战可以概括为"很难让其他人为你的想法投资"。这是第七章的主题。

参与人员

机会可能始于研究人员向技术转移办公室提出商业化意愿,然后技术转移项目经理与研究人员一起制订商业计划,再与投资者和未来经营管理者进行讨论。另一种情况是投资者、企业经营者和研究者先互相取得联系,讨论商业化机会后前往技术转移办公室进一步完成交易。出现上述哪种情况将取决于当地创新社区的经验水平,不论哪种方式,都将涉及以下人员:

- 创始研究人员
- 技术转移项目经理
- 投资者
- 经营管理者
- 公司律师

- 公司会计师
- 公司银行事务负责人

公司是谁的

规划和成立衍生公司之时，潜在的股东有四方，分别是：

- 大学

大学为研究开展提供了环境和设施，为知识产权提供了保护。大学还为利用自有知识产权新设衍生公司提供授权，为技术转移办公室及其他管理团队提供支持，为其员工参与新公司提供政策保障。没有大学则不可行。

- 研究人员

研究人员有出色的想法，为商业机会奠定重要基础。没有研究人员则不可行。

- 投资者

投资者提供资金，将研究成果发展为客户认可的产品或服务。没有投资者则不可行。

- 经营管理者

经理负责把所有人员和资源整合起来并加以充分利用。没有经营管理者则不可行。

建立衍生公司的挑战之一是将想法转化为有股权价值的商业现实，股权占比总和不超过总有效股份的 100%。

第 1 步：大学和研究人员之间就股权比例达成一致。

第 2 步：协商向公司出售多少股权以吸引投资资金。

第 3 步：向经营管理者提供股权，以激励其持续投身于经营管理。

当然，四个利益相关方的对话、协商或偶尔激烈的争论会对股权分配有何影响因情况而异。根据大学的做法、创新社区中投资者的竞争情况以及所有相关人员的谈判能力，通常结果如表 6.3 所示：

表 6.3　股权分配方案

创始研究人员	30%	45%	10%
大　学	30%	15%	30%
投资人	30%	30%	50%
经营管理者	10%	10%	10%
总　计	100%	100%	100%

随着公司进入不同发展阶段,比如获得新投资、经营者获得更多的股份以及创始人股东出售部分股权以获取少量现金,上述比例可能会不断改变。有些创始研究人员可能会追加投资、维持股份或增加股份,但一般而言这种情况并不多见;大型大学正在发展后续投资能力,但目前大学追加投资、维持股份或增加股份的可能性不大;由于筹措的资金增多,投资者基数很可能会增加;经营者可能会增加投资或通过期权激励获得更多收益。

股权稀释,或"当 50%＝5% 的时候"

各国政府和评论员亟须了解大学衍生公司中的股权稀释和反稀释现象。或者换一种说法:什么时候 50%＝5%?

英国许多大学采用的方式是与衍生公司创始研究人员持有相同数量的股份。由于大学和创始研究人员是股东的前两类,因此通常将其称为 50∶50(这是一个比例)。

然后,衍生公司寻找愿意购买更多股份的金融投资者,还要找到经营管理者,这些人通常也会成为股东。假设这所大学开始时有 1 000 股股票,占公司的 50%;经过投资和经营后,该大学仍然拥有 1 000 股股份,但这些股份仅代表 30% 的公司所有权。所有权百分比的这种变化称为"稀释"(见图 6.2A)。再进行几轮投资之后,这所大学可能会发现自己仍然持有 1 000 股股票,但所有权变成了 5%。接着,假设有退出的机会,大学选择出售其 1 000 股股票,即 5% 的所有权。

也有一些大学从5%的股份入手,经过几轮投资后,股份仍为5%。这是因为开始时的5%是具有特殊合同保护的特殊股,不会被稀释,也称为反稀释条款(见图6.2B)。最初的5%之所以能够维持不变,是因为每当新股东进入时,大学也会获得更多的股份而无须支付额外费用(还有其他方法可以构造出相同的结果)。因此,大学可能以100股受保护的反稀释股份开始,最后以1 000股股票结束。接着,假设有退出的机会,大学选择出售其1 000股股票,即5%的所有权。这就是为什么50%股份稀释后会等于5%未稀释的股份。这个差异十分重要,理解起来并不难。

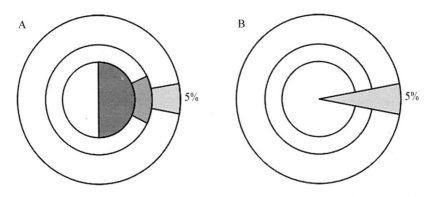

图6.2 3轮投资后大学持有的5%股份的变化。阴影部分表示大学持有的股份:
A代表股权稀释的结果;B代表大学在反稀释条款下持有5%特殊股,三轮投资后股份仍占5%。

从某种程度来说,这体现了大西洋两岸的做法差异。在美国,许多大学都坐落在充满活力的创新社区中,以至于技术转移办公室(在美国通常称为技术许可办公室)的角色仅限于向现成的创始人/投资者/企业经营者团队授予IP许可。在某些情况下,大学希望获得5%的股份,从而在公司出售或上市时得到可观收益。在世界上最富活力的创新社区(如加利福尼亚州和波士顿),大学可能只有在公司尚处于早期的时候能够负担得起5%的股份。投资者非常热衷于推广这种方法,因为有了大学的加入,投资者就不必独自承担风险。

在英国,大学技术转移办公室更为深入地支持研究人员成立衍生公司:编写商业计划、寻找投资者、寻找初创业务经营者、组建团队以及为公司提供其他协助。即便在最具活力的英国创新社区中，也极少有组织完备、实力强劲的团队自行向大学申请 IP 许可。

目前在英国，对于大学早期持股最佳方式的争论很多。衍生公司建立在大学的知识产权和大学雇用的研究人员的成果之上。将知识产权授予新公司的许可条款为公司和投资者提供了增值的平台，大学应慎重制定该条款，以保证合理的持股比例。大学还应该积极制订后续投资计划，确保自己在衍生公司中持有的股份保值和增值，从而达到最成功的效果。

大学在确定衍生公司创始股权持股比例和制定许可条款时应"量力而行"。[9] 大学擅长展示他们如何努力将商业化活动中的影响力最大化，而不是将现金回报最大化。但他们通常解释不清大学将如何支付技术转移活动费用，而这些活动有助于产生他们最为关注的潜在影响力。因此大学所面临的挑战是明确自己是否愿意投入以及可以负担多少资金投入。

黄金股

上述章节介绍了两种早期持股方式的计算方法。不时有人提出应该将反稀释条款纳入大学衍生公司股东协议，引起不少争论。多年前曾有人首次提出大学可以在其衍生公司中获得特殊的"黄金股"，该想法一经提出便有经验丰富的投资者质疑其实用性，理由是没有特殊股份能够挺过未来的多轮融资。

加入黄金股的想法与上述第二种模型相似，不同之处在于，黄金股股权要小得多，在长时期直至撤股或价值变现事件中获得的反稀释回报也要少得多。如果将黄金股引入许可协议，还需要加上以下规定："黄金股不享有任何权利，但在按照清算或资本返还、股份出售、资产出售或 IPO（补充对上述事件的适当定义）进行资本分配的情况下，黄金股持有人有权获得的收益等于净收益的固定百分比，无论其他任何类别的股份占比情况如何。"

谁应该获得更多

如果相比之下大学拿到的股份更少，谁应该拿到更多呢？我认为这一点值得关注。

研究人员应该拿到更多股份吗？从某种程度来说，是的。有一种观点认为，较少有研究人员能做后续投资，因此可以在开始时多给他们一些股份以防股份稀释。当然，如果随着公司的发展有必要采取股权激励措施，公司可以随时向他们分配更多的股份。

但也有人对研究人员分得更多股份持反对态度：研究人员的职责究竟是什么？接受公共资助或慈善机构资助的大学教师和研究人员为了赚钱在衍生公司上花费的时间和精力越来越多，有可能疏忽了本职工作。因此越来越多的人质疑如果这样下去，学生学费交得并不值得，而且大学高级管理人员的综合待遇本就高得惊人，这已经让许多外人心生不满。在这种情况下还能够大胆追求更多个人利益的大学雇员，可谓勇气可嘉。当然，我们要鼓励创新创业，我们要鼓励通过新技术创造新岗位、提供新的解决方案，但是同时也需要注重教学和科研。

投资者应该拿到更多股份吗？我认为投资者不需要更多帮助，也不需要一开始就获得更大的份额。我并不是反对投资者，投资者能成功对于大学和创始人来说通常不是坏事，而是非常有益的事。然而减税措施已经十分优惠，投资者的职责就是协助早期公司提高自身价值，从而扩大规模。旧观念认为投资者带来的只有资金，但如今这一观念已被打破。投资者不仅可以带来资金，还可以带来其他价值，并帮助公司创建可持续发展的业务。投资者也许会以大学拥有太多创始人股份为借口，声称自己无法完成上述任务，但这种说辞并不能令人信服。研究人员和技术转移办公室需要寻找能带来"聪明钱"的投资者，这些钱不仅仅包括金钱，还包括技术、人脉和经验。

也许有些投资者会非常在意大学在投资者投资之后能够拥有多少股份。这与价格和估值有关，属于交易的一部分，而投资者最擅长交易，因此不必太过担心。

企业经营者应该拿到更多股份吗？从某种程度来说，是的。技术转移办公室很纠结是否要直接向企业经营者或 CEO 支付酬劳。他们可以从"企业家入驻计划"获取资金支持,也可以获得衍生公司前期概念验证奖金。大学可以宣布向他们转让部分创始人股份,以吸引和留住优秀的企业经营者,从而为衍生公司找到更多储备领导者。这个方法在具体实施过程中可能会出现各种问题,不妨一边实施一边解决问题,就当作是做实验。

那大学为什么可以获得创始股份呢? 大学需要更加清晰地解释自己的定位。技术转移办公室一直努力维护大学的利益,但大学方面的做法还不够到位。大学领导不妨考虑公开支持技术转移相关规定,并加以充分解释和维护,而不是用一句"规定如此"草草了事。

大学还面临一个复杂的问题。由于股权稀释,创始股份通常不会带来很多收益。后续投资中以现金购买的股份收益可能更高。那么,技术转移办公室为什么要坚持自己的股份持有方式,即使该方式在媒体上遭到抨击,在谈判中表现不佳? 大学要做的是:要么做出更细致的说明,要么改变股份持有方式。

综合上述情况,大学可以考虑以下做法:

(1)以持有较小比例的股份开始(此时大学股份 + 创始研究人员股份 = 100%)。以大学和研究人员分别持有 25% 和 75% 股份开始,后续通过参与投资,或者未来投资者要求重新协商许可协议时,大学可能有机会获得更多的股份。

(2)专注于适合自身实际情况的投资组合管理计划。有的大学可以通过合理决策,将部分捐赠资金用于衍生公司的后续投资。但没有收到赠款的大学可能不具有这样的经济实力。

(3)建立股权激励机制,提高衍生公司的领导水平和经营水平,鼓励发扬创业精神。

最近,在此方面有所建树且备受赞誉的唯一一所英国高校是帝国理工学院,该学校开展了一项叫作"创始人选择"的新计划。该计划赋予研究人员两种选择:获得学校的少量帮助,同时获取更大股份;获得学校更多帮助,但得到的股份比例会降低。[10]

帝国理工学院通过这种方式允许学者和研究人员选择要从学校技术转移办公室获得多少帮助，以及自己与学校的股份占比方式。

图 6.3 展示了帝国理工学院的"创始人选择"计划。示例 *a* 表示的是技术转移办公提供全方位的服务，同时大学希望在公司成立时获得 50% 的股权（可稀释）。自 2017 年中以来，帝国理工学院一直将此作为持股分配的实验性方法。示例 *b* 表示的是创始研究人员自行完成建立公司的大部分工作，而大学获得 5% 至 10% 的股权（不可稀释，预先约定的投资额介于 300 万～1 500 万英镑之间）。

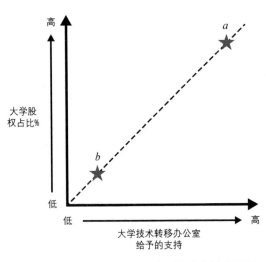

图 6.3　帝国理工学院"创始人选择"计划说明图

大学衍生公司股权三角

土壤样本的质地是由黏粒、粉粒和砂粒的含量共同决定的。土壤科学家根据三者含量查询土壤质地分级三角图①来确定土壤样品所属的地区。[11]粉壤土具有 60% 的粉粒、20% 的砂粒和 20% 的黏粒；砂黏土含有 50% 的黏粒、50% 的砂粒和 0% 的粉粒。知道其中两个变量可以计算出第三个变量。

与衍生公司进行商业条款谈判时，大学技术转让办公室应根据以下三个方面确定自己的立场：

（1）大学拥有的创始股权数量。

（2）大学技术转移办公室提供的帮助总量。

---

① 质地分级三角图是指用来描述一给定土壤粒径分布以及确定质地级别的等边三角形或矩形图形。等边三角形的三条边分别以黏粒、粉粒、砂粒的质量分数为刻度。三角形内部划分为很多区域，每个区域代表一个质地级别。——译者注

（3）知识产权许可带来的预期收入金额。

图 6.4 参照土壤质地分级三角图展示了技术转移过程中三个变量之间的相互作用。三角形内的任何位置都是这三个变量叠加得出的。

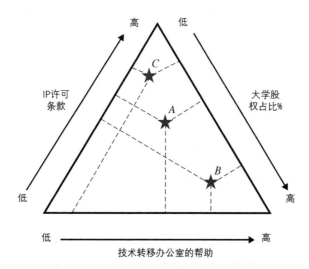

图 6.4　大学衍生公司股权三角形模型下的合理示例 *A*、*B* 和 *C*（图片来源：技术转让创新有限公司）

衍生公司 *A* 是在技术转移办公室支持、创始股权和许可条款三方占比适当条件下的平衡状态。如果稍作调整，技术转移办公室给予更多支持，那么大学需要为技术转移办公室提供更雄厚的资金支持。

在衍生公司 *B* 的情况下，大学要求获得很高的股权占比（假设与研究人员 50∶50），提供无限制的全方位支持，并期望从 IP 许可交易中获得相对适中的回报。

在衍生公司 *C* 的情况下，技术转移办公室不提供太多支持，该大学要求的创始股权占比较低，并且许可条款更靠近获得更多商业回报的一端。

当然，这个模型的挑战之一是需要技术转移办公室定义帮助的程度、监督帮助落实的情况，以及明确怎样才算停止帮助。帝国创新公司（Imperial Innovations，帝国理工学院的技术商业化和投资公司）已花费大量精力对上述问题做出详细规定，尽可能完善"创始人选择"模型。

图 6.5 所示的第二版"大学衍生公司股权三角"呈现了一个不公平也不合理的例子。在衍生公司 D 的情况下，技术转移办公室没有提供太多支持，IP许可协议具有完整的商业化条款，同时大学要求持有大量股权。只有想自找麻烦的学者才会认为技术转移办公室会采取这种策略，或者以为大学会要求技术转移办公室这样做。

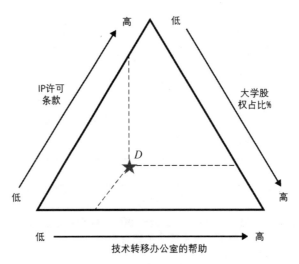

图 6.5 大学衍生公司股权三角模型下的不合理示例 D
（图片来源：技术转让创新有限公司）

失败

英国政界人士中流行讨论美国加利福尼亚州和英国的企业经营者在面对失败时有何不同态度。一位政府部长在初上任的几个月里到硅谷进行了一次研究访问，他发现硅谷的成功和企业经营者对待失败的态度有很大关系。如果英国企业经营者能够转变对失败的消极态度，并且意识到失败是一件好事，那么英国经济将会蓬勃发展。但这种愿望不太实际，毕竟失败终归不是好事，没有人想失败。真正重要的是如何应对失败。如果失败了，你是否会羞愧地垂下头，抛下所有努力，再也不敢去尝试？还是耸耸肩，从失败中吸取教训，然后继续向前？其实也不一定非要失败才能成长，不因小小的成功而浮躁，也是汲取经验的好方法。

1997年前后,英国大学技术转移项目经理和负责科研的政府部长曾到加利福尼亚州和波士顿进行考察,这是英国较早的此类考察活动之一。除了在应对失败方面的收获外,他们还带回了一些更加有意义的启示。

快速失败

给企业经营者的第二条建议是快速失败[①]。许多衍生公司既做不出成绩也不算完全失败,持续处于战略重组、更换首席执行官、融资不足的状态。股东可以选择接受这种情况,也可以选择相信公司,有勇气(和资金)继续前进。如果股东既不接受勉强维持的状态也没有继续发展的信心,那么对他们来说关闭公司就是最明智的选择,继而获得一次失败的经验。

Avidex公司的发展历程是最能体现勇气和胆识的故事之一。该公司是牛津大学的一家衍生公司,成立于1999年,基于本特·杰考布森博士和其分子医学研究所同事的研究成果而建立,他们首次制造了可溶性T-细胞受体。从一开始,该技术就在治疗多种疾病方面展现出巨大潜力。公司先后筹集了大大小小的投资,但未能筹得充分开发这项技术所需的巨额资金。2006年,Avidex公司被德国生物技术公司MediGene AG收购,该企业在英国设有公司MediGene Ltd UK。2008年,MediGene Ltd和私人投资者共同创建了Immunocore公司,以继续开发该技术。同样在2008年,Immunocore公司的姐妹公司Adaptimmune公司成立,负责推进该技术的特定方面。2015年,Adaptimmune公司在纳斯达克证券交易所上市,而Immunocore公司仍为私营企业,两家公司都已与大型制药公司结成战略联盟。如今,两家公司的市值已超过10亿美元。Avidex公司的首席执行官从1999年开始一直与公司共进退。成立衍生公司,时机固然重要,但不是全部,这个故事向我们展示了另外三个关键因素:坚持不懈的精神、投资者的高瞻远瞩、科学技术的非凡潜力。

[①]"快速失败"一词来自编程,指设计系统时随时监控异常情况,一旦发生异常,直接停止并上报。——译者注

扩大公司规模

扩大公司规模是后续阶段的大事，但大学技术转移办公室并没有真正参与此阶段。这其实是一件好事，说明外界对扩大规模给予更多关注，大学无须格外担心公司的后续发展。如今，人们普遍认识到英国在帮助建设衍生公司和初创公司的实力已比十年前、十五年前、二十年前高出许多，而且研究型大学周围的创新社区能够有效帮助科技公司走出校园、顺利发展。

扩大公司规模通常不属于大学技术转移办公室的职责范围。现在有些大学正在尝试将对衍生公司的帮助延长至公司成立后一年左右。如果大学认为这项独立活动有助于邀请专业人士帮助公司扩大规模，并认为这些努力可以助力学校达到扩大影响力的目的，那么延长对衍生公司的支持将会是一种非常有效的方法。然而这种方法的风险在于，原本参与研究支持和技术转移工作的人员被派去为扩大规模提供支持，公司经营者和大学无法想象这样做的难度到底有多大。

成立衍生公司——究竟难在何处

我们可以借用天文学里的"朔望"一词来解释为什么成立衍生公司如此困难。"朔望"（syzygy）表示两个或两个以上天体构成一条直线的状态，源于由古希腊语衍生出的拉丁语"syzugia"一词，意思是"连接""两点交叉"。朔望不常出现，但这样的日子来临时总能引起人们的关注。

要成立一家大学衍生公司，就是要让大学研究人员、投资者和经营者处于一条直线上，也就是说，这三个群体的利益、目标和动机需要保持一致。各方立场不尽相同，但只有求同存异、相互信任才能齐心协力开展业务。创始人、投资者和经营者不需要成为朋友，但是每个人都需要尊重彼此、尊重彼此在企业中扮演的重要角色。技术转移项目经理可以通过不断强调共同利益推动三方达成一致。

成立大学衍生公司之所以如此困难，原因有很多。

达成一致。如上文所述，相关人员必须齐心协力。金钱可以改变人，但很难让人向更好的方向发展。一开始,几个创始人通常是好伙伴,但如果渐渐地其中一位比其他人获得的钱更多,就可能滋生嫉妒和怨恨。

风险。所涉及的每个人面临的风险都很高。通常人们认为风险只是投资者所要承担的财务风险,但实际上风险的范围要远大于此,例如,惰性和阻碍——并非所有人都愿意接受新鲜事物。你将要进入的市场中可能存在某些不欢迎你的企业,它们可能会设法损害你的知识产权、声誉和人脉。

尽管困难重重,仍有许多发展机会留给目标清晰明确、有潜力获得高额经济回报的公司。成立衍生公司很难,但并非绝无可能。

第七章

应对鸿沟

半里格,半里格,
往前冲杀半里格,
六百马背英雄
全在死亡的谷地。
"向前冲,轻骑兵!"
他说,"向大炮冲击!"
六百马背英雄
向前冲杀死亡谷。

"向前冲,轻骑兵!"
可有人丧气? 没有。
纵然士兵知道
这是错误的命令。
无人抗命,
无人追问,
他们要奋战至死。

六百马背英雄

向前冲杀死亡谷。

炮火在他们右边，

炮火在他们左边，

炮火在他们前面，

万弹齐发雷轰天；

冒着枪林弹雨，

他们策马飞身，

勇猛无畏入险境，

六百马背英雄

向前冲杀地狱口。

——阿尔弗雷德·坦尼森勋爵（Alfred Lord Tennyson），

《轻骑兵的冲锋》，1854 年

　　这首激动人心的诗歌描述了 1854 年克里米亚战争巴拉克拉瓦战役中英军一次最大惨败，诗中蕴含着大量隐喻。其中一个隐喻也适用于技术转移领域。

　　在大学技术转移的世界里，公共研究资助停止后，私人投资或商业融资介入前的鸿沟，好比是"死亡谷"。鸿沟是指投资或资金缺口，在中东被称作死亡洼地。有许多图片展示了"死亡谷"的样子，我喜欢的如图 7.1 所示。技术转移经理高举双臂用身体充当桥梁，竭尽全力、汗流浃背，在重压下颤抖不已，以自我牺牲的姿态趴着，方便研究人员、商业人士和投资者从其身上踏过。

　　以上面这首诗作类比，六百名大学研究人员正从他们舒适的实验室进入并穿越山谷，向"攻击"他们的衍生公司投资者发起冲锋。只有少数人幸存，大

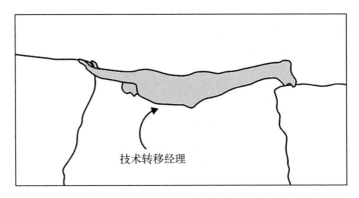

图 7.1 技术转移经理用身体作桥梁帮助项目度过"死亡之谷"

多数人则战亡("快速失败"的情况太多了,见第六章)。因为研究人员们"错误估计"[1]了这项任务的性质。

　　研究经费和投资资金之间确实存在投资缺口,而且这不是唯一缺口,第一轮和第二轮私人投融资之间也存在缺口。因此,我们有必要关注初创科技公司的投资缺口。本章着重讨论第一种缺口,即研究经费和投资资金之间的投资缺口。

　　要在鸿沟上架起桥梁。从大学这一方来看,概念验证资金已经不断发展,有助于将大学研究成果转化为投资者认可的投资方案;从商业方来看,许多投资者在政府政策的协助下已经找到了在早期种子阶段的投资路径。

　　仅从一边搭建桥梁非常困难,应从两边都着手,并在中间接合。如果仅从一边搭建,那么很有可能以昂贵的代价只是建造了一段桥墩——比喻已经够多了。

第一节　筹　集　资　金

　　衍生公司需要投融资才能实现发展,正如技术需要开发才能进行销售。在某种情况下,公司有可能通过第一次销售的利润来支持下一轮技术开发,这

---

① 原文为"miunderestimate",是小布什任职美国总统期间的口误造词。——译者注

样可以在没有融资的情况下起步。但是,公司想步入真正营利阶段是一个漫长无比的过程。

天使投资人

在早期阶段(20 世纪 90 年代—21 世纪初),天使投资人是大学衍生公司的最重要资金来源。天使投资人往往是具有企业管理经验的当地富豪,他们用自己的钱投资,因此他们承担风险的能力要高于用别人钱投资的基金经理。

当时,天使投资人对大多数衍生公司进行首轮投资。当公司已经积累了一定的生存能力和信誉后,风险投资人再参与随后几轮的投融资。管理投资基金(风险投资等)不投资初创的高科技企业,涉及风险预知水平和技术投资业绩记录等方面因素。风险投资经理用别人的钱投资,投资收益记录将决定其作为投资经理的职业生涯。

如今,天使投资人仍活跃在技术转移领域,尽管一些有组织的团体和专门从事大学衍生公司首轮融资的投资基金也参与了进来。

商业计划书

在 2002 年之前,为了首轮融资,你需要从一开始就有一本有分量的商业计划书,其中包括现金流预测,以及公司业务及其实施路径的详细说明,篇幅至少达到 30 页。

2002 年之后,情况发生了变化。从那时起,你所需要的仅仅是一份融资演讲稿、一组包含大约 20 张片子的幻灯片演示。在与投资者达成初步合作意向后,你还要做繁琐而细致的工作来应对尽职调查,使投资者对自己将要进行的投资清楚、明白。这种变化或许是由美国传来,又或许是因专注于投资衍生公司的专业投资基金而产生。无论由来如何,这种变化合情合理。大篇幅商业计划书的制订更多是在履行一种证明自己所能的手续,而非真的要按计划去做。很少有商业计划书能通过市场的考验。

商业计划书在不同时间有不同目的。一开始很可能是为了吸引企业家经理人加入团队，并让投资人相信你的故事。这时的商业计划书旨在吸引别人的目光和展示自己的热情，而非引用一份预估市场规模在四年后将达到数十亿美元的市场研究报告。

然而，除了在极其活跃的大学创新社区，就算商业计划书做得极好，为大学衍生公司筹集资金都绝非易事。

募资过程

不断地接洽会谈、讲述故事……这在不成熟的大学创新社区非常困难，需要投入大量精力。万事开头难，这样做是为了促成需要资金的创始团队和拥有资金的投资者之间的合作，一切以人为本。

我曾遇到唯一的例外是，有一位投资者直到最后一步才与人见面，因为他不希望自己对人的主观感受影响到对技术和商业前景的客观分析。后来他赚了大钱。

讲述故事的方式取决于个人偏好，没有对错之分，只能说有些好点有些稍逊一筹。重要的是，你必须推销出去，让人对你感兴趣。行动起来，放手去做，在眼下的人、科学、兴趣和未来的盈利之间建立起联系。成功的业务在于以高于生产成本的价格出售产品——这说起来容易做起来难——并在成功时收获巨大满足感。投资者同时还在寻求更多的投资正回报，这种回报（如果有的话）可能会出现在业务带来营收之前。

TED 演讲的时代已经结束了。[1]你不需要来回踱步，用"海马""丘脑""神经语言学"和"编程"这些语言来表达你的独特之处。但你的故事必须要有吸引力。

作为这方面的新手，可以遵照美国资深大学技术转移专家路易斯·伯尼曼博士[Dr. Louis Berneman，现就职于美国大学初创企业投资机构奥赛格大学伙伴(Osage University Partners)]的建议，重点阐述如下内容：

- 电梯游说
  - 定义公司及其职能

- ○ 明确对投资者的诉求
- 领导层与董事会
  - ○ 高管、创始人和顾问的背景
- 关键材料
  - ○ 让人灵光闪现的实验结果
  - ○ 在产品/服务开发过程中你所处的确切位置
  - ○ 获得融资后的下一个进度/过程
- 后续计划/产出
  - ○ 未来完成节点
- 竞争分析
  - ○ 哪些是市场现有的、被淘汰的和即将面世的,哪些还在学术研究阶段,还有哪些非传统竞争对象
  - ○ 产品如何应对竞争环境
- 资金资本
  - ○ 明确所寻求的资金及筹资用途
- 市场战略
  - ○ 在早期确定独特经济意义至关重要
  - ○ 确定大致的销售流程
- 里程碑
  - ○ 将融资/资本需求与运营目标关联
  - ○ 做好多轮筹资计划并体现在幻灯片中
- 询问
  - ○ 资金用途
  - ○ 融资内容
- 总结
  - ○ 机会总结

TTO 角色

大学技术转移办公室(TTO)的任务之一就是建立潜在投资者和潜在经理人(即资金和管理)的关系网络。最先从当地律师、会计师和大学校友网络起步。

TTO 的另一个角色是帮助拟订商业计划书或融资演讲稿。TTO 最好拥有可供团队即拿即用的标准版式(这自然是基础的、会被修改的)，毕竟许多人不喜欢从零开始。TTO 最好还要有可确定所有相关成本和潜在收入的现成的财务计划模板，以及一些关于商业模式的通用的模板工具。TTO 员工应当熟悉这些工具来为衍生公司团队节省时间。

第二节　大学风险基金

在过去二十年中，出现了大量的投资基金，它们规模各异、投资理念不同，却都以某种方式将技术从大学转移到市场。大学风险基金(university venture fund, UVF)已然在全世界普遍可见，英国在该方面的经验尤为可圈可点。英国 Global University Venturing 的新闻事件业务团队的编辑人员最早提出大学风险基金一词，随后被广泛使用。

概念验证基金和种子基金

许多大学已有各种各样的概念验证基金和种子基金。牛津大学的技术转移办公室管理着规模达 400 万英镑的牛津大学挑战种子基金(Oxford University Challenge Seed Fund)和规模达 200 万英镑的牛津发明基金(Oxford Invention Fund)，而此类基金与本节所讨论的投资基金不同。概念验证基金通常来自政府机构的拨款，以及基金会、慈善机构和富人的捐赠。这是那些将支持技术转移活动视为有价值活动的人所提供的软钱，有时也会寻求回报并注入到基金中再投资，使其成为长青基金。美国的一个典范是麻省理工学院的戴什潘德科技创新中心(Deshpande Centre for Technological Innovation)，它为教育和辅导提供支持,也为贴近市场的技术开发提供资金。

这些基金通常从三个方面提供资金:一是,支持大学科研实验室原型开发,做更多的实验来展示创意前景,提供更多的数据来支撑专利申请;二是,购买市场调研和竞争者分析领域的服务,招揽可能加入衍生公司的人才;三是,作为股权投资,参与新设衍生公司的首轮融资。基金目标定位涵盖了实现经济回报(通常发展为自给自足的长青基金)、赠款和纯粹做慈善等。

风险慈善基金的相关用意在于将经济和社会效益结合起来。它在一些体系中设计为,限定投资者的财务收益百分比,超出该比例的收益则捐赠给慈善机构(包括大学);另一些的理念则是运用投资方法和管理原则,从慈善捐赠中获得更大收益。

大学挑战种子基金

在英国,概念验证基金的雏形是"大学挑战种子基金"(UCSF)——该项目由英国政府于 1999 年启动。在此之前,曾有一些私人基金投资大学衍生公司,还有一些大学提供小额的概念验证奖金,但规模均不大。

UCSF 计划由戴维·库克西爵士制订并推出,他表示:

> 作为 1981 年第一批在英国建立基金的风险投资家之一,我很快意识到,英国大量的研究基地未能将其科学发现转化为新的产品和商机。到 20 世纪 90 年代中期,该缺口依然存在的事实很明显,尤其是在用于将研究成果开发为新产品的概念验证资金方面。1998 年,新的英国工党政府决心使英国的研究能力成为振兴经济的沃土,他们非常积极地响应了我的提议,即与威康信托基金和盖茨比慈善基金会合作设立大学挑战种子基金。该方案不仅为概念验证提供所需资金,而且鼓励大学研究人员更加接受对其想法进行商业开发。[2]

库克西担任基金委员会主席,操盘由投资人资助的 4 500 万英镑资金。出于加强大学、风险资本投资者和行业之间联系和理解的需要,新的 UCSF 作为试点推出。除了英国政府(2 500 万英镑)、威康信托基金(1 800 万英镑)和盖茨比慈善基金会(200 万英镑)的资助外,大学自身还需提供至少四分之一的资金。UCSF 计划是一项及时的关乎生命力与资产流动性的大额投资,为基于技术的商业机会开发做出了重大贡献。UCSF 计划的第一个指导方针将 UCSF 的目标描述为:"大学挑战基金的目的是使大学能够获得种子基金,以将好的研究成果成功转化为好的生意。"

首期 UCSF 竞标于 1999 年启动,可用资金为 4 500 万英镑,随后于 2001 年 10 月又追加 1 500 万英镑。竞标要求大学应至少提供基金总值的 25%,或在第二轮融资寻求扩张时提供基金增值的 25%。在 UCSF 第一轮竞标中有 15 个项目成功中标,在第二轮中又增加 5 个(其中 1 个第一轮中过),因此截至 2002 年,在英国共有 19 支 UCSF 子基金分布在各地运营。各基金的规模从 300 万英镑到 500 万英镑不等,单个资助项目的最高金额设置为 25 万英镑,且接受威康信托基金拨款的基金须将该部分资金用于医疗保健项目。公开竞标的条件详尽,并执行了十年,政府留存了有关这些 UCSF 子基金的大数据。

大学概念验证基金和种子基金管理过程

建立一个新的基金通常需要大量的工作,即使是完全由大学控制的小额基金也是如此。最理想的情况是,由政府、大学或慈善捐赠者提供现金和具体操作指南。

假设规划和融资阶段已经完成,你已经有了一支基金——那么如何管理并运营这支基金呢? 可以从前期、中期和后期三个阶段进行。

前期

● 就基金运作方式提供明确信息

    ○ 背景、介绍、提议、目标、投资标准

    ○ 申请流程

○ 申请表

○ 汇报和决策程序

● 项目提案准备

○ TTO 技术转移办公室支持事项

○ 自身投入、本地创新社区配套、会计、律师等情况

○ 演练汇报

中期

● 投资委员会

○ 成员、主席

○ 其他参与者、技术转移办公室支持

○ 会议(频率、持续时间、每个项目时长)

○ 项目团队是否必须现场参加会议,还是可以远程参会?

○ 在多数人一致同意(最好在同一天)的情况下做出决策

后期

● 人性化通知项目团队决定情况

● 跟进投资委员会提出的所有问题(如有)

● 提出要约协议并力争迅速签署(如果要约信息显而易见,这并不困难)

● 监控项目进度,对照计划支出

● 提供指导和关系网络等支持

● 维护关系以便后续投资

企业投资计划

英国于 1994 年推出企业投资计划(Enterprise Investment Scheme, EIS),已投资超过 140 亿英镑,所投资公司超过 25 000 家。2016—2017 年间,有 3 470 家公司在 EIS 筹到了总计 180 万英镑的资金。

EIS 通过向公司内投资者提供税收优惠的方式来帮助公司筹集资金。根据该计划,公司每年最多可筹集 500 万英镑,总计可筹集 1 200 万英镑。个人

投资者每年投资 100 万英镑，即可享受 30% 的所得税减免且不对所得收益缴纳资本利得税，还可享受遗产税优惠。细节和限制在此不一一列举，但总体而言，该计划在促进大学衍生公司融资方面大获成功。2021 年，启动了种子企业投资计划（Seed Enterprise Investment Scheme, SEIS），投资者可按该计划以更小投资额获得更高税收减免。

EIS 投资管理公司 ParkWalk 是一个很好的例证。该公司设立了多个 EIS 基金，用于投资剑桥大学、牛津大学和布里斯托尔大学的衍生公司项目。ParkWalk 通过校友和其他关系网络寻找投资者以建立致力于支持大学衍生公司的基金。他们的方法非常好，在大学衍生公司初期投资者中独树一帜。

例证：牛津大学 UVF 经验

牛津大学在概念验证验证和种子基金方面的经验反映了大学风险基金在英国的发展。

牛津大学于 1998 年年中成立了 100 万英镑的伊西斯种子基金（Isis Seed Fund）。该基金在牛津大学挑战种子基金启动前就已经支持了一些项目。牛津大学对牛津大学挑战种子基金的 100 万英镑拨款中的部分就来自于伊西斯种子基金。

1999 年，为落实金融监管机构关于投资者须具备足够经验和资产的要求，伊西斯天使网络（Isis Angels Network）作为一家担保责任有限公司正式成立。该公司为寻求首轮投资的项目组织宣讲会，投资者、专业服务公司和潜在的衍生公司管理者蜂拥而至。

牛津大学挑战种子基金成立于 1999 年，至今仍在运作。该基金由牛津大学所有，由一个投资咨询委员会和牛津大学技术转移办公室代表大学进行管理。该基金旨在为好成果成功转化为好生意提供资金帮助。

牛津大学的挑战种子基金于 1999 年 6 月召开首次投资咨询委员会会议，其启动资金规模达 400 万英镑。其中，140 万英镑来自英国政府，160 万英镑来自慈善机构威康信托基金和盖茨比慈善基金会，100 万英镑来自牛津大学。

技术转移项目经理与牛津大学研究人员共同为向该基金申请数额达25万英镑的资金作准备,以支持初步的概念验证、预先研究、启动实施、商业示范、原型模型、业务规划支持和衍生公司投资(该基金始终与私人投资者共同投资)。各项申请提交至投资咨询委员会,由其提供必要的投资建议。

在大学挑战种子基金在全英国开展的同时,牛津大学一些在学院里负责投资的财务主管开始把眼光投向学院学者创建的衍生公司。这些公司拥有学者创始人的丰富知识肯定会赚钱。他们没有单独投资,而是把资金聚集起来,连同学校投入的100万英镑,创建了总额1 000万英镑的伊西斯大学基金(一期,Isis College Fund)。该基金于1999年成立,一名叫奎斯特(Quester)的投资经理被指定为管理人。2005年,奎斯特募集了第二支规模较小的基金,并于同年启动了伊西斯大学基金二期(Isis College Fund Ⅱ)。

假如奎斯特专精于理解和融入大学,即可围绕大学种子投资开展大量业务(参见IP集团的例子)。然而,奎斯特却专精于发掘大学创始股份所附带优先购买权的价值——在股东文件中的条款允许大学将其优先购买权转让给其他关联投资者。这便是美国企业奥赛格风投伙伴(Osage Venture Partners)开发的一种模式,也造就了美国大学风投企业奥赛格大学伙伴(Osage University Partners)的成功。

2000年,牛津大学签署了一项具有里程碑意义的协议。按协议,投资者提供2 000万英镑帮助大学新建一个化学研究实验室,以换取该大学15年内化学研究成果商业化所得的一半收益。这笔交易推动了现在的上市公司IP集团(IP Group plc)的成立,并激发了英国各地私营企业投资大学衍生公司的兴趣。签署协议的双方分别是牛津大学的技术转移办公室和由比森·格雷戈里(Beeson Gregory)创立、戴维·诺伍德(David Norwood)领导的IP2IPO公司。这份协议在已支付给牛津大学的2 000万英镑的基础上进一步解锁了资金,使得大学能够新建耗资6 000万英镑的化学研究实验室。

2004年,牛津大学方面与剑桥大学、帝国理工学院和伦敦大学学院等的技术转移办公室合作,获得了英格兰高等教育资助委员会(Higher Education

Funding Council for England)的资助,创建了规模达 180 万英镑的概念验证基金(由四所大学平分)。该基金在牛津大学运作的两年期间,共成功资助了 19 个项目。

2006 年,商人戴维·邦德曼(David Bonderman)和菲利普·格林(Philip Green)各自捐赠了 50 万英镑,创建了赛德商学院风险基金(Saïd Business School Venture Fund)。据说,在赛德商学院纳尔逊·曼德拉讲堂里举办的一次活动上,戴维·邦德曼公开表示,如果有人为 100 万英镑的基金池子投入一半的资金,他将投入另外一半。没人会错过这个广告宣传机会——观众席上的商业街零售商菲利普·格林举手表示会投资 50 万。随着这话放出,赛德商学院风险基金就此成立。该基金由学生主导,为 MBA 学生提供运营种子和风险投资的训练场,投资了许多学生主导的初创公司。该基金已不再活跃,于 2012 年被牛津种子基金(Oxford Seed Fund)取代,后者由赛德商学院的一个 MBA 学生团队运作。该基金每年最多可向两家初创公司投资 5 万英镑。

2010 年,牛津发明基金(Oxford Invention Fund)成立,以接受牛津校友和其他热心支持牛津创新之人士的捐款。牛津发明基金收到的捐款总额达 50 万英镑。

2014 年,随着 EIS(见上文)的发展,ParkWalk 成立了牛津大学创新基金一期(University of Oxford Innovation Fund Ⅰ)。

2015 年,发生了一件非同寻常的事情。曾推动 2000 年牛津大学化学研究实验室项目的人与牛津大学达成新的协议,再筹资 3.2 亿英镑成立了新公司牛津科学创新(Oxford Sciences Innovation, OSI)。OSI 已筹集到的资金在 2016 年超过了 5 亿英镑,2018 年达到了 6 亿英镑,全部用于支持牛津大学的衍生公司。[3] 该协议内容包括牛津大学及其技术转移办公室和 OSI 通力协作以支持新成立牛津大学衍生公司。大学持有牛津科学创新公司的股份,并可利用由投资者、企业家和科技行业人士组成的强大的全球精英网络。OSI 没有在每家公司成立之初进行投资的权力,但它可以成为牛津大学所有衍生公司(医学、数学、物理和生命科学等所有领域)的股东,如果愿意也可以利用其优先投资权在以后阶段进行投资。OSI 在牛津大学的出现重新定义了大学、技术转移办公室和投资者之间的关系,也大大增加了新成立公司的数量。[4]这就好像一只 6 亿磅重的大猩猩到了牛津大学,八面威风;又好像一块 6 亿英镑的磁铁放在牛津大学,以极大速率从中牵引出投资机会。

牛津大学 UVF 经验概要

1998 年,伊西斯种子基金,100 万英镑

1999 年,伊西斯天使网络

1999 年,牛津大学挑战种子基金,400 万英镑

1999 年,伊西斯大学基金(一期),1 000 万英镑

21 世纪初,用 HEIF 奖支持概念验证基金

21 世纪初,IP 集团化学研究实验室协议,2 000 万英镑

2003 年,伊西斯大学创新基金,100 万英镑

2004 年,概念验证基金,180 万英镑

2005 年,伊西斯大学基金二期,约 500 万英镑

2006 年,赛德商学院风险基金,100 万英镑

2010 年,牛津发明基金,50 万英镑

2012 年,牛津种子基金(赛德商学院项目),10 万英镑

2014 年,ParkWalk 牛津大学创新基金一期

2014 年,伊西斯企业咨询的利润转移到牛津大学挑战种子基金

2015 年,牛津科学创新公司,3.2 亿英镑

2016 年,牛津科学创新公司,增至 5.5 亿英镑

2018 年,牛津科学创新公司,增至 6 亿英镑

UVF 现状

在过去的 20 年中,大学风险基金(UVF)已经发展成为一种重要的投资资产类别。

　　总体思路就是将资金吸引到一个管理基金中，用以投资一所或多所大学正在开发的新技术。基金经理需要充分认识将大学里的技术转化成衍生公司并把其从弱小做强大的艰巨任务。大学风险基金是推动跨越"死亡谷"，填补投资缺口的重要之举。

　　大学风险基金的历史可以追溯到 1986 年芝加哥大学 ARCH 基金，到 2015 年牛津大学 OSI 的发起，并且仍在继续。[5] 据估算，现有从小型（如 50 万英镑规模）的大学内部概念验证基金到致力于大学衍生公司投资的大型（如 5 亿英镑规模）私募基金等各类基金 200 只，管理资金总额超过 100 亿英镑。

　　在牛津大学于 2000 年和 2015 年签署两项标志性项目协议期间，英国兴起了一个行业，出现了一批吸纳投资以资助和培育英国大学衍生公司的民营组织。在牛津大学 2000 年项目后，一系列大学与大批投资者签订了协议。投资经理向大学校长示好，做出独家、半独家服务的约定，也有非正式约定。

　　IP2IPO 与英国许多一流研究型大学签署了协议。这与牛津大学化学实验室项目协议有相似之处，也有所不同，它们通常持续时间更长，覆盖整个大学，且大学无任何资金收入。向大学提供的是使用现金的权利、来自 IP2IPO 团队的帮助和接触关系网络的机会。

　　帝国创新公司（Imperial Innovations）从帝国理工学院全资技术转移公司［类似于伊西斯创新公司之于牛津大学，剑桥企业（Cambridge Enterprise）之于剑桥大学，伦敦大学学院商业公司（UCL Business）之于伦敦大学学院］转型为公开上市的投资公司——2006 年在伦敦证券交易所另类投资市场上市，帝国理工学院持有的少数股权随之递减。该公司（于 2016 年）更名为试金石创新公司（Touchstone Innovations），并于 2017 年被 IP 集团收购。在这一过程中，帝国理工学院首先是将所持有的一系列衍生公司股权出售给一家投资银行。帝国理工学院以"数百万英镑现金"的价格将大约 20 股持股集合出售给伦敦弗莱明家族的私人银行（Flemings private bank）。实际安排是，"弗莱明家族与合伙人公司(Fleming Family and Partners, FF&P)和戈登之家(Gordon House)将代表其客户购买帝国理工学院在 36 家未上市衍生公司(通常是成立 1～4 年的公司)投资组合中 30% 的股权。帝国理工学院将可获得数百万英镑现金。"[6]

伦敦大学学院商业公司是伦敦大学学院的技术转移部门,管理着多个概念验证基金,参与了支持转化医学项目的阿波罗治疗基金(Apollo Therapeutics Fund),并与基金管理公司 AlbionVC 共同设立了价值 5 000 万英镑的伦敦大学学院技术基金(UCL Technology Fund)。剑桥大学的剑桥创新资本(Cambridge Innovation Capital),已筹集了 2.75 亿英镑。该基金首选投资剑桥大学,且与剑桥大学的技术转移部门剑桥企业有着密切的联系。

如今的大学风险基金大体有两种形态,要么是致力于推动技术发展的公共部门或慈善机构资金池,要么是以投资回报为驱动的私营部门独立基金。有一些上市公司以大学风险基金的形式运作,伦敦已经成为这些公司与 IP 集团、帝国创新公司、联合思想公司(Allied Minds)和纯净技术公司(PureTech)等进行交易的世界之都(上述公司均在伦敦上市)。这一切都要归功于尼尔·伍德福德(Neil Woodford),他提出了"耐心资本"概念,这对于投资大学衍生项目至关重要。

最近的一个故事有关阿伦资本基金(Ahren Capital Fund)。该基金于 2018 年在剑桥成立,于 2019 年年中宣布以超过 2.5 亿美元的价格关闭。"创始合伙人是由最为出色的剑桥大学企业家和科学家组成的精英团队,其名下的发明和技术总价值如今已超过 1 000 亿美元。"投资者包括联合利华公司(Unilever)和天空广播公司(Sky),未透露信息的八位剑桥大学学者也参与投资。衍生成功的学者对学者的衍生公司进行投资,即学者投资学者,形成了一个闭环。[7]

大学风险基金已经成熟并被普遍接受。在概念验证、交易前阶段,大学技术转移人员得去用它们来吸引许可人和投资者的兴趣。在种子期和后续阶段,越来越多的金融投资者将资金投到这一确定的资产种类中。

其他情况

在英国以外,大学与投资者之间没有大范围发生此类交易。美国风险投资公司奥赛格风投伙伴成立了一家十分成功的姐妹公司奥赛格大学伙伴,以投资美国大学衍生公司。奥赛格大学伙伴提供资金支持与融资渠道,换取通过大学优先购买权投资其创始人股的机会,现已与美国80多所大学达成了合作协议。这是一种简洁的模式,在美国行之有效,可能也适用于其他地方。

美国还有为数不多的其他例子。21世纪初,UTEK公司①实施了面向美国大学衍生公司的资本投放计划。联合思想公司正在运作一种向美国大学衍生公司提供资金与支持服务的模式——尽管是在美国运作,它还是首选在伦敦证券交易所上市融资。出于为美国的健康和技术商业化项目融资的目的,另一家美国公司纯净技术公司也在伦敦上市。

欧洲投资基金(European Investment Fund)在支持欧洲的大学风险基金方面一直非常活跃,二者共同投资一系列为投资大学衍生公司而设立的基金,包括英国伦敦的伦敦大学学院技术基金(UCL Technology),爱尔兰的大西洋桥梁大学基金(Atlantic Bridge University Fund),西班牙马德里的可变现资本基金(BeAble Capital Fund)和意大利米兰的进步技术转移基金(Progress Tech Transfer Fund)——我参与了后两个基金项目。在其他地方,澳大利亚已经启动了大学风险基金;在南非,大学衍生公司专用基金也在规划当中。

第三节　大学定向基金

在英国(在其他地方也诚然如此),大学不可避免地考虑设立中型投资基金(约5 000万英镑),以支持和加强其技术转移活动,尤其是组建成功的大学衍生公司。这在大学技术转移活动发展中顺理成章,也像生活中大多数事情

① UTEK公司为1997年成立的一家从事技术交易中介服务和知识产权管理咨询服务的金融公司。——译者注

一样有利有弊。

剑桥大学已参与规模达 1.5 亿英镑的剑桥创新资本(Cambridge Innovation Capital, CIC)基金。另一个最近的例子是 Epidarex 基金,它涉及与基金密切关联的多家英国大学,其中一所大学(伦敦国王学院)对基金本身进行了投资。帝国理工学院更是大刀阔斧,将其技术转移办公室转型为风险投资公司帝国创新公司,再成为试金石公司、IP 集团公司,然后又重新开始。

下面将从大学、基金投资者、基金经理和被投资公司等的角度,介绍设立中型投资基金(约 5 000 万英镑)来投资大学衍生公司的利与弊。

简言之,从大学角度来看,问题可归结为权衡获得资金提升活跃度之利与基金定向资助之弊。作为主要获益者的基金管理人员,凭借所拥有的经验和销售能力从这一大好机会中获益来挣钱——这对大学而言不是坏事。

基金的投资者是有限合伙人(LPs),投资对象为由基金管理投资专家团队运营的普通合伙企业。基金往往会在十年内将资金返还有限合伙人,基金经理们在最初几年进行投资,在接下来几年培育被投资公司,在最后几年退出投资。基金经理收取所管理基金 2%～3% 的管理费,以及基金利润的 20%——称为基金成功的附带权益。其余 80% 返还给有限合伙人投资者。这种模式有多种版本,包括投资注资期更长(通常是件好事),以及合伙结构中将投资资金一直放在有限公司资产负债表上。

对大学而言,参与基金将意味着承诺允许基金对其商业机会进行投资,这可以理解为出售交易流——投资者总是在寻求交易流。作为回报,大学可能会得到对其衍生公司进行投资的承诺,并可能分享利润。大学所做出承诺的限度是一个关键问题。基金经理会坚持获得投资权以向投资人融资,投资者如果看到机会也会坚持进行共同投资,大学则陷入一个非常尴尬的处境。这是大学面临的最大挑战——鉴于视野范围和眼前约束,能否对研究资助方做出这些承诺,即便能承诺,是否能兑现? 如何对交易流进行估值? 比方说,对最先向其他投资者提供机会的学者,大学打算如何处置?

为基金设定明确的目标至关重要。如果有外部投资者参与,那么目标很可能无须多言——从高风险投资中获得高回报。大学的目标或许不那么明确，可能是赚钱和支持技术商业化的集合体。这种模糊不清对大学来说是个问题。

各方利弊

本节从大学、基金经理、投资者和公司的四个不同角度讨论了基金的利弊。表 7.1 列出了要点。

表 7.1　从四个角度来看大学定向基金的利弊

	好　处	弊　端
大学 （包括大学技术转移办公室）	• 更易于获得衍生公司投融资 • 获得基金收益的附带权益份额 • 提高活跃度以赢得良好形象与公共关系 • 吸引其他投资者共同投资基金	• 若定向基金拒绝投资，其他基金则不太可能投资 • 若定向基金同意投资，则很难得到一个好的价格 • 若大学拥有部分附带权益，则存在利益冲突 • 即便不是商业化最佳路线，都会流水线式走衍生路线 • 某些技术转移活动的控制权从大学转移到了基金 • 投资可能失败，基金经理和投资者会归咎于大学
基金经理 （基金管理人）	• 获得管理费，与业绩无关 • 若投资成功，将从附带权益中获得大量收益	• 若投资不成功，声誉将岌岌可危，很难再一次接管基金
投资者 （基金注资人）	• 潜在的高投资回报 • 后续的投资机会 • 提高活跃度以赢得良好形象与公共关系	• 一所大学的交易流或许不够 • 潜在损失，基金可能无法获得可观的回报 • 投资基金管理团队的常见风险：如此基金规模能否吸引理想的基金经理？
公司 （受基金投资公司）	• 若基金投资，就有现金和一个给予帮助的投资者	• 交易是否划算？若基金拒绝投资，公司必须向所有其他投资者解释

1. 大学

大学做出参与基金的决定并非易事——既有好处，也有风险。这些好处是可观的,标志着开启衍生公司形成和技术转移活动的新阶段。主要好处在于大学衍生公司团队很容易获得针对像他们这样项目和公司的投资来源。风险也可能是巨大的,因为投资界知道这是大学定向基金,大学在一段时间内极大限制了该公司期权。大学可以提供第一手商机和优先投资权,更准确地说是与创始人一同享有平等的优先权。若大学所提供的超出这些,则是不智之举——开空头支票是愚蠢的。

2. 基金经理

基金经理以职业生涯为担保管理大学基金。对其而言,管理费这一传统奖励安排意味着实际风险可以忽略不计。挑战来自于如何吸引足够优秀的基金经理,让大家都满意。

对基金经理的激励在于,从管理费中获得固定收入,并在投资成功后从支付给投资者和经理的"附带权益"中分得大量收益。许多大学风险基金被称作"双底线"基金,因为其目标不光在于赚钱,还在于扩大影响力,换句话说,这不仅仅是钱的问题。这就带来了一个挑战——如何激励以金钱为驱使的基金经理以牺牲财务收益为代价来扩大影响力?

中型和小型基金的基金经理之素质至关重要。在本节所考虑的基金中,科技基金经理必须善于遴选并发展机会,以避免投资失败。纳西姆·塔勒布(Nassim Taleb)在《反脆弱》(Antifragile)一书中进行了很好的原因分析:"因为所有现存技术都具有一些明显优势,我们由此被引导着相信,所有具有明显优势的技术都会存活下来。"[8]——但事实并非如此。

3. 投资者

对早期的技术公司进行投资属于高风险投资。投资者应具有经验,且只将其投资组合的一小部分投到该资产类别。切记,正如金融服务顾问所言,投资会赚钱,也会亏本。

4. 公司

科技公司的发展需要资本。他们还需要高质量建议和股东支持。科技公司在早期的主要难点在于,将基金经理的特定利益与其他股东和管理层的利益相统一，以实现长期、客观、可持续的业务增长。

启动基金考虑

基金设立计划的发起人，可以是提供投资机会交易流的大学，也可以是希望管理基金的人，或者是想要向基金注资的投资者。

基金的成功离不开基金经理。无论交易流提供方和投资者的意愿有多强烈，基金都需要基金经理管理。大学会对许多基金经理开放，但投资者只会信任那些拥有良好业绩记录的基金管理者。然而，这些基金管理者通常忙于管理现有基金，无暇其他。一个建议做法是，与已有基金接洽并鼓励其为大学投资建立新基金。

在规划大学定向基金时，无论参与者是谁，重要的是让各方面同心协力。一方面是大学学者、大学管理人员、技术转移办公室及其基金经理，另一方面是投资者及其基金经理。基金的出现将是一个改变，而切合实际的管理指南变化适用于：推销愿景，解决"这对我意味着什么"的问题。建立合理的管理框架以确保顺利运作，并建立分歧沟通解决机制。

为人们相互了解提供时间。技术转移人员不同于投资者，他们的目标、奖励和激励机制是不同的。他们需要时间去了解彼此，领会各自如何在创新社区中发挥独特作用。双方相互尊重很重要。

大学定向基金关键点总结

- 对你有何好处？
  - 从大学、研究人员、学生、投资者、管理人员、新公司和已有公司等各利益攸关方的角度来分析潜在获利
- 基金规模
  - 如此额度是否足以维持关系？
  - "第一次收盘"通常离最后一次收盘不远
- 基金经理
  - 他们的业绩记录如何？他们关心大学的利益吗？协议中是如何约定

的,大学是否能终止和解绑?

○ 基金经理的激励措施是否与基金的宗旨和目标相吻合(如果不一致,
激励措施很可能会占上风)?

● 目的

○ 目的是否仅仅是赚钱,使投资者获得尽可能高的回报?

○ 是否涉及影响力投资、支持活动而建立不局限于盈利目标的运营
业务?

● 投资重点

○ 涉及哪些大学院系?

● 大学义务

○ 不承诺对交易流负责

○ 使所有投资机会受研究人员否决权约束

○ 寻求大学最高决策层的批准,不管需要多长时间

● 基金义务

○ 承诺或标定投资大学的衍生公司

○ 与大学技术转移办公室紧密合作(不要绕开技术转移办公室)

● 机会成本

○ 没有这笔资金会如何?

捐赠管理

接受资本捐赠的大学以多种方式管理其资本投资,通常用于各种基金投资。这全然不是本书主题,除了以下提到的情况,即一所大学作为基金的投资者且这笔投资来自大学的捐赠管理部门。

鉴于在美国顶尖大学的捐赠基金规模,以及相比稍小的在英国的规模,出乎意料的是捐赠基金没有更多投资于本大学的定向基金。然而,它忽略了捐赠基金投资经理的薪酬激励结构这一重点。对他们而言只关乎赚钱,定向基金收益量无从谈起。但有时,直觉会超越理性,例如牛津捐赠基金投资了牛津

科学创新公司,剑桥捐赠基金投资了剑桥创新资本最新一轮融资。

第四节 耐 心 资 本

大约是在 2012 年,作者第一次听到"耐心资本"这个词,它由曾经非常成功的英国投资基金经理尼尔·伍德福德提出。如今,与独角兽、金融科技、蓝科技和增强现实技术一样,它已经成为一个流行词。其理念是,科技公司的投资者需要耐心等待,目光长远。其中的"patient"译为耐心,而非患者。

Syncona Partners LLP 成立于 2012 年,是由威康信托基金投资 2 亿英镑新设的常青投资信托基金。Syncona 是耐心资本,"着眼于创建可持续的医疗保健业务,其结构使其得以支持合作伙伴公司的长期发展与成功。"[9] Syncona 的第一笔投资是 2014 年 1 月对牛津大学衍生公司星夜治疗(NightStar Therapeutics)的投资,该项目于 2019 年被渤健公司(Biogen)以 8.7 亿美元的价格收购。

尼尔·伍德福德于 2016 年成立了伍德福德耐心资本信托基金(Woodford Patient Capital Trust),并迅速吸引了超过 8 亿英镑的投资。伍德福德基金的方法诠释了耐心资本的概念,"即便有最好的大学和最好的知识产权,英国在科研成果商业化方面却很差。其主要原因是缺乏相应的资本投资,这也创造了让人难以抗拒的投资机会。长期的'耐心资本'可以带来极其成功的结果,帮助企业发挥潜力,同时还有助于发展英国的'知识经济',支持亟须的经济再平衡。无与伦比且未开发的增长机会提供了出色的潜在长期回报。"

2017 年,政府发起了《耐心资本评估报告：产业评估小组反馈》(Patient Capital Review Industry Panel Respouse)[10],表示将"在当前最佳实践的基础上,把英国进一步发展成为创新型企业成长的沃土,帮助其获得长期的'耐心'资金以发展壮大。该报告将评估金融系统向成长型创新公司提供长期资金的金各方面影响。"

Syncona 创建之初是耐心资本投资者,IP 集团现在是耐心资本投资者,牛津科学创新是耐心资本投资者。这一现象已然成风。

第八章

创新社区

是时候一聚了。

成功的大学技术转移发生在创新社区,而大学则是该创新社区的关键。在世界范围内,最成功的创新社区也都坐拥着实力雄厚的大学,这一现象绝非偶然,因为大学是在创新社区中起着锚定性作用的机构。

本章首先阐述了大学技术转移办公室在创新社区中成功运作所必备的要素,然后介绍了技术转移办公室需要接触的各类组织和人员,最后讨论了学生在创新社区中的日益重要的作用以及大学可以提供的相应支持。

虽然"生态系统"(ecosystem)一词用得要频繁得多,但是我认为"社区"(community)一词要好于"生态系统"。这有两个方面的原因:其一,成功来自所有人的通力协作,就像社区邻里为了共同的目标一起协作一样;其二,生态系统中存在你赢我输,一方会想要吃掉或摧毁另一方,占据主导地位。而"社区"在措辞上更好,因为它强调所有参与者的合作。另外,还有一个不那么明显的原因:教科书中对"生态系统"最常用的图示就是池塘生物,但没有人愿意被当为"池塘生物"。

第一节　创新社区要素

大学若想成为成功、充满活力的创新社区的核心，需要考虑多方面的要素。这些要素可分为如下 4 类：

1. 大学
2. 产业、企业和金融界
3. 政府
4. 基金会、慈善机构和非营利组织

这些要素也可以称为组件或成分，所有这些构成了创新社区。

大学

这一节介绍在大学内部可以自身加以应对和发展建设的内容，包括第三、四、五章涉及的所有资源和挑战。这些绝非唾手可得，而是需要投入时间、金钱和功夫。技术转移的成功还需要大学领导层长期、持续的支持，强大的研究基础，研究者和学生们的参与，相关政策，概念验证基金以及在第三章中介绍的所有其他"9P"要素。

但无论内部的要素开发得多么充分，如果缺少外部要素，大学也不能取得成功。有了外部要素的参与，大学就可以建立互动和合作的模式。如果缺少外部要素，或外部要素欠发达、作用发挥不充分时，大学就需要和相关方一起去发展这些要素。当大学能担当起整个创新社区发展的推动者这一角色时，它就会处于创新社区的中心并发挥高水平领导者的作用。

技术转移要将大学的研究活动和大学之外的研究成果使用者联系起来。大学内的研究活动越多，研究质量越高，能建立起联系的机会就越多。

大学希望开展高质量的科学研究，以建立卓越的声誉并吸引高水平的研究人员就职。大学也希望开展与城市、州、地区、国家和国际上的人们面临的挑战息息相关的科学研究。

正如保罗·科利尔（Paul Collier）在《资本主义的未来》（*The Future of Capitalism*）中所描述的，大学能够并且应当对其所在城市的经济发展做出贡献。

现在大多数省会城市都拥有大学，这些大学应当在城市复兴中发挥突出作用

位于衰落城市的大学应认识到自身对社区的义务。地方大学需要对那些与业界有实质合作前景的院系重新加以关注。

通常，只有在基础研究得以应用之时，人们才明白应该通过研究找到下一个突破口。因此，与应用相关知识的企业保持近距离对校企双方都有好处。[1]

这些想法反映了约翰·戈达德（John Goddard）和其他人有关承担公民责任、与当地社区积极互动的大学思想。大学与所在社区的互动应当在全机构范围内开展，而是不仅限于个人层面的活动，并认识到大学的地理位置有助于形成其独特的机构特征，从而具有强烈的地方意识。同时，这还意味着大学愿意通过投资在学术界以外的地方发挥作用。[2]

美国的赠地大学是根据 1862 年的《莫里尔法案》（*Morrill Act*）建立的，其最初的使命是支持所在州的经济发展，主要是在"农业与机械"方面。"赠地的大学的首要目标是在不排除其他科学与古典研究，纳入军事策略研究的同时，按州立法机构的相关要求进行农业和机械等领域的教学，以此推动多种职业的劳动阶级接受人文和实务的教育。"

这些创始原则帮助州立大学发展了技术转移项目，并有助于在当今大学使命的背景下解释技术转移的内涵。

产业、商业和金融界

在拥有一所大学的城市，必然也有一定规模的产业、商业和金融活动。对于大学的挑战则是确定合适的合作伙伴，并建立有益的联系，有以下多个群体需要考虑。

首先是对校企合作持开放态度的现有企业。大学希望与一大批对技术转移商机感兴趣的公司建立联系，包括城市、州、国家和国际范围内的各种公司。但不是所有公司都对创新感兴趣，即便感兴趣的也不一定将当地的大学视为创新机会的来源。因此大学需要与那些对一般性校企合作感兴趣的公司建立起联系。这需要很长时间，也需要积极主动的管理。

理想情况下，一大批这类企业都位于大学当地。这里涉及三个与建设创新社区有关的重要概念：① 吸收能力；② 企业黏性；③ 锚定性机构。

① 该地区是否有能力吸收并发展由大学产生的新想法和新机会？例如，如果某地区在半导体领域没有产业活动，那么该地区就没有承接和发展半导体相关新想法和新技术的吸收能力。

② 发源于某一地区的商业活动是否会在其成长后依然留在该地区？地区是否对企业具有黏性？如果该地区对业务发展具有吸引力，那么答案就是肯定的。这取决于多方面的因素，包括地区是否有经过良好训练、技术熟练的员工，经营场所，当地的基础设施，政府支持和商业关系网络。

③ 大学能否在该地区成为发挥锚定作用的关键机构。大学的存在吸引着学生及其家人来到所在城市，它具有雇主单位的性质，同时也是社会和文化中心，这些都有助于造就大学对于所在地区的重要性，从而使大学被视为当地的核心特色之一。

了解了这三个概念，大学就可以采取行动吸引企业并将其留在当地。大学自身无法创建这些企业（至少无法在短时间内创建全部的），因此大学需要组织一系列社交活动,来与企业建立联系,并利用其号召力将企业聚集起来。大学将以此成为创新社区的中心。对剑桥大学来说,制药公司阿斯利康(AstraZeneca)将在剑桥建立新的全球总部和研发中心就是绝佳的好事,而对牛津大学而言则是个打击。

第二类要考虑的群体是新设立的企业。大学将为这些企业提供创意和研究人员、科学知识和科学家。但大学也需要有资金和经营手段,来帮助创建和发展成功的企业。

成功的创新社区还需要愿意承担巨大商业风险来资助企业发展的投资者。这些人可能是天使投资人(即有商业经验和时间的富人),将自己的钱或经营管理的基金进行投资。随着业务增长,企业可能还需要后续投资者的支持。后续投资者可能是个人,但更多的时候是有经营管理的投资基金。成功的创新社区既需要种子基金和后续投资者,也需要天使投资人。

大多数参与创立新设公司的大学工作者都不是企业家,也不擅长企业管理。大学工作者需要与企业家和管理专家们合作,才能使新公司取得成功。决定创业容易,但创业取得成功很难。

许多大学已拟订了需要聘请经验丰富的企业家的项目名单,请他们花时间来技术转移办公室与技术转移经理们一起合作支持一批项目。很多时候,这些企业家出任新衍生公司的首席执行官也是受到普遍认可的。类似这样的项目称为"企业家入驻计划",入驻可以是正式的或非正式的,但无论何时都要注意保密和规避利益冲突问题。

专业顾问在一个创新社区的成功之路上扮演两个重要的角色。首先是为参与校企合作的初创公司或现有企业提供专业建议。其次是利用其人际关系网络,将人脉引入创新社区。律师、会计师和银行家都认识能提供帮助的有经验人士。

政府

政府在影响创新社区方面居于强有力的地位(参见第九章)。政府部门在当地、区域和国家等多个层级运转，足以推动或阻碍技术转移、创新和创业的发展。大学的作用是向政府解释如何推动创新社区的发展，并影响政府做出适当的改变。

政府可以设计有利于现有和初创企业的国家和州层面的税收体系。世界各国都有针对研究与试验发展投入（尤其是和大学的）、投资初创企业和相关就业的税收优惠。现有企业可以在研究与试验发展税收抵免计划的帮助下和大学展开合作，以及在"专利盒制度"（针对专利转让的税收优惠）的支持下创新发明专利。通过征收较低水平的资本利得税，实施企业家税收、投资税收减免，以及对符合条件的公司资产征收较低的遗产税等方案，投资和就职于初创公司的吸引力就会进一步提高。

与税收类似，政府还可以制定惠及大学、现有企业和初创公司的补助计划。政府可以通过补助拨款支持大学创新、知识和技术转移项目的发展，例如英国高等教育创新框架（HEIF）和法国的加速技术转移协会（SATT）等项目。在能力建设的同时，政府还可以通过概念验证基金来支持某些具体项目的发展。政府可以提供补助拨款，以鼓励校企合作和初创企业的发展。这些补助可以向一些特定的、对当地来说重要的技术或商业领域提供。美国的小型企业创新研发（SBIR）和小型企业技术转移（STTR）计划就很好地体现了政府的有效干预和支持。

本书第九章对政府如何通过拨款和税收发挥支持作用这个主题进行了阐述。

政府可在地方或区域层面提供支持，将创新社区中的人聚集在一起，来促进合作与关系网络的发展。英国的地方企业合作伙伴计划（Local Enterprise Partnership）就是一个例子。

政府还可以加强地区或国家层面对创新而言非常重要的基础设施建设，例如公路、铁路、机场、河道和海港等。国际上的潜在合作方前来大学见面和参观实验室的是否便利？企业做生意和寻求法律补偿是否容易？世界银行的经商便利度指数（Ease of Doing Business index）对此作出了总体评估。成立新公司是否容易? 公立大学能否持有新设公司的股份? 在这些问题上,大学的作用是游说和影响政府,来向其阐明推进校企合作的益处。

政府采购商品和服务的方式也会对创新社区产生积极抑或消极的影响。例如,政府是否总向成熟的国际公司采购,还是会向当地的、本土的、仍处在发展期的企业采购?

保证相关支持计划清晰易懂、长期稳定的运行,也是政府能提供帮助的一种方式。这样一来大学和企业就可以理解这些计划的运作方式,从而建立起长期校企合作的信心。而政客们为了显示政绩,总是对这些计划做过于频繁的调整。

基金会、慈善机构和非营利组织

第四类群体已显示了出成为重要贡献者的潜力。基金会、慈善机构、非营利组织和其他非政府组织在一些创新社区中发挥了关键作用,但并非很普遍。

在一些国家,这类机构可以支持创新活动,并将其作为慈善或基金会使命的一部分,例如英国的威康信托(Wellcome Trust)、西班牙的博廷基金会(Fundación Botin)和意大利银行基金会(Italian bank foundations)。近年来,其中一些基金会还制定了专门面向校企合作、大学知识转移、学生创业和技术转移的项目。

第二节 创 新 社 区

大学和技术转移办公室需要在所在地、城市、州、国家和全球范围内与一系列组织建立人脉。技术转移办公室将在全校范围内发展和调动这些人脉,为自身和整个大学服务。

图 8.1 展示了参与创新社区中的众多主体,本节将简要说明他们各自对技术转移办公室的重要意义。

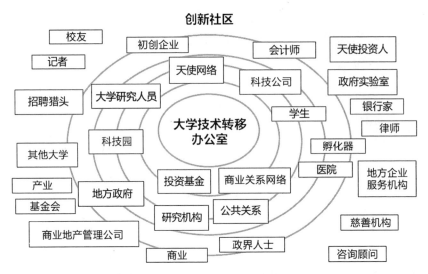

图8.1 以大学技术转移办公室为中心、环绕着各类成员的创新社区

大学研究人员和学生

技术转移办公室要起到提供帮助和支撑的作用，须要先和受助对象建立起积极的关系。

其他大学、研究机构、政府实验室和技术转移办公室

大学的科研越来越多地涉及国家和国际层面的合作。在谈判合作协议时，技术转移办公室可能与其他大学建立起联系，及时了解最佳实践和新方法的动态也非常必要。

校友

校友群体拥有提供帮助的意愿和能力。校友之中有经验丰富、人脉广泛，也很乐意为大学当前的研究工作和学生职业发展提供支持的人。

医院

"从实验室到临床"这个短语总结了将大学实验室的科学家与医院的临床从业者联系起来的重要性。这种联系在研究型大学与教学医院间已很常见。对技术转移办公室来说，了解医院的一系列相关工作是大有裨益的。

科技园、孵化器和商业地产管理公司

新公司需要场地。如果技术转移办公室了解可用场地、熟悉场地租赁流程和租赁协议条款,则可以为新设公司团队提供更多增值。

商业、产业、科技公司和初创企业

技术转移办公室应建立一个巨大的企业人士关系网,与他们讨论新技术、合作机会和行业趋势。

天使网络和天使投资人

天使投资人通常是大学衍生公司的第一批投资者,尤其当缺少与大学相关的种子投资基金时更是如此。技术转移办公室应熟悉相关人士和关系网络,从而向他们推荐新的投资项目。

投资基金

为保证充足的首轮和后续投资,技术转移办公室不仅要认识愿意首轮投资的人士,还要认识愿意参与后续投资的人士和基金。熟悉后期投资者也有助于洞察投资者们追随的趋势。投资者喜欢跟风。

商业关系网络

邀请其他关系网络中的人来参加聚会,他们就会邀请你参加他们的。这样一来就可以结识更多的人。

银行家

每个衍生公司都需要一个银行账户,越快建立越好,越便宜越好,最好是免费。公司发展壮大后还可能需要贷款。技术转移办公室应与银行人士建立联系。他们了解新设公司面临的挑战,也懂得其中的一些会成长为重要的客户。

会计师和律师

衍生公司还需要会计师提供税收建议和年度审计服务,需要律师就商业协议和股东协议提供建议。会计师和律师也能为你引荐他们所服务的天使投资人和企业家。

咨询顾问

在某些情况下,衍生公司团队需要战略、管理咨询,及行业专业知识等方

面的帮助。像知识产权估值或针对特定行业的谈判策略，直接购买相关服务有时更加省时并能创造更多的价值。知道该联系谁可以节省时间。

公共关系

发布新闻稿或一系列推文很容易，但它们很难产生持续的影响。认识一些懂得宣传新技术、新交易、新设衍生公司故事又收费合理的相关人士将会很有帮助。

记者

记者们总在寻找值得报道的故事。通过他们可以报道大学出众的技术、初创企业和其他影响力方面的故事——这还是免费的宣传机会。不用害怕记者，绝大部分记者只想讲出好的故事。

招聘猎头

猎头公司可以帮助衍生公司招聘员工。通常猎头公司的高佣金让新设公司避而远之，但一旦融资完成，且投资股东重视团队构建时，认识一些优秀的猎头就很必要。

政界人士和地方政府

政界人士特别关心就业和创造新就业岗位的故事，大学衍生公司和学生初创公司恰能成为政界人士宣传政绩和发表演讲的精彩案例。技术转移办公室可以向政界人士提供有关校企合作成功案例的信息，并说明怎样通过政策干预促进技术转移的发展。

地方企业服务机构

许多地区有各种各样的企业服务机构，其名称会随着时间变化，但总体功能是类似的，即在本地创建新企业和支持现有企业。技术转移办公室可以帮助这些服务机构了解大学在当地创新社区发挥的积极作用。

基金会和慈善机构

找到本地现有的致力于扶持创业活动、初创公司以及技术发展的基金会和慈善机构。这些基金会和慈善机构可能是在国家层面运作的，也可能是地区或当地的。

我曾向许多世界各地的听众展示了图 8.1，并向人询问是否存在遗漏，是否需要添加。收到的建议包括教会、共济会，甚至有组织的犯罪财团。问题的本质是，在世界各地，社会运转的方式各不相同，而相比漏了什么，是否把银行家和记者涵盖在内更经常受到质疑。

第三节　建立技术转移关系网络

刚开始着手技术转移项目而又不确定从哪里开始的大学，通常会寻求有经验的大学的建议。而在听取了建议后，这些大学又会说："啊，这不公平，毕竟你们是牛津/剑桥/麻省理工/斯坦福这些名校。"没错，事实并不公平，最成功的大学占有极大的优势，但这些优势也是来源于许多年艰苦奋斗而来的发展。

然而，有一件事是每一所大学在启动技术转移工作时可以做，也应该做的。那就是办一场聚会。大学有很强的号召力，人们也喜欢参加大学里开展的活动。大学毕业的校友都喜欢受母校的邀请回来，这是对他们成功的认可。其他大学的毕业生也希望看看另一所大学是什么样子。而对于那些没有上过大学的人来说，被邀请同样是对其取得成功的认可。

如何举办聚会

你需要确定时间、地点、餐食、饮料和嘉宾名单。名单上的受邀嘉宾经常犹豫不决，然后找借口无法确定时间，使得活动无从落实。还有一些人抱怨缺少预算，这倒是个实际的问题，但可以寻求赞助解决。图 8.1 的创新社区的构成，展示了可以从何处入手准备。一家领先的国际石油公司的研发总监曾表示，一个合作项目的前三年都用在结识相关人员上。虽然听上去似乎有些极端，但这强调了相互熟悉对于工作的重要性。牛津创新协会（OIS）就是一个很好的例子。它成立于 1990 年，从有些人的视角来看，属于前文所述"不公平"的名牌大学范畴。但让我们回到 1989 年，看看那时的情况……

牛津创新协会的经验

牛津创新协会成立于 1990 年，仍在持续发展壮大。协会的第一场晚宴会于 1990 年 6 月 7 日在三一学院举行，每年会举办三次活动，并将在几年内迎来第一百场晚宴会。

协会如今仍在运作。它是一个会员制组织，全年都为会员和客人举办各种活动。这是大学与创新社区建立联系的最有效的方法之一。协会最主要的一项活动是在牛津大学举办规模约 120 人的会员晚宴，每年举办三次。活动还会邀请一位教授和一位商务人士做演讲，并伴之酒会与晚宴，以及大量的攀谈。

协会是引领性的开放式创新论坛，汇集了来自牛津大学及其衍生公司的研究者和创新人员、技术转移专家、本地企业、风险投资集团和一些全球最具创新力的跨国企业。它为企业提供了一扇了解牛津大学科研成果的"窗口"，并建立了商界和学术界的联系。多年来，大约有 200 个组织因成为牛津创新协会的会员而受益。

运营模式

来自世界各地、对牛津大学的创新活动感兴趣的任何规模的组织都可以成为协会会员。企业会员的会员费为 6 800 英镑（脱欧前的金额约合 1 万美元），小型科技公司会员费为 1 000 英镑，会员为申请制。

协会会员拥有很多福利，其中最主要的是有两个名额可以参与在牛津大学每年举办的三次晚宴会。会议通常由技术转移负责人主持，从下午开始接待客人。正式开始时，一位参与研究成果商业化的大学资深研究者和一位企业人士相继发表演讲。

会议结束后是香槟酒会和晚宴，均由企业人士所在的公司赞助。在盛大而华丽的晚宴开始之前，是位于牛津大学餐厅的酒会。晚宴的规模大约为 120 人。技术转移办公室会精心安排与会人员的座席位置，以促进社交和商业互动。晚宴中途，主持人将会起立，让座席重新调整。每张桌子都会提前安排好一个参照人，而其他人全部起立，并向左移动三个位置。这样将点燃第二波社交与商业互动。交流将持续到深夜,有时客人还会被邀请去当地的标志性酒吧逛逛。

无论是会议还是晚宴,其核心活动都是来自不同背景的人互相攀谈。协会最初是一个会员制的社团,但按当今的说法,已是一个"引领性的开放式创新论坛"。学术演讲则由大学各个院系准备。组织者会在校内精心挑选最合适的会场,有时是新的,有时是旧的。

协会会员方面,在一段时间内参加活动与晚宴的人应保持不变,这样他们才能为主办团队和其他嘉宾所熟识。以英国石油公司为例,在他人眼中,公司的代表是"来自英国石油公司的那位女士",之后成为"来自英国石油公司的萨拉女士"。最终,她成功融入创新社区成为其中一员,她的名字"萨拉"也为人熟知。

协会会员及与会嘉宾可能是相互竞争的对手,但这并不是问题。有时候,人们在一个中立的环境相聚也有好处。这便是大学极强的"号召能力"。

牛津创新协会的模式是可以复制的。一些大学已经在此之上打造了自己的活动,如日内瓦、古吉拉特邦创新协会、瓜达拉哈拉和帕多瓦创新协会,不少都是英文字母"G"打头的地方。

世界范围内还有许多大学构建创新社区的其他模式。

来办一场聚会吧,记得确定时间、地点、食物、饮料和来宾名单。

第四节 其 他 观 点

2014 年,工程教育和创业方面的独立顾问露丝·格雷厄姆(Ruth Graham)博士发表了一份出色的报告,题为《创建大学创业生态系统》(Creating University-Based Entrepreneurial Ecosystems)。报告由麻省理工学院斯科尔科沃项目资助,该项目是俄罗斯建设斯科尔科沃大学(一所位于莫斯科郊区的私立研究型大学)计划的一部分。[3]

报告对一批"新兴引领性"大学进行了对标研究,以明确围绕大学促成创业和创新体系的有关条件和策略。

报告至少有两个闪光点。首先是明确了建立创业型大学需具备的三个重要组成部分：

组成部分1：跨大学和区域社区的、富有包容性的基层创新创业群体。

组成部分2：开展产业横向研究和技术许可的实力。

组成部分3：将创新创业计划体现在大学的政策、使命、预算分配、激励机制和课程设置中。

格雷厄姆博士指出，大学在创新创业方面要取得长远的成功面临两个挑战：一是组成部分1和2之间存在脱节；二是将创新创业纳入大学使命存在困难。鲜有大学能将创新创业与教学科研活动相协调。

报告的第二个闪光点是明确了使大学创新创业活动在世界范围内获得认可的两种模式：

模式A：自下而上，由创新社区主导，由学生、校友和区域经济体中的创业者、企业家推动，大学对知识产权的控制松散的模式。

模式B：自上而下，由大学主导，通过已有的大学组织结构运作，大学对知识产权的控制严格的模式。

三种组成部分之间的关系，以及上述两种模式的相对作用，能很好地解释大学在某一阶段取得的成功或面对的挑战。上述三种组成部分各自发展得如何？其中一种是否占据主导地位，而其他两种却较为缺乏？

当然，最理想的是以协调一致、相互平衡的方式同时实施两种模型。我认为，将露丝·格雷厄姆的报告中的模型A与B结合起来，会取得最大的成功。对当前的组织机构而言，这意味着将技术转移活动与学生创业活动相结合；二者都有许多可相互借鉴和学习之处。

第五节　学生群体

学生创业活动在世界各地蓬勃发展。学生们渴望创造属于自己或他人的未来。以前,学生在已有的机构就职,而现在,越来越多的学生在创建自己的营利或非营利的组织。学生们越是积极参与这些活动,令人振奋的初创项目就会越多。

孩子们和大人的区别

学生与大学间的关系,同教职员工与大学间的关系有所不同。本科生注册入学,类似与大学签订某种合同。尽管大学可以通过设计知识产权制度来获得所有知识产权的所有权,但很少有这么做的。这是好事,因为学生通常都很年轻,随着学期结束来来去去,在毕业后很快就搬走了。研究生与大学的关系又有所不同,他们一般年龄较大,可能考虑在所在城市定居。

从教授到博士后等研究人员都是大学雇员。他们有工作,住在城里或附近,领薪水,也是本书的主体对象。这里将学生称为孩子而将研究人员称为大人,是一种轻松的比喻而非不尊重。当然,仅根据行为来区分学生和研究人员有时很难。

明智的做法是将有学生参与的技术转移项目分为三类,并为每一类制订支持计划:① 仅本科生(无教职员工)参与;② 研究生(无教职员工)参与;③ 学生和教职员工共同参与。

第②类项目旨在发掘研究生的创业机会,教职员工参与这类项目的可能性较高,当然也取决于项目性质。

第③类项目旨在解决学生参与的技术转移项目与大学研究活动相关时出现的问题。这些项目从属于大学的整个技术转移体系,如果技术转移办公室不打算推进这些项目,自然可以将机会转让给发明人。

牛津大学的学生创业历史

牛津大学自 2000 年起通过赛德商学院的科学企业中心（Science Enterprise Centre）为学生创业提供支持。毫无疑问，学生们在此之前已经私下里进行了多年的创业活动。[4] 经费由政府的科学企业挑战项目（Science Enterprise Challenge）提供，后来该项目又被纳入英国高等教育创新框架（HEIF）。在科学企业中心的支持下，"牛津创业者"（Oxford Entrepreneurs）学生组织于 2002 年 2 月成立，将围绕创业组织讲座、活动和工作坊。这些活动与技术转移办公室的不同，但相互之间有充分的信息与专业共享。科学企业中心还启动了一系列名为"创业基础"的研讨会。[5]

在科技企业中心成立的前一年，牛津大学的一位学者彼得·约翰逊（Peter Johnson）博士在牛津创办了 Venturefest，后来成了一项一年一度的活动，帮助有想法、亟待投资的人结识那些寻求创新项目投资机会的投资者，也就是一个创业项目的节日。Venturefest 欢迎包括学生在内的所有人参与，那些想创业的学生也可以从中获得很好的学习和社交机会。如今 Venturefest 已经扩展到全英国，每年在各大学城举办多项活动。

牛津大学技术转移办公室的许多项目都有研究生和各个层级的研究人员共同参与。其中，Natural Motion 和 Yasa Motors 两个项目已经取得了巨大的商业成功。

Natural Motion 于 2014 年被 Zynga 公司以 5.27 亿美元收购。该公司由牛津大学在读博士生托斯滕·赖尔（Torsten Reil）、其导师和一位同事于 2001 年成立。托斯滕使用了遗传算法来研究计算机模拟人类神经系统，这项技术使动画能够与虚拟环境交互并作出反应，为成立动画软件和电脑游戏公司打下了绝佳的基础。

技术转移办公室协助提交了专利申请（这是当时最昂贵的首次申请），制订了商业计划，提供了种子基金，并找到了外部投资者。学校进行了一系列后续投资，并以大约 5 000 万美元的价格将其股份出售给了 Zynga。大学将得到的资金按规则分配给创始人所在的动物学系、技术转移办公室和学校校级储备。动物学系用其份额资助了博士生。这是商业化所得收益得到循环利用的绝佳范例。

Yasa Motors 有限公司成立于 2009 年，是由工程科学系走出的衍生公司，在技术转移办公室的大力支持下，完成了专利申请、商业计划书撰写、投资者和备选管理层引进。当时，牛津大学在读博士生蒂姆·伍尔默（Tim Woolmer）及其导师马尔科姆·麦卡洛克（Malcolm McCulloch）一起研究一种用于电动汽车的新型轻质量电动发动机。该发动机早期用于高尔夫球车。项目很快发展成了一家高速增长的公司，并于 2018 年在牛津附近开设了一个 10 万台产量的新工厂。蒂姆·伍尔默成为公司的首席技术官，新公司现名为 Yasa 有限公司。

技术转移办公室在 21 世纪 10 年代初正式启动了对学生创业的支持，建立了伊西斯软件孵化器（Isis Software Incubator）。在此之前，技术转移经理意识到现有的制度体系很难适应那些教职工与学生通过较松散的创业计划开发的专利技术，因此需要一种适合软件开发和学生创业的新模式。

我们当中一位非常聪明、充满活力的以色列软件工程师，罗伊·阿祖莱（Roy Azoulay）提供了巨大帮助。他是通过伊西斯-赛德商学院奖学金项目加入伊西斯创新有限公司的，为期三个月。该项目为刚毕业的 MBA 学生在伊西斯工作提供不错的报酬，以及从 MBA 学习向正式就业的过渡期。这对很多人来说很有吸引力，因为可以在牛津继续待一段时间。技术转移办公室从该奖学金项目中受益良多，利用该项目向来自不同背景的青年才俊学习。这些年轻人比主要员工的背景更加多样化。罗伊在同事的支持下迅速启动了软件孵化器，并很快吸引了一批令人心动的学生创业项目。几年后，几乎所有的学生初创企业都会使用软件，孵化器也就更名为伊西斯创业孵化器，并不断发展壮大。

我们也学到了很多，包括得知学校的 IT 服务的大量带宽曾被非法观看电影占据。我们差点就要关闭整个大学的互联网服务，直到最后才发现问题出现在一个手提电脑上。这个电脑就在我们分配给学生创业者使用的某个不起眼的房间里。

牛津大学现在已有大量的学生创业计划：早期那些由赛德商学院和技术转移办公室实施的仍在进行，后续新建立的有 Oxford Foundry 和 Imagine IF 计划。[6]

大学对学生初创企业股份的所有权

这个问题需要慎重考虑。如果大学为创业提供了包括运营空间和加速器项目在内的大量支持，那么大学获得一些创始股份也是理所应得。事实上，学生可能也希望大学成为股东，因为这样可以建立联系和提供信任背书。

然而，股份是需要管理的。你管理得越好，你就会拥有越多的股份。然后某天早上醒来，你发现要负责管理的各类公司股份有 32 个，都是占 5% 的股份；其中两三个看起来势头不错，还有至少一半的创始人已经离开了本地，而其余的完全失去了联系。问题频频出现，开始占用你很多时间。你的团队中有个人在这方面特别擅长，结果几乎是全职在处理这些问题，但是她事实上的本职工作是化学方向的技术转移经理。

另一方面，你对诞生下一个谷歌充满信心，持有创始人的股份有可能让大学赚一大笔钱。如果大学要持有股份，就必须为系列股份的管理花费资源。此外，如果大学确实持有学生创业公司(或衍生公司)的股份，那么为避免困境，应当在合约中包括这样的条款：大学可以要求其他股东在短时期内以最低对价回购大学持有的股份。

建议制度框架

技术转移办公室可以帮助大学制定支持学生创业的制度框架。实际的制度安排将取决于学生创业的需求和大学可提供的资源。

- 向本科生、研究生说明大学有关学生完成的知识产权的相关政策；如有教职人员参与其中的情况，也应说明相关政策。讲清"学生与教职员工共同参与"和"仅学生参与"的项目的路径差异。

- 为学生提供支持,包括至少一处空间场地来吸引学生并成为创业的家园。在那里制定一些由学生主导的场所行为管理规则。创造一个属于学生自己的场所文化,让学生自由施展的空间,而不是强加命令与控制。

- 为学生提供相关活动,关系网络中的联系人,从商业计划、知识产权、会计到营销方面的研讨会等支持。

- 按照技术转移办公室现有的日常规则管理"学生与教职人员共同参与"的项目,保护大学所有权、提供相应帮助、分配许可费和股权。

- 管理"仅学生参与"的项目的方式大不相同。学生们不拘小节,且崇尚独立精神,会以不同的方法推进项目。可以为他们提供各种程度的支持,例如:

  ○ 低:友好的谈话,邀请参加所有公开活动;不收取任何费用

  ○ 中等:学生项目获得计划支持和商业指导;大学可能持有少量股份

  ○ 高:学生项目获得完整的支持计划,例如加速器计划,大学持有少量股份

欧洲研究型大学联盟(League of European Research Universities)2019 年的一份题为《研究型大学的学生创业:从边缘活动到新的主流》的报告,说明了学生创业日益凸显的重要性。[7]

第九章

如何取舍

如果政府强大到能够给你想要的一切，那么它也强大到能够拿走你所拥有的一切。

——美国第三十八任总统杰拉德·福特（Gerard Ford）

本章讨论与政府相关的内容。政府通过向大学拨款做"加法"，同时通过向企业提供税收优惠做"减法"。政府对大学技术转移产生的影响可能是积极的、中立的，也可能是消极的。政府可以在地方、城市、区域、国家、泛国家和国际等多个层面运行。通常情况下，税收政策和拨款计划由国家级别的政府决定，有时地区政府也可开展拨款计划。本章分为三个部分：第一部分，介绍政府为支持大学技术转移和以技术为基础的新兴企业所做的努力；第二部分，回顾英国针对大学技术转移相关问题的大量报告和评论；第三部分，讲述政府对大学造福社会的殷切期望。

第一节 举　　措

本节将介绍大量政府成功和失败的实例，并提出可供参考的政府干预措施。文中涉及大量机构和基金名称，为行文方便，后文提及时将用英文首字母缩略形式表示。

英国

1. 高等教育创新基金（HEIF）

高等教育创新基金（HEIF）是英国政府支持高校开展技术转移和知识交换活动的主要途径。HEIF 已经运行了很长时间，并提供了大量资金，是一项非常卓越的项目。

英国政府给予该项目的 2018—2019 年度预算为 2.1 亿英镑，单所大学可获得的最高拨款为 400 万英镑。对于一所大学来说，这笔资金作为政府支持其创新项目的专用拨款，数额十分可观。英国政府近期承诺，截至 2021 年，该项目预算将达到每年 2.5 亿英镑。

在 2018—2019 年度英国研究部[1]用于支持英国大学的科研和知识交换活动的全部预算中，2.1 亿英镑占 10%，这充分体现了政府对此类活动的重视。英国研究部这样解释 HEIF 的设立目的："HEIF 按照经费计算基准提供知识交换经费，以促进和支持研究机构与企业、公共机构和第三部门组织、社区组织以及广大公众的协同合作，深化知识交流，提高经济和社会效益。"

HEIF 计划可以追溯到 1999 年。1999 年，英格兰高等教育资助委员会（HEFCE）启动了一个新的项目——高等教育机构与企业和社区合作计划（HEROBC），以支持大学的第三任务（前两项任务为教学和科研）。1999 年之前，英国也曾开展过面向高校的特定资助竞标活动，但金额规模均未达到 HEROBC 的水平。2002 年，HEIF 成立，并在之后几年间与 HEROBC 并行运营，直到 2005 年与 HEROBC 合并成为现在的 HEIF。

2006 年，HEIF 计划利用《高等教育与企业和社区互动》（HEBCI）的调查数据制定了经费分配计算基准，并依此向高校分配资金。根据英国研究部的介绍，"《高等教育与企业和社区互动》自 1999 年运营至今，调查收集了自 1999 年以来每学年与知识交换相关的财务和成果数据。该报告每年发布，涵盖从企业、公共机构和第三部门组织对科研的参与度，到知识产权（IP）的咨询和商业化等众多相关活动的信息，还探讨了其他旨在产生直接社会效益的活动情况，例如，提供持续的职业发展计划和继续教育课程，以及讲座、展览和其他文化活动等。"

同样在 1999 年，英国政府启动了"大学挑战种子基金"项目，为英国的大学概念验证基金和种子基金拉开序幕。同年，英国政府还设立了由大学资助的"科学创业挑战基金"，开启了大学支持学生创业活动的进程。可以说，1999年是英国大学技术转移史上具有重要意义的一年。

除了 HEIF 计划，根据非常成功的剑桥投资专家赫尔曼·豪泽（Herman Hauser）博士在一份报告中的主要建议，政府资助设立了一系列弹射中心（catapult centres）。其原型为德国政府资助的弗劳恩霍夫技术创新中心（Fraunhofer Centre），旨在帮助企业在特定领域（如运输、卫星应用）开展技术创新。该计划于 2011 年启动，已逐步取得进展。

2. 企业投资计划（EIS）

企业投资计划（EIS）对投资早期小型公司的个人提供税收优惠。该计划的最初版本于 1994 年启动，距今已有些年份。随着私人基金经理获得 EIS 基金的管理权限，该计划对大学新设公司的积极作用快速凸显。牛津大学、剑桥大学和布里斯托尔大学基金会的 EIS 基金项目由 Parkwalk 公司管理，英格兰中部、北部和苏格兰的大学的 EIS 基金项目由 Mercia Tech 公司管理。

种子企业投资计划（SEIS）于 2012 年推出。顾名思义，该计划专门为小型公司的小额投资提供税收优惠。

3. 对新设公司创始人的征税政策

2003 年，英国政府出台《2003 年所得税（收入和养老金）法案》，旨在进一步完善依据个人所得缴纳税款的一般规定，填补既有法案的各种漏洞。大学新设公司本没有从这些漏洞中获利，却险些因新规蒙受损失。

依照该法案的规定，创始研究人员不是依据将来股票售出后的收益缴纳税款，而是要根据股票现在的感知价值缴税，且必须现在交税。此规定并非针对大学新设公司而立，却带来了如此不合理的意外后果，可以说这是政府税收政策阻碍技术转移发展的直接例证之一。

政府认为，一般情况下，假设你在工作中以福利形式获得新公司部分股权并成为该公司股东，如果这些与雇用相关的股票不适用个人所得税规定，而是根据资本利得税规定缴税（一般采用较低比例的税率），就有可能导致你明明是高收入者，却在按照较低的税率纳税。换句话说，这相当于在无形中给避税者开了一道后门。

2003 年之前，参与创办新设公司的大学学者和研究人员如果成为股东，他们只需在出售股票套现后缴纳税款，且获得的利润将被视为资本利得，并按照相应比例税率纳税。

然而，根据 2003 年法案的新规定，参与创建新设公司的大学学者和研究人员如果成为股东，且其所持股份有可能被认定为与雇用相关的股份，那么他们从一开始就必须根据持股的感知价值缴纳个人所得税。

从 2003 年起，此类股份通常被划为与雇用相关，是在雇用关系中雇员从雇主处获得的收入或福利的一部分。假设一位创始研究人员持有一家公司10% 的股份，该公司以 200 万英镑的融资前估值筹集了 100 万英镑，融资后估值为 300 万英镑——新版法案中政府认为，新设公司的融资建立在与该学者的雇用关系之上，且这位学者实际上获得了 300 万英镑收入的 10%，即 30 万英镑，因此应按 40% 的税率缴税，也就是一年内应缴纳 12 万英镑的税款。如此一来，研究人员就必须在卖出股票之前，按照高昂的票面价值缴纳所得税。

真是糟糕，原本想要防止富豪银行家钻空子，现在却白白把学者们也套了进来，难怪研究人员不愿意再参与设立新设公司。经过大学技术转移经理们几年的争取和游说，政府意识到阻碍新设公司发展并不是该规定的本意。又经过几轮后续游说，政府于 2005 年出台了针对受雇于大学的新设公司创始人的特殊纳税规定。

4. 英国知识产权局助力大学技术转移

英国知识产权局（UK IPO，前身为专利局）在 2010—2014 年开展了一项卓有成效的计划，该计划为每个项目提供高达 10 万英镑的资助，通过新方法帮助大学与企业和当地社区建立联系，最大化创新和知识产权的效益。该计划运行期间，竞标规模接近300万英镑，为许多优秀创意提供了资金支持。

后来该计划陷入暂停，大概是因为预算紧张，而且政府资助可以通过HEIF给到创新项目；也可能是因为此部分资金已并入"创新英国"（Innovate UK）项目预算。

5. 研究理事会"影响力加速"基金

"影响力加速"（IAA）基金由英国工程和物理科学研究委员会（EPSRC）于2012年推出，后逐渐被其他研究委员会采用。该基金依据大学提交的业务计划，按整笔拨款模式向大学拨款，大学可以根据自身需求自行决定如何使用这笔资金。与HEIF的资助类似，该计划以大学为单位提供资金，鼓励大学按照实际情况制定最适合自己的分配方式。EPSRC IAA对单所大学提供的资金可高达100万英镑，同时还鼓励高校和公司通过借调、任职和任命顾问委员会成员等方式开展人员交换。

6. 小型企业研究与技术优异奖

"小型企业研究与技术优异奖"（SMART）计划由英国政府的贸易与工业部于20世纪80年代中期到21世纪初运营，成效显著，曾是英国政府为小型科技公司提供资金的关键来源。新成立的技术战略委员会在2005年取消了SMART，取而代之的是"研究和发展补助金"计划。由于新的政府单位需要制定新计划和新名称，一个曾经众所周知且广受赞誉的计划就这样淡出了人们的视线。2014年，技术战略委员会更名为"创新英国"（Innovate UK）；2019年，新计划"创新英国SMART补助金"推出。该计划以美国的小型企业创新研究（SBIR）奖项为蓝本，这一选择非常正确（原因见下文）。补助金额分为两种：对创立6～18个月的独立公司项目或合作项目，提供2.5万～50万英镑的资助；对创立19～36个月的合作项目，提供2.5万～200万英镑的资助。

美国

美国小企业管理署（SBA）成立于1953年，旨在支持美国小企业，标语是

"帮助美国人创业、建立和发展业务"。[2]

SBA 为大学技术转移开设的最相关的两个项目分别是小型企业创新研究计划(SBIR)和小型企业技术转移计划(STTR),其效果显然优于创新英国的资助计划。

SBIR 和 STTR 的目的都是向小型企业提供政府资助。小型企业可以使用这笔资金支持企业内部研发活动或与大学的合作研发活动。SBIR 要求主要研究员至少一半时间受雇于小型企业,并且必须以小型企业为主要工作地点;而 STTR 在这一点上相对灵活,主要研究员可以保持大学雇员身份。

这两个项目由 SBA 管理,由美国主要的联邦政府机构提供经费。大型政府机构必须为国家级 SBIR 项目(占机构外研究预算的 3.2%)和 STTR 项目(占机构外研究预算的 0.45%)分配一定比例的可用资金,因此每年用于 SBIR 和 STTR 的预算合计约为 25 亿美元,每年发出约 5 万笔拨款。政府不持有股权,也不拥有由此产生的知识产权的任何所有权。

SBA SBIR 的网站上写道:

> 小型企业创新研究计划(SBIR)竞争十分激烈,鼓励国内小企业参与具有商业化潜力的联邦研究或研发活动。SBIR 通过竞争性奖励机制,激励小型企业充分发挥自身的技术潜力并利用商业化模式获利。不断吸纳合格的小型企业进入研发领域,有利于刺激高新技术的创新,这样做一方面可以发扬创业精神,另一方面能够满足美国在特定领域的研发需求。

SBA STTR 网站内容:

> 小型企业技术转移计划(STTR)同样旨在帮助美国小型企业争取更多的联邦创新研发资金的机会,其核心是增强与公共领域和私营部门的伙伴关系,从而为小型企业和非营利研究机构创造合资机会。STTR 独特之处在于要求小型企业在第一阶段和第二阶段与研究机构开展正式合

作。该计划最重要的作用是为基础科学成果和创新成果商业化搭建联系的桥梁。[3]

上面这段话中有一句值得注意："STTR 计划的独特之处在于要求小型企业在第一阶段和第二阶段与研究机构开展正式合作"。政府通过这一要求明确表示：小型企业只有和大学合作，才能得到研发资金。

SBIR 和 STTR 资助金均分阶段颁发。第一阶段的六个月内，最多可获得 15 万美元的资助："第一阶段的目标是确定所选研究或研发工作的技术优势、可行性和商业潜力，并在提供更多联邦资金之前检验小型企业或受资助组织的成果质量。"第二阶段的两年内，最高可获得 150 万美元的资助："第二阶段的目标是继续推进第一阶段启动的研发工作。拨款将根据第一阶段的成果质量，以及第二阶段提交的项目科技价值和商业潜力报告而定。只有第一阶段获资助者才有资格获得第二阶段的拨款。"第三阶段不直接涉及 SBIR 或 STTR 资金，小型企业可以直接向相关联邦机构申请下一步资助。

自 1982 年启动以来，SBIR 和 STTR 总共为美国的研究密集型小型企业拨款超过 430 亿美元。

SBIR 和 STTR 是世界上其他同类计划无法媲美的。

其他国家和地区

欧盟开展了许多资助计划，以支持欧洲各国和欧洲发展中地区的大学技术转移。例如，欧洲区域发展基金(ERDF)目前用于资助西班牙许多大学技术转移办公室的发展。意大利国家专利局(Ufficio Italiano Brevetti e Marchi, UIBM)目前正在为意大利大学技术转移办公室的职位提供资助。在没有中央政府的其他支持的情况下，这种做法很好。在中国，许多市级政府也在参与推进与大学技术转移相关的重大创新项目，深圳市政府便名列其中。

这些例子充分说明了政府举措将如何影响大学技术转移。上述影响中，部分是通过有针对性的措施直接实现的，也有一部分属于意料之外的结果。

政策制定者可以从中得到启示：政策制定的关键在于用长远的眼光看问题，以及注意保持政策的一致性。

整体方法

以下列举了可供政府使用的干预措施。

拨款——"加法"

- 向大学提供技术转移活动资助
- 向中小企业提供资助
- 向创业者提供资助
- 向中小企业提供非股权稀释支持/贷款

税收优惠——"减法"

- 研发税抵免/减免
- 研发财产税减免/研发折旧率
- 国民保险/雇员/雇主/社会税减免
- 赋税优惠期(延期付款)
- "专利盒"制度(知识产权许可费所得税处理办法)
- 专利费用减免
- 区域税收优惠
- 投资税收处理办法(企业投资计划、种子企业投资计划、风险投资信托)
- 股票期权税处理办法

第二节　启　示

英国已有相当多阐述大学技术转移相关问题的报告和评论,数量之庞大令人惊叹。评论的内容也非常广泛,既有对校企合作的概览,也有对特定问题的深入探讨。

在英国,1993 年沃尔德格雷夫发表的白皮书《实现我们的潜力：科学、工程和技术战略》产生了重大影响,至今仍是检验政府相关领域政策的标准。[4]近年来,2003 年的《兰伯特评论》、2015 年的《道林评论》以及 2016 年的《麦克米伦评论》脱颖而出,详细阐述了英国技术转移最新情况和面临的问题。[5]①

委托他人撰写评估的最大好处在于,在结果发布和进行评论之前,政府完全不需要操心。如果政府委托某人撰写新版评估,此人应当拒绝,并建议政府认真落实上一版报告提出的建议。但实际情况往往大相径庭,因为撰写人可以用自己的姓氏冠名评论,几乎没人能够抵挡这一强烈吸引力。

种类繁多的报告可以说明,英国政府虽没有掌握确切的答案,但依旧十分重视这一问题。本节列出了一些报告和评论,并附上其中某些报告的关键信息。

2018

格雷姆·里德(Graeme Reid)教授受威尔士政府委托、代表威尔士政府发表《威尔士政府资助研究与创新评论》。

2017

戴蒙·布菲尼(Damon Buffini)撰写的《产业战略：建设适应未来的英国长期资本评估——来自行业委员会的回应》。

2016

麦克米伦(McMillan)集团向英国高等教育部门和英格兰高等教育资助委员会(HEFCE)作的报告：《大学知识交换框架：技术转移优质实践案例》。

2015

皇家工程学院发布《投资创新》。

英国商业、创新及技能部(BIS)发布由安·道林(Ann Dowling)女爵士撰写的《道林评论——英国的校企研究合作》。

2014

英国国家大学和商业中心(NCUB)发布《校企合作关系状况报告》(2014

① 以上三篇评论名称为简写,全名见下文。——译者注

年起每年更新)。

2013

英国下议院科学技术委员会发布《征服死亡之谷：促进研究的商业化评估报告》。

英国知识产权局发布《校企合作研究：兰伯特工具包协议的 8 年历程》。

撒切尔内阁贸易及工业大臣扬(Young)勋爵的《商业拓展：微型企业发展报告》。

英国商业、创新及技能部发布《鼓励英国发明革命》，作者为安德鲁·威蒂(Andrew Witty)爵士。

英国商业、创新及技能部发布《基于高校和增长的独立评述：初步发现》，作者为安德鲁·威蒂爵士。

英格兰高等教育资助委员会发布由艾伦·休斯(Alan Hughes)、托马斯·科茨·乌尔里希森(Tomas Coates Ulrichsen)和巴里·穆尔(Barry Moore)合著的《探析美国大学和企业的联系》。

2011

英国商业、创新及技能部发布《促进经济增长的创新和研究战略》。

英国商业、创新及技能部发布《第 15 号经济论文：经济增长的创新和研究战略》。

英国商业、创新及技能部发布《英国生命科学战略》。

2010

英国商业、创新及技能部发布由赫尔曼·豪泽(Hermann Hauser)撰写的《英国技术和创新中心当前以及未来的角色》。

英国商业、创新及技能部发布《资助私营经济复苏》。

欧盟委员会发布《创新联盟》。

2009

英国工业联合会(CBI)发布《成功的秘诀：使英国成为开发利用知识产权的沃土》。

英国商业、创新及技能部发布《追求更高理想：知识经济背景下大学的发展之道》。

2008

英国创新、大学和技能部（DIUS）发布《知识产权与研究的未来价值》，作者为时任英格兰高等教育资助委员会研究与创新委员会主席保罗·韦林斯（Paul Wellings）。

英国创新、大学和技能部发布《创新国家》。

2007

英国财政部发布《征服顶峰：政府科学与创新政策评述》。

英国创新、大学和技能部（DIUS）发布《简化校企合作研究谈判》，作者为时任商业与社区战略委员会主席彼得·萨拉加（Peter Saraga）。

2006

英国贸易与工业部（DTI）发布《科学与创新：充分发挥英国研究潜力》，作者为时任英国能源大臣 M. 威克斯（M. Wicks）。

英国财政部发布《英国卫生研究资助评述》，作者为英国医学科学院院士戴维·库克西（David Cooksey）。

英国财政部发布《高尔斯知识产权评论》。

英国贸易与工业部研究委员会经济影响力小组发布《提高研究委员会的经济影响力》，作者是彼得·沃里（Peter Warry）。

英国下议院发布《科学技术委员会：研究理事会对知识转移的支持》。

2005

英国私募股权与风险投资协会（BVCA）和 Library House 信息咨询公司联合发布《从大学新设公司走向成功》。

2004

英国贸易与工业部发布《知识转移与公共部门研究机构》。

Library House 信息咨询公司和大学公司协会（UNICO）联合发布《大学知识转移活动评估指标》。

2003

英国贸易与工业部发布《创新报告与概述：全球经济竞争中的创新挑战》。

英国财政部发布《兰伯特评论——英国的校企研究合作》。

英国贸易与工业部、生物产业协会和卫生部发布《2015年生物科学：增进国民健康，积累国家财富》。

英国皇家学会发布《保持科学开放：知识产权政策对科学行为的影响》。

2002

英国贸易与工业部、财政部和教育与技能部发布《投资创新：科学、工程和技术的发展战略》。

英国国家审计署(NAO)发布《实现公共部门科学的商业化》。

2001

英国教育与就业部发布《瞬息万变的世界给予所有人的机会》。

英国财政部税务局发布《增长中的创新：咨询文件》。

2000

英国贸易与工业部发布《卓越与机遇：21世纪的科学和创新政策》。

1999

英国大学校长委员会(CVCP)发布《美国技术转移经验》。

1998

英国贸易与工业部发布《富有竞争力的未来：构建知识驱动型经济》。

英格兰高等教育资助委员会发布《英国工业与学术联系报告》。

英国贸易与工业部创新小组发布《高等教育与企业共赢之道》。

1997

大学研究与工业联络协会(AURIL)、英国工业联合会和英国贸易与工业部联合发布《工业-大学研究合作关系报告》。

1996

英国国会科学技术办公室发布《专利、研究和技术的兼容与冲突》。

英国贸易与工业部发布《工业与大学合作情况调查》。

1995

英国贸易与工业部发布《工业与大学的研究联系调查》。

国家科学院政策咨询小组（NAPAG）发布《知识产权与学术界》。

大学研究与工业联络协会发布《英国大学技术转移管理》，作者为安妮·鲍威尔（Anne Powell）和吉姆·里德（Jim Reed）。

1993

威廉·沃尔德格雷夫（William Waldegrave）发表白皮书《实现我们的潜力：科学、工程和技术战略》

1992

英国大学校长委员会发布《受资助的大学研究：合同事务建议和指南》。

1988

英国大学校长委员会发布《大学研究与项目的成本计算》。

大学工业联络主管协会发布《大学知识产权：管理和商业开发》。

沃尔德格雷夫

1993 年，North Hill 男爵威廉·沃尔德格雷夫（William Waldegrave）在首相约翰·梅杰（John Major）的保守党政府中任兰开斯特公爵郡大臣，内阁部长级职位。以他的名义发表的政府白皮书《实现我们的潜力：科学、工程和技术战略》旨在重组政府的研究资助组织，为工业界与研究机构和大学研究的协同合作打通新途径。

政府在制定政策时，通常会将政策雏形以绿皮书形式发布，广泛征求公众建议。这种做法起源于将重要议题印在绿纸上，以便和其他文件区别开来。在绿皮书的基础上进行修订后，政府会发布白皮书作为对某一政策的官方说明。立法变更也常常通过白皮书的形式公布，以便公众在修改版法案正式颁布前讨论相关问题。某些白皮书也会向公众征询意见和建议。

这本白皮书巩固了建于 1992 年的科学技术办公室的地位，同时宣布启动政府的技术展望计划和前瞻性展望计划。书中提出的观点和改革建议大部分沿用至今。

《实现我们的潜力：科学、工程和技术战略》白皮书摘录

1.13　我们收到的回复主要集中在以下方面：

与我国卓越的科学技术实力相比，我们在利用科技获得经济效益方面劣势明显，两者之间的差距十分显著。

1.21　英国政府始终坚持工业应当承担为创新投资以及将新产品推向市场的责任。同时，我们还需要加强科学和工程界、产业界、金融部门以及政府之间的交流，建立更为密切的伙伴关系，为提高国家竞争力和人民生活质量贡献关键力量。这正是本白皮书的根本立意。我们已具备卓越才能，接下来的目标便是充分实现我们的潜力。

3.9　政府希望开发利用科学和工程研究基地的智力资源，提高经济效益，改善生活质量。

3.12　对科学和工程基地开展的研究进行深入开发时，可能会遇到沟通问题和意见分歧等多重阻碍。产业界人士有时不善言辞，难以清楚阐明自身需求和协作范围；而大学和研究理事会中的许多人由于长期处于学术界的奖励和管理体系之中，已在潜移默化中达成共识，认为科学价值是确定研究计划优先级的最高标准。

8.2　英国政府的战略是通过高水平的科学、工程和技术提高国家竞争力，改善人民生活质量。为了达成这一目标，政府将与科学和工程界以及研究慈善机构建立更深层次的伙伴关系。[6]

在编写本白皮书时，政府发起了两项用以支持大学技术转移活动的资助项目。其中第一个是"加强工业联络办公室"计划，我在布里斯托尔大学的岗位薪资便来自该计划；第二个是技术审计项目。两项目由英国贸易与工业部组织，1992 年正式公布，1993 年投入实施。

1994 年，政府在白皮书的基础上设立"实现我们的潜力"奖励计划，已拥有

业界资助的学者可以申请一笔数额相对较小的经费，用于自己想要开展的任何研究活动。简单来说，如果你与产业合作，就可以获得资金开展自己喜欢的研究。这一举措简单便捷，吸引力强，可以表彰和激励学术界人士积极与行业互动，但可惜该计划未能长久。

兰伯特（Lambert）

《兰伯特评论——英国的校企研究合作》（下文简称《兰伯特评论》）于 2003 年 12 月发表。该评论由英国财政大臣戈登·布朗（Gordon Brown）委托，在托尼·布莱尔（Tony Blair）领导的工党政府期间发表。评论作者是理查德·兰伯特（Richard Lambert）爵士，他于 1991—2001 年担任英国《金融时报》主编，曾任英国工业联合会总干事和华威大学校长。

《兰伯特评论》经受住了时间的考验，助力大学技术转移领域的评估和发展。沃尔德格雷夫的白皮书关注的是研究经费的整体情况，而兰伯特评论则专注于企业与大学之间的合作。这份报告受到了大学技术转移社区的欢迎，因为它在第一页明确指出"本评论认为最大的挑战在于需求侧""在过去的十年中，英国大学文化已发生显著变化"。在此之前，高校往往是政府和工业界批评的对象，而兰伯特的这些论述令大学技术转移社区（供给侧）耳目一新。

这份评论促成了兰伯特工作组的成立，随后该工作组推出"兰伯特工具包"（Lambert Toolkit），以及一系列校企合作指南和标准协议。目前，兰伯特工作组继续在英国知识产权局的管理下运作，已为技术转移领域做出了巨大贡献。[7]

2013 年，英国知识产权局委托 IP Pragmatics 公司与大学研究与工业联络协会、英国工业联合会、英国普雷塞斯中心和英国技术战略委员会合作编写了一份独立报告，题目为《校企合作研究：兰伯特工具包协议的 8 年历程》[8]。该报告首次对兰伯特工具包标准协议的影响进行正式评估，主要发现包括：① 兰伯特工具包已在研究和创新领域树立良好知名度；② 在实践中，该协议往往不是第一选择，而是作为一种折中选择；③ 兰伯特工具包协议是谈判的坚实基础,协议条款有助于推进谈判要点,工具包可以提供公正合理的方法范例;④ 当大学和企业的目标和优先级存在差异时,兰伯特方法可以为关键问题找到解决方案;⑤ 有人建议兰伯特工具包及其内在方法须进一步完善。

当时的科学与创新国务大臣是戴维·塞恩斯伯里(David Sainsbury,特维尔塞恩斯伯里男爵)。1998—2007 年,他一直担任这个职位,政绩良好。那时部长可以长期任职,以便充分了解情况、部署工作。戴维·塞恩斯伯里在2007—2014 年间以各种身份兼任大学与科学国务大臣,2014 年戴维·威利茨(David Willetts,现为威利茨勋爵)正式担任该职位。不可否认,长任期有利于促进措施和政策的连贯性,这对英国的大学和技术转移都起到了积极作用。

道林(Dowling)

《道林评论——英国的校企研究合作》于 2015 年出版。作者安·道林女爵士是英国功绩勋章、大英帝国爵级司令勋章获得者,英国皇家学会院士,英国皇家工程院院士,现为皇家工程院院长和剑桥大学教授。

该报告在校企合作社区中广受欢迎。报告的前两条关键信息"创新体系的公共支持过于复杂"和"人是成功合作的核心"可谓一语中的。报告中列出"合作成功的前十个关键要素",其中第一条为"良好互信的人际关系"。报告还列出"最常提及的前十个合作障碍",针对企业方的第一条为"合同谈判很困难",针对大学的第一条为"大学指标体系偏重于发表高质量论文"——企业和大学对障碍的认知差异清晰反映了两者不同的目标和本质。

报告试图以简化的方式展示与校企合作相关的主要组织和经费来源,图表精美得让人眼花缭乱。报告还列出了政府在 2003—2015 年发布的校企合作评论报告,呼吁政府根据评论的建议采取更多实际行动。

报告还在附录部分集中整理了相关缩略词以及各种资助计划的名称。

麦克米伦

《大学知识交换框架:技术转移优质实践案例》是麦克米伦(McMillan)集

团于 2016 年 9 月向高等教育部门和英格兰高等教育资助委员会(HEFCE)提交的报告。

作者特雷弗·麦克米伦(Trevor McMillan)教授是基尔大学的校长。麦克米伦评论编写小组由大学专家组成,他们从大学知识交换框架的一个方面入手,总结回顾技术转移领域成功的实践历程和经验,并向英国研究部(即HEFCE)提交了最终报告。这份报告的关键信息是:"总体而言,有证据表明,英国大学系统在技术转移方面已达到世界一流水平,但我们在实践中应当采取更加积极进取的态度。"

该报告更为重要的一个方面是强调大学需要明确如何支付技术转移费用:"技术转移费用高昂,大学开展相关活动是为了进一步扩大其社会影响力。然而,对影响力的关注不意味着可以避而不谈'谁为技术转移活动埋单',因为大学不得不考虑管理的需要和活动的可持续性。"

大学领导层往往只想要一个漂亮的结果,并且认为技术转移办公室应该为大学赚钱,而不是让大学为此贴钱。麦克米伦帮助大学领导层明白,技术转移办公室不是帮助他们赚钱的工具。

"不少政策评论都忽略了大学领导层的作用。技术转移人员在为其所在机构管理风险和冲突方面十分专业,这也可能导致他们被过分地挑出来接受批评。"

我很欣赏特雷弗·麦克米伦和他的团队。

国家大学和商业中心的报告

国家大学和商业中心(NCUB)自 2014 年起每年发布《校企合作关系状况报告》[9],内容包括随时间监测的汇总数据,以及一系列令人印象深刻的校企合作成功案例研究。报告内有一部分为"合作进度监控:涵盖协作资源、知识流动、伙伴关系和商业化",通过 15 项校企协作指标展示了该年度的总体表现情况。

"合作进度监控"追踪了来源于 4 个维度公开数据的 15 项指标,4 个维度分别是：协作资源、大学和企业之间的知识流动、伙伴关系和商业化活动。[10] 15 项指标包括：

- 产业通过知识交换获得的收入

- 高等教育中的企业资金

- 高等教育中的外资

- 本科毕业生就业情况

- 研究生就业情况

- 高等教育机构与中小企业达成的交易

- 与中小企业达成的每笔交易的成交额（单位：百万英镑）

- 高等教育机构与大型企业达成的交易

- 与大型企业达成的每笔交易的成交额（单位：百万英镑）

- “创新英国”拨款数量

- “创新英国”每笔拨款的金额（单位：百万英镑）

- 授权许可数量

- 许可收入

- 专利获批数量

- 新设公司

上述指标数据以雷达图显示，可直观反映逐年变化。英国政府的知识交流框架活动也计划采用雷达图，使用的指标和数据略有不同。面向未来，两者的统计方法可能会有越来越多的相同之处。

《产业战略：建设适应未来的英国》白皮书

该白皮书于 2017 年 11 月发布，作者是时任特蕾莎·梅保守党政府商业、能源及产业战略部部长格雷格·克拉克（Greg Clark）[11]。白皮书共有五个主题，其中两个与大学技术转移有关：① 创新思想——让英国成为世界上最具创新性的经济体；② 商业环境——让英国成为创业和经商的最佳场所。

我们可以通过以下摘录部分了解英国政府当时的计划：

> 我们的第二个挑战是进一步提高将创意转化为商业产品和服务并捕捉其最大价值的能力。我们的科学和研究水平位居世界一流，但未能充分惠及世界领先的本土企业。英国大学和研究实验室曾经取得许多重大突破，而科研成果却被国外企业开发利用，例如，20世纪70年代的磁共振成像技术、20世纪80年代的锂离子电池、20世纪90年代的单克隆抗体，以及过去十年诞生的基因测序技术等等。这些开拓性的想法都诞生于英国，却被其他国家的企业开发或发扬光大。说到"研究和开发"一词，我们最需要提升的是"开发"。我们的创新往往集中在软件开发和品牌建设（包括市场营销和广告）等领域，对长期资本资助的需求较少。我们擅长低成本创新和灵活创业，但将一项新技术推向市场的过程漫长而困难，需要耐心和毅力。因此，尽管我们的许多创新企业具有敏捷、灵活、富有想象力的优势，却难以持续运营并发展壮大。当然也有例外，但总的来说，比起漫长的开发阶段，英国企业的研发更倾向于快速进入市场并通过出售业务实现成果转化。
>
> 尽管我们的科学家和大学享誉全球，但如果我们不能把他们的创意转化为未来产业所依赖的产品和服务，我们就无法充分发挥英国的潜力。
>
> 我们需要优化方法将令人振奋的创意转化为优秀的商业产品和服务。

许多针对大学知识产权商业化的独立研究发现，近年来大学实践和商业化效果有所提升。

我们已经走过大学技术转移饱受抨击的时代，这在很大程度上归功于《麦克米伦评论》，当然，还要感谢大学技术转移人员数十年来的辛勤付出。尽管人们关注的重点已由初创企业逐渐转移到扩大企业规模，我们认为1993年沃尔德格雷夫白皮书的观点仍然适用于今天。因此我们将"长期资本评估"主题纳入产业战略系列白皮书,计划借助英国商业银行的帮助,为新设公司提供扩大规模的最佳环境,而不是放任它们停滞不前或将成果拱手让人。

20世纪90年代,英国贸易与工业部将创新定义为"成功开发利用新想法"。本次产业战略报告发布时,贸易与工业部已更名为商业、能源及产业战略部,对创新的解释也更新为"在商业、公共服务和非营利部门等领域,应用知识或理念来开发产品、服务或工艺流程"。我个人更喜欢旧版定义。

第三节 预 期

政府对大学产生社会效益寄予厚望。一方面,这种心情非常合理,因为政府每年给予大学约40亿英镑的公共资金用以实现教学和研究两项核心任务。但从另一方面来说,期望大学为社会带来经济增长既不合理也不现实,因为大学的主要职能是教授本科生和进行基础研究,且没有其他机构可以承担这两项职责。

尽管如此,校企合作(包括大学技术转移)的经济活动规模还是相当庞大的。英国政府2016年的数据显示,通过各种各样的互动,大约有40亿英镑从企业流向了大学(数据来源:HEBCI)。然而,政府和一些评论员却不断抱怨校企互动效果差强人意,应该达到更高水准(详见上节报告内容)。

图9.1揭示了大学技术转移人士在解决这些问题时面临的根本挑战。柱形图显示的是政府分配给各部门的公共资金数额。

(a)栏每年约为50亿～60亿英镑(来源:QR和研究委员会);(b)栏每年约为2.5亿英镑(数据来源:HEIF);(c)栏每年至少为30亿英镑(来源:创新英国、研发税收抵免)。

图9.1中隐去了 y 轴刻度,目的是从概念层面展示问题的本质。虽然此图使用的是英国的数据,但其他国家的图表总体形状可能大致相同,甚至(b)栏可能更低。可以进一步说明各国技术转移社区所面临的挑战。

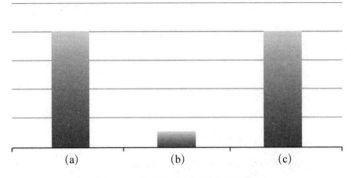

图 9.1 政府如何分配相关资金

（a）代表用于大学研究的公共资金，是"质量相关研究资助"（QR）和政府研究委员会向大学提供的经费之和[12]；

（b）代表用于支持大学技术转移的公共资金，是政府高等教育创新基金给予大学的奖金总额；

（c）用于支持企业的公共资金，是企业和投资者从研发税收抵免、企业投资计划、小型企业投资计划、创新英国资助计划和小型企业创新研究计划获得的税收优惠总额。

由于（b）栏的资金很少，很难将（a）栏带来的收益转化到商业中去。同时，由于（c）栏的资金支持也很多，导致企业对于从与（a）栏的合作中获利以及利用（b）栏提供的资源和支持获利的积极性较低。

高等教育创新基金（HEIF）是一个极好的项目，已成为支持许多大学进行技术转移活动的中坚力量。对于单所大学来说，它提供的经费只占所有研究活动经费的一小部分，在全国研究经费中的占比就更小了。

如果你赞同大学技术转移中"投入越多，收益越多"的观点，即便只是在一定程度上赞同，也不难看出（b）栏应该得到更多的资金支持。要如何实现呢？从政府处获得经费有些困难，如今政府可用资金减少、资助压力增大，还有许多更加紧迫的问题需要解决。但 HEIF 并不是大学技术转移的唯一资金来源，大学可以从它们的核心资金以及院系级别预算中拨出部分经费。

技术转移成果可以用于提升大学在卓越研究框架（REF）"影响力"案例研究中的分数（详见第十一章），提升效果可以衡量。案例研究评估结果和政府资助直接挂钩，评估分数越高，获得的 QR 资金越高。那么，大学应将 QR 资金中的多少投入于技术转移办公室呢？最简单的方法是先计算技术转移办公室参与的"影响力"案例研究数量占案例总数的比例,再评估技术转移办公室在这部分案例中的贡献度。假设第一个比例为 25%,第二个比例为 10%,那么大学应将 QR 资金的 2.5% 分配给技术转移办公室。

英国罗素联盟大学的平均 QR 资金为每年 5 600 万英镑。按 2.5% 计算,各大学可划出 140 万英镑,再加上罗素联盟大学平均 420 万英镑的 HEIF 资助,每所大学(b)栏的高度会略微合理一些。[13]

除此以外,为什么让大学用(a)栏的资金来支持(b)栏的活动? 对政府来说,直接向(b)栏投入更多的公共资金,岂不是容易得多? 是的,没错,不过还有一种方法是将(c)栏的一部分资金转移到(b)栏。但是,大企业和投资游说团体显然不会支持这种做法,这也在一定程度上导致了恶性循环。

第十章
评价指标

就手头极为有限的资源而言,我们真的已竭尽全力了。

——美国某大学技术许可办公室主任

技术转移办公室以各种各样的方式为大学带来了好处,比如促进大学的声誉,通过新闻报道有影响力的研究,有时还能带来经济收入。我们通常用统计数据来评估大学技术转移的成效,而忽视了用故事记述大学科研成果给社会带来的好处。2014年英国的卓越研究框架(REF)制定了一种定量与定性相结合的方法来衡量包括技术转移活动在内的大学研究活动的影响力——毕竟只有可测量的内容才能量化评价。

第一节　尽我们所能

有时候我们知道自己即将离开这个岗位,但有时直到事后才知道事情的严重性。当美国某地方大学的院长因许可费收入微薄而向技术许可办公室提出质疑时,办公室主管回复道:"就手头极为有限的资源而言,我们真的已竭尽全力了。"

这样说不无道理。大学技术转移办公室的成功取决于什么? 是科研的性质？是教职人员对待技术商业化的态度？是大学提供给技术转移办公室的年度预算规模？还是技术转移办公室的能力？通常来说以上都是。第八章介绍了一个良性的大学创新社区应具备的所有特征。显然，这其中有许多因素需要考虑，但原材料、科研成果和实际要开发的产品，才是基础性的因素。

上面这句"名言"现已广为流传，甚至成为了本领域学术出版物的标题。有一篇题为《发明的披露与许可：在资源有限的情况下竭尽全力》(Disclosure and Licensing of University Inventions："The Best We Can with the S**t We Get to Work With")的论文，作者是理查德·詹森(Richard Jensen)、杰里·瑟斯比(Jerry Thursby)和玛丽·瑟斯比(Marie Thursby)。[1]文章的摘要写道："我们研究了在大学技术转移的过程中，教职人员、技术转移办公室和校级管理部门三者之间的相互作用。"我推荐阅读一下这篇文章(不一定要完全理解每一句话)，它是使用数学公式和方程来研究日常生活的很好案例。

尽管现实情况充满挑战，目标可能不够明确，奖励和认可度低，员工离职率高，资源有限，承受的期望又过高，但几乎所有的大学技术转移办公室还是会竭尽全力。

第二节 通 货

衡量大学技术转移的"通货"有很多，每类通货有自己的流通、交易和相互兑换的形式。金钱是最常见的一类，包括与专利相关的、获得的收入等各种数额的钱。除了金钱之外，还有其他非货币类型的通货，例如知识学习、联络人、友好关系、人脉网、影响力、声誉和公共宣传等。尤其是在相关评价指标、影响力和知识交换框架都还有很大不确定性的今天，这些都可以作为大学技术转移的通货。

声誉

大学的技术转移办公室是没有股票价格的，即使作为子公司也没有。最接近拥有股票价格的是帝国创新公司，但其浮动股价也是取决于投资者对科技衍生公司未来价值的评估，而不是技术转移办公室本身的综合业绩。

大学技术转移办公室在研究人员中得到的评价（或者说声誉）就是它的"股票价格"。在大学这种多元化的机构中，想要确切地知道技术转移办公室的声誉近乎不可能，但我们可以去感知，去调查。

无论是在校内还是在当地创新社区的声誉对于大学技术转移办公室而言都至关重要。大学技术转移办公室最好集中精力对其声誉进行主动管理。乍看之下，在大学里的客户满意度调查可能不会收到太好的反响，但如果加以精心合理的设计，技术转移办公室就能收集到有关自身在科研人员和其他校内评论者眼中的形象的有用信息，然后相应地对工作和态度做出调整。

我曾参与过两个评审小组，成员们才智超群、经验丰富，是大学中真正的学者。他们并不知道我是谁，当然他们有合理的理由。我还没落座就听见其中一个人调侃道："无论如何，总要有人来做这件事。"另一个人评论道："我从来没见过哪位技术转移办公室员工在这方面真的干得不错。"他们指的"这方面"正是科研成果的商业化。谢天谢地，技术转移办公室有这些学者的协助。

您如何看待您的房地产经纪人，就是那位"帮助"您购买上一套房产的女士？您如何看待您的会计师，就是在做纳税申报时被您大声呵斥的人？您如何看待您的律师，那位在您安排遗嘱时问了那么多烦人问题的人？回头想一下，在这些关系里，客户实际上还需要向这些人支付服务费用。大学技术转移办公室同样面临名誉的问题。"炮火在他们右边，炮火在他们左边，炮火在他们前面……炮火在他们后面"[2]，坦尼森的这句诗也适用于大学技术转移办公室。他们经常受到学者、投资人、公司和政府的猛烈指责，以及来自内部的质询——例如一次办公室成员就提出了公开老板的差旅花费信息的要求。

种种因素影响下，大学技术转移办公室的声誉在提高。英国卓越研究框架（REF）评估体系中的影响力案例，有助于学者了解技术转移办公室所做的工作及其带来的好处。PraxisAuril、科学技术专业人员协会（ASTP）、大学技术管理人员协会（AUTM）等协会组织也举办了一些论坛，为所有技术转移活动的参与者提供彼此了解和建立信任的机会。麦克米伦集团在阐释技术转移活动的复杂性和重要性方面做得很好,还有一些其他组织在支持这些宣传工作,例如一些英国顶尖高校的技术转移办公室出版了一些文章,从内部角度解释技术转移的概念。[3]

聪明的技术转移办公室会花大力气让学校了解其创造实质性价值的多种方式,以及相关活动怎样促进大学的品牌建设。

影响力和收入

除了声誉,另一个关键问题是关于影响力和收入的争论。技术转移办公室的运营在多大程度上受到金钱通货的激励,一方面产生经济收入并为大学带来财务回报,另一方面要为大学带来其他形式的影响力(如社会、政治和文化影响力)?

金钱可以被学校用于购买有利于发展的物品,但是否可以作为评估技术转移办公室的标准? 创造的影响力可以转化为公共知名度和声誉——现在的英国卓越研究框架体系还可以用来交换政府拨款——是否又能作为评估技术转移办公室的依据? 又或者在学校领导层眼里,应以对大学声誉的贡献作用作为真正的评估标准? 技术转移办公室创造了多少不同种通货类型的业绩,这些业绩又如何通过交换使大学进一步受益?

有关影响力/收入的辩论存在两个基本问题。首先,我们试图平衡的是潜在收入和潜在影响力,而只有到很多年之后我们才会明白一项技术带来的机会。其次,收入就是一种影响力,因为技术在给技术转移办公室和大学带来收入的同时也在产生影响力,因为这些收入正是来自产品的研发和销售。许可费用是基于大学技术成果的产品的销售,因此具有影响力。其实还有第三个问题,即反对将收入作为评估指标的游说团体,总有为了博取关注度的人在你提到技术转移会带来收入,抑或已真的带来收入的时候,这样评论道:"但是技术转移的目的不是为了钱,而是创造影响力,不是吗?"然后一些无需担心任何成本收益的人便会点头表示同意。所以,问题应当是收入和影响力,而不是像将二者视为对立面的人们所说的那样。

除非大学对至少未来几年内技术转移办公室的预算非常明确,技术转移办公室对于优先考虑潜在影响力还是潜在收入的争论,应采取非常审慎的态度。尽管 Jessie J 在歌曲 *Price Tag* [4] 中唱道"重要的不是金钱",但假如大学希望获得技术转移资源用来帮助完成其愿景,那么钱就是重要的。

宣传与关系网络

技术转移活动为学校带来不同通货形式的资源,对技术转移办公室而言,学会如何宣传变得越来越重要。媒体宣传和关系网络是两个最有力的方式。新闻媒体喜欢采集由技术转移办公室提供的精彩故事,包括新发明、振奋人心的新技术及其带来的将改变生活方式的新产品、筹得融资的新公司、商业计划竞赛的优胜者、科技园区开张的新公司、国际技术交易等,此类例子不胜枚举。

技术转移办公室和大学新闻办公室应成为紧密好友。成功的技术转移办公室在当地、全国和国际商业界拥有强大的关系网络。在当地,技术转移办公室关系网络中的投资者、会计师、银行家和律师都是社区了解大学的主要途径。在全国范围内,技术转移办公室与行业和政府之间的联系也非常广泛。在国际范围内,如果研究人员希望联系某些公司,技术转移办公室可能有最佳的渠道。

如果技术转移办公室能宣传和显示其为学校做出不可替代的贡献,那么它就能获得很强的活动能力。

第三节 指　　标

对话可以一直持续下去,但最终,还是需要数字指标来评估技术转移办公室的业绩。[5]只有可测量的内容才能量化评价。

大学技术转移存在许多可以用清晰、可比、简单数字衡量的评价指标。毫无疑问,在处理时应保持审慎,比如一个简单的问题"一年申请多少专利"也需要仔细定义。以下是一个常用的技术转移评价指标表，涵盖了技术转移的投入、活动和产出。

- 发明披露数量
- 新提交的优先权专利申请数量
- 签署的许可交易合同数量（含期权、估价、许可）
- 收入金额
- 分配给大学／院系／学者／第三方的收入金额
- 创立衍生公司数量
- 融资金额
- 衍生公司的存活率（五年以上）
- 技术转移办公室的人员和运营成本
- 专利申请活动支出

除此之外，还有一套完善的指标来简化比较。上述指标可以看成是与大学研究支出和大学研究人员人数之比，可以细分为在本地区、全国及国际进行的活动。

这些指标均由技术转移办公室和国家协会定期评估计算。美国通过AUTM技术许可调查对每个问题的含义进行了严格定义，使得美国在该领域遥遥领先。[6]

衡量发明披露、专利及专利申请和交易对技术转移办公室的内部运营而言非常重要。这一过程相对简单，但发明披露、专利以及涉及交易的定义也可能存在很大差异。明确的定义可以解决问题。

这些评估方式提供了可用的比较方法，也适用于其他技术转移办公室。随着国家贸易协会数量的增长（参见第二章），这些指标可以描绘出国家范围内技术转移的整体成果，并将国家之间进行比较。

管理和领导技术转移办公室需要注意衡量以下三个方面：

（1）发明披露（输入）。如果研究人员不与你沟通，将难以开展接下来的工作。因此要确保充分进行内部交流，为技术转移办公室建立良好的校内声誉，努力为需要帮助的人提供帮助。

（2）项目开展进度（活动）。项目管理系统包含处于预披露、披露、交易、交易后关系管理等各个阶段的项目。当然，在此过程中某些项目可能会被终止。我们需要衡量的是各个阶段内项目的开展进度：有项目遇到障碍了吗？推进过程是否一切顺利？

（3）交易数量和交易年份（输出）。交易数量是唯一能够直观显示大学与工商界互动的指标，它代表双方都认为达成某项交易、承担义务并在许多情况下支付费用是值得的。该数据可以反映业务专长、知识或技术的有效互动和转移。交易协议的财务价值越高、持续时间越长，交易的整体规模可能就越大，例如，价值500万英镑、有效期五年的交易可能会比价值100万英镑、有效期一年的交易整体价值更高。

但是……

尽管这些数字对大学技术转移来说十分有用，对于外界人士来说有些枯燥，甚至有转移注意力之嫌。之所以将这些数字作为衡量标准，是因为它们的获取和计算非常简单，且常被业内人士引用。然而在技术转移办公室之外，这些数据似乎意义不大，因此经常受到外界的批评和质疑。

这些指标无法反映大学技术转移活动为大学和社会带来的贡献和启迪。我们只能测量可测量的东西，但技术转移过程中还有其他更精彩的故事值得被看到。

如今，大学技术转移已非常依赖于评估和报告这些指标。指标下降会让我们忧心忡忡，这时总会有人跳出来说，现在只是早期阶段，未来还有很长的路要走，我们要坚持技术转移第一，金钱第二。不管怎样，指标衡量法已成为业界普遍接受的标准，其他难以量化的部分只能作为辅助说明。

卓越研究框架、知识交换框架、知识交换协议

2014年的卓越研究框架（Research Excellence Framework, REF）推出之前，英国还没有成熟的框架或研究范式来衡量科研成果转化的综合影响，即科

研成果转化为经济、社会、文化和公共政策等方面带来的价值和效益。REF 建立并引入了一种基于案例分析的对科研成果质量和影响力进行评级的方法。案例分析遵循固定格式,评级的关键在于案例陈述是否能证明该研究对世界任何地方的社会、公共政策、文化或经济产生了影响,以及影响的程度。

2014 年卓越研究框架的制定克服了许多挑战,最终采用专家评议为主、非学术投入评估为辅的叙事案例分析方法。历年案例分析公布于 UKRI REF 网站,并且提供了一系列大学研究对社会产生巨大影响的真实故事。[7]技术转移办公室参与了其中部分案例,但绝不是全部。各高校提交至 REF 影响力评估组的科研案例构成了一个非常丰富的资源库。相关高校用于收集和展示这些信息的开销也十分巨大。

英国政府目前正在推进建立知识交换框架(Knowledge Exchange Framework,KEF),将与目前运行的卓越研究框架(REF)和卓越教育框架(Teaching Excellence Framework,TEF)并行。如今人们公认大学要做三件事:教学、科研,以及"第三任务"(知识交换、广泛参与等)。因此,有人认为我们需要三个框架来评估公共资金的使用效果。有人开玩笑说下一个框架应该是"行政管理有效性框架",用以评估学术人员如何分配自己的精力和时间。

英国研究基金会这样描述 KEF:"知识交换框架(KEF)旨在提高公共资金用于知识交换(KE)的效率和有效性,通过提供一揽子支持措施保证英国大学知识交换处于世界一流水平,从而建设注重持续改进的大学文化。该框架旨在关注知识交换涵盖的全部范围。"[8]

该框架有两个部分,第一部分为"原则与实施",第二部分为"KEF 指标"。目前,KEF 尚未完全建立,政府仍在咨询相关信息。"原则与实施"部分旨在帮助和鼓励大学领导层制订清晰计划将知识交换纳入大学整体战略范畴、提高对知识交换活动的重视、明确期望、承诺提高活动质量并不断完善。2019 年 5 月,英国政府和大学启动了知识交换协议(Knowledge Exchange Concordat,KEC)进行磋商,确定了大学进行知识交换的八项指导原则:使命、政策、参与、有效工作、能力建设、认可和奖励、持续改进以及成就评估。[9]PraxisAuril 对此发表评论："KEF 和 KEC 都是对政府质疑的回应。KEF 和 KEC(以及我们通过高等教育创新基金为知识交换提供资金)旨在为提高大学未来的知识交换水平提供总体方案。"[10]可以说 KEF 和 KEC 的建立是历史上一次标志性的突破。

"KEF 指标"旨在提供具有时效性的数据,用以展示和比较各大学在知识交换方面的表现。该框架采用的指标由国家大学和商业中心的"合作进度监控"体系演变而来(如第九章所述,该体系包含 15 项衡量校企合作质量的指标,均显示在雷达图中)。大学按照水平高低分组进行比较,这种方法更具可比性,同时能够避免打击大学的积极性。

KEF 与 REF 的区别如下。第一,对于 REF,影响力评估必须与研究活动相关联,而 KEF 关注的是所有类型的知识交换,比如与教学相关的知识交换活动,包括提供继续职业发展课程。第二,对大学来说,KEF 比 REF 要求投入的精力更少,因为 KEF 基于现有数据集进行分析,虽然也需要大学提供相关案例陈述,但不会对该部分做出评估。第三,KEF 评估结果与经费拨款(尚)无关联。第四,REF 注重研究成果,而 KEF 注重知识交流的活动过程。政府表示:"像 REF 一样,新的 KEF 指标方法为大学带来了巨大的机会。"对"机会"的详细解释为:"有机会向行业外部的人展示所有类型的大学在知识交换方面的出色表现……真正展示和重视大学为巩固影响力所做的努力。"[11]

人们对 KEF 应该使用定性分析还是定量分析,即使用指标还是案例分析法仍有争议。由于教育和学科背景的差异,争论双方各执己见,不肯退让。几乎没有经济学家认为应该使用案例分析法。案例分析的编撰和评估成本很高,但指标又非常粗糙,且容易被钻空子。KEF 的设计人员需要设计一种更合适的方法,既包含《高等教育商业与社区互动调查》(Higher Education Business & Community Interaction,HEBCI)和 REF 中使用的一切方法,还要添加其他有价值的信息。

评价指标所面临的一项挑战是早先提到的指标本身的薄弱之处——哪些内容是不该用指标衡量的,以及指标可能遭到怎样的恶意利用。说到这里,不得不提及下面两条众所周知的法则：

（1）测量什么，就会得到什么。如果将专利申请设定为一个指标，专利申请数据就会攀升。人们会为了结果自然而然地"钻"制度空子。

（2）不要让控制范围外的事情影响评估。在正常运营且其内部工作不被机器人取代的情况下，衍生公司将创造新的工作机会。如果统计了多少新增就业机会，是不是也要计算多少岗位流失？还是说消失的岗位是其他人的责任？

美国政府采取的评估方法十分先进，完全建立在指标之上，而不使用案例分析。美国国家科学基金会认为美国的 STAR 体系（全称为"美国科学技术再投资体系：衡量研究对创新、竞争力和科学的影响"）[12]是一种可靠且划算的最佳评估方法。STAR 体系的设计者朱莉娅·莱恩（Julia Lane）教授公开表示，她认为"案例分析是对时间和金钱的浪费"。[13]目前，美国大学系统正在开展 UMETRICS 计划（全称为"大学：衡量研究对创新、竞争力和科学的影响"），该计划用于追踪联邦政府机构与研究型大学之间的合作数量，以及这些合作对经济产生的影响。[14]

大学技术转移中的指标所面临的质疑将会持续存在（见图 10.1）。要想为 KEF 和整体框架找到合适的指标，我们仍需多加探索。

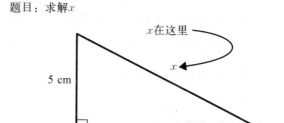

图 10.1　读懂题目

第四节　如何对技术转移办公室进行审查

有一次，我曾经工作过的技术转移办公室被该大学的一位杰出企业家学者称为"大学技术转移办公室中最棒的"。我认为不应该把这句话看作称赞，他的意思是：你们可能是全英国最好的大学技术转移办公室，但这并不意味着你们足够优秀。

办公室审查可以有效检查技术转移办公室的运行效果,并帮助其更好地履行职能,但该方法在技术转移界口碑不佳。造成这种情况的原因主要有两个:第一,大学领导经常将办公室审查作为重新组织人员和事务的途径,缺乏计划性且方法不得当;第二,技术转移办公室通常被动接受办公室审查,无法积极参与审查过程。

牛津大学在1997—2012年间并没有对技术转移进行审查的机制,直到2012年这一情况发生改变。相关想法在2005年前后就曾提出,但无论是出于偶然还是有意为之,均未能组建合适的审查小组。大学里,一旦听闻校长计划对技术转移办公室进行审查,技术转移办公室的负责人便会立即请辞,以免陷入麻烦。

在欧洲,科学技术专业人员协会(ASTP)提供了一项专门服务,应某一技术转移办公室负责人的邀请,召集来自其他技术转移办公室的"批评家朋友"在该技术转移办公室"待上几天"。在德国,德国联邦储蓄银行(Stifterverbandfürdie Deutsche Wissenschaft,应对高等教育、科学和研究方面挑战的基金会)也将加入其中并进行审查,大学的领导层也应参与其中。近年来,他们已经完成了30多次大学技术转移审查。

办公室审查框架

技术转移办公室可以主动出击,建立起办公室定期审查的框架。该框架可以遵循以下原则:

● 选择适当的频率。审查通常五年一次,也可适当延长间隔时间,比如七年一次。

● 制订时间表。时间表应包括通知期、材料准备、"现场"审查时长和报告交付时间。

● 明确定期检查的目的。例如:评估技术转移办公室当前的活动,并为技术转移办公室和大学的运营方向提供建议。

● 遴选审查小组成员。有哪些来自大学内部的成员,哪些来自外部的成

员？关注成员的职务和类别,而不是真实姓名。主席由谁担任,秘书由谁担
任？例如:

- 大学内部成员。
  - 分管研究或创新的副校长
  - 某院系的资深学者
  - 其他院系的资深学者
  - 审查秘书
  - 技术转移办公室的负责人(应参加大部分,而不必是全部的现场讨论)
- 大学外部成员。
  - 可对标大学的技术转移办公室负责人
  - 可对标大学的资深学者
  - 具有相关经验的投资经理
  - 具有相关经验的商界人员
- 确保审查小组成员具有适当的多样性(性别、年龄、种族)。
- 确定审查小组向谁报告,比如大学董事会或理事会。
- 确定报告的性质,需要涵盖的部分包括审查目的、过去的情况、自上
次审查以来的活动、现在、未来、建议、实施和监测。
- 保持积极向上、充满乐趣的氛围(审查小组主席的工作之一)。

这样一来,技术转移办公室的审查工作就可以从令人恐惧和厌恶转变为
整个大学(尤其是技术转移办公室)管理的宝贵工具。

第十一章

影响力

更换一支灯泡需要多少位大学学者？

你说"更换"？！

　　本章介绍英国政府近来用于评估大学研究能为社会带来的影响和收益的方法。鉴于大学技术转移的主要目标是将大学的研究成果转移到产业并造福于社会，该评估方法对大学技术转移工作具有重要意义。本章还说明了有关影响力的争论如何影响处在各个阶段并不断发展的大学技术转移，并在最后讨论了社会型企业，以及大学社会科学和人文技术转移活动的发展。

第一节　卓越研究框架

　　如上一章所提到的，卓越研究框架（REF）是英国用于评估高等教育机构研究质量的系统，于 2014 年首次公布实施，并于 2021 年开展了第二轮评估。REF 取代了原来的大学科研评估制度（RAE），RAE 的最后一轮评估是 2008 年进行。

　　英国于 1986 年首次开展 RAE 评估，随后分别于 1989、1992、1996、2001

和 2008 年进行五次评估。1992 年,随着旧的理工学院转型为新大学,以及理工学院资助委员会和大学经费补助委员会合并为英格兰高等教育资助委员会(HEFCE),RAE 经历了重大调整。在 RAE 之前,大学经费补助委员会通过各学科委员会有选择地分配研究经费。不少人批评这种方法缺乏透明度。政府2003 年发布的白皮书《高等教育的未来》对 RAE 给予高度评价,然而,斯蒂芬·科利尼(Stefan Collini)在《大学教育为何》一书中这样评论道:

> (白皮书)声称 RAE "无疑在过去 15 年中促进了科研质量的整体提升"。这句话的逻辑如下:现在许多大学部门的评分与 1986 年第一次使用该评价系统时相比提高了不少,由此可见质量有所提高,再加上该时期与 RAE 评估开展时期重合,可以得出结论——正是 RAE 的存在才导致这种"质量提升"。简直没有什么比这更能称得上是自验谬论。实际上,很难有确切证据证明,在此期间英国所有大学中各学科的研究和奖学金项目是否存在普遍的"质量提升"。[1]

REF 是英国政府进行大学评估的三种方式之一,另外两个分别是教学卓越框架(TEF)和知识交换框架(KEF)。除了这些官方机制,民间的高校排名榜单数量也在增加,其中许多发源于伦敦和上海。

REF 极其复杂,设有规则级联:"为了防止有人通过投机取巧、作弊和目标转移等方式误用和滥用评估指标,组织制定了一系列规则,但遵守这些规则会进一步减慢该组织的运作效率。"[2] REF 2014 指南包含 789 段编号条款和 23页附件:"如果要用一个数字来代表某大学某院系的整体研究质量,就必须详细阐述评估的要求、禁止项和澄清项。"[3]

REF 2014 使从三个方面评估整体研究质量,各项权重如下:

- 研究产出占整体成绩的 65%。
- 研究影响力占整体成绩的 20%。
- 研究环境占整体成绩的 15%。

REF 2014 有一个新亮点，即引入研究影响力模块，起因为 2006 年首次出现的关于影响力的争论。[4]一些学者对此表示欢迎，认为"这种做法很正确，我们应该解释如何利用公共资金为公众带来益处"；而其他人则更具敌意和担忧。

REF 2014 对"影响力"的含义做出正式界定："'影响力'指为经济、社会、文化、公共政策或服务、健康、环境或生活质量等学术外领域带来的任何影响、变化或益处。"

需要提交的材料包括：

> **影响力案例研究**。该文件篇幅控制在四页以内，叙述参评大学自 1993 年以来开展的高质量研究在 2008 年 1 月—2013 年 7 月期间产生的影响。每所学校提交的文件包括一份案例研究，以及每 10 名参评科研人员组成一份附加案例研究。
>
> **影响力模板**。该文件说明了参评单位（或院系）在 2008—2013 年期间使其研究产生影响力的具体方法，以及未来的影响策略。[5]

影响力案例研究由评估小组进行审议，评估其影响的"范围和重要性"。评估小组内大部分为名校学者，有时还包括行业专家。从这种意义上说，REF 仍然是一个封闭的体系，让大学内部的人评估大学内部的人，就像让疯子来管理疯人院。影响力模板的评估标准基于其中的方法和策略在多大程度上有助于创造和扩大影响力，评估结果分为良好、优秀、最佳三个级别。这种形式在根本上也属于自我评估，无法衡量绝对影响力。

在另一个世界，即影响力投资中，关于如何衡量影响力的类似讨论仍在继续。罗纳德·科恩（Ronald Cohen）爵士是英国风险投资的创始人之一，他利用他的 Apax Partners 基金进行投资并获得了高额回报，随后将注意力转向了社会投资和影响力投资。[6]他对影响力投资革命提炼了八种信念，其中之一是"影响力可以衡量且可以比较。我们需要统一衡量标准，并将其纳入整个社会的决策，以扩大成效"。金融投资和大学研究的常规衡量方法已广为人知，前者是收益金额,后者是出版物和引用指数。然而,对于如何衡量更广阔的影响力,仍在摸索之中。

回到 REF 衡量大学研究影响力的话题,关键词是"益处"。大学研究对社会有什么益处? 大学技术转移存在的目的正是通过大学研究给社会带来益处,因此,大学技术转移也是实现影响力的重要环节。

REF 2014 的评估结果包括:

作为实施 2014 年卓越研究框架的一部分,英国高等教育机构提交了 6 975 项影响力案例研究,证明其科研活动对社会的广泛影响。这些案例研究形成了一个独特而宝贵的信息库,展现英国高等教育机构的研究在英国和国际范围内对经济、社会、文化、公共政策或服务、健康、环境和生活质量产生了广泛而多样的益处。

大学还与各种公共组织、私营组织和慈善组织以及当地社区进行互动。分析发现,此类更深入的影响和益处往往源自跨学科研究。

在 REF 2021 中,影响力占比提高到 25 个百分点,而"点数意味着奖励",正如电视游戏节目《扑克大师》的游戏规则。[7] REF 的奖励十分诱人,根据评分结果,牛津大学每年获得约 1.5 亿英镑,伦敦大学学院每年获得约 1.45 亿英镑,布里斯托尔大学每年获得约 5 000 万英镑。

以牛津大学为例,其强大的影响力案例研究能力价值约 3 000 万英镑/年。鉴于 REF 2021 将影响力占比调整为 25%,再加上通货膨胀,其价值可能达到 4 000 万英镑/年。

其中部分价值源于研究人员在技术转移办公室协助下实现的案例研究。也许有人认为技术转移的具体占比很重要。我不了解牛津大学的情况,但其他大学的技术转移经理估计该比例达到三分之一。再加上每年牛津大学技术转移办公室为大学带来的收益(约 1 000 万英镑),学校财务总监可以预测经费收入的大致金额。但是每年 1 000 万英镑本身并不是什么大数目,因此谈及技术转移办公室时几乎不涉及金钱。

颇具讽刺意味的是,影响力的实现离不开金钱。为什么大学对影响力评估如此心甘情愿地全盘接受？终究是因为它直接影响到大学能从政府那里获得多少钱。

关于影响力的争论

事实上，对于纯学术研究来说，最难熬的压力来自知道有人在等待研究结果的压迫感。[8]

自 2006 年 7 月一份名为《提高研究委员会的经济影响》的报告（也称《沃里报告 2006》）发表以来，人们对公共资助的研究带来的影响力产生了越来越浓厚的兴趣。[9]该报告在很大程度上采取批判的立场，研究委员会被迫做出防御性回应。以下两段摘自《沃里报告 2006》前面部分：

> 现在有一系列政策可以使研究委员会的经济影响发生重大变化，但是这些政策的潜力有待实现……
>
> 研究委员会应对大学、研究机构和资助委员会的行为加以引导，从而使研究委员会资助的研究产生更大的经济影响。

如果《沃里报告 2006》谈的不是经济影响或经济而是广义影响力，那将避免很多麻烦。几乎没有大学学者对于展示研究成果的影响力有异议，但是，许多学者认为政府要求他们证明研究带来的经济效益并不合理。

于是研究委员会着手就其资助的研究在经济、社会和政策方面对英国和世界产生的积极影响编写报告。报告包括具体数据、基于现有数据和乘数算法的计量经济学预测，以及兼有数据和叙述的案例故事（此部分最具说服力）。自然环境研究委员会（Natural Environment Research Council）曾提到一个故事，讲的是其研究经费如何用于研究和建设泰晤士河防潮闸，并使伦敦市免受潜在洪涝灾害的侵袭。

之后，人们将注意力转移到那些也在资助范围内的大学中，它们每年接受来自研究委员会的大量公共资金。随着对影响力的辩论越来越深入，大学开始着手提高其研究活动的影响力。例如,牛津大学出版了一份名为《创新与影响力》的科研手册。

到 2008 年初,政府官员仍在谈论有必要从政府对英国科学基地的投资中看到经济回报。英国政府十分执着于证明研究活动的经济影响。有人提出"影响"不应仅仅限于经济效益,针对这一观点,政府解释说,"经济影响"一词也包括社会影响和政策影响。

2019 年 4 月,《泰晤士高等教育》首次发布"世界大学影响力排名"。这与英国政府衡量研究影响的方法截然不同。该排名旨在衡量大学的整体影响力,不仅局限于研究。经济效益的上升空间永远存在,而能够填补此空间的正是不断诞生的新想法。"世界影响力排名"根据联合国的可持续发展目标对大学进行评估,"尝试记录大学对社会的影响,而非仅衡量其研究和教学效果"。衡量维度基于联合国 17 个可持续发展目标中的 11 个,内容包括大学在学术自由方面的政策、是否使用有保障的就业合同,以及女性高级学术人员占比等。[10]

谨慎对待影响力

如果对影响力的关注向经济影响倾斜,长期的基础研究可获得的支持可能会减少。大学的存在是为了产生和传播新思想,而这些目标主要通过教学和发表研究成果来实现。有时,还有机会将技术转移到产业,以促进新思想转化为社会福祉并为大学带来经济回报,投资于教学和研究。大学(以及一些研究机构和政府实验室)是独立早期基础研究的唯一来源;而在商业企业中,后期研发活动的来源数不胜数。技术转移对基础研究的支持方式通常是这样的:辅助基础研究的未来应用,为未来研究带来收益,循环投入新的基础研究。一切阻碍大学开展基础研究的活动都是坏事。

第二节　成　长　阶　段

本节描述了迄今为止大学技术转移活动经历的多个阶段,并对未来发展给出建议。[11]本书讲述的虽是英国的情况，但与其他国家无疑有许多相似之处。当然，我们不能一概而论，不同之处也时有出现。

"旧时代"（至 20 世纪 80 年代后期）

在这个阶段，研究人员和行业之间存在少量的小规模互动，通常依赖于大学研究人员与他们后来在业界工作的学生之间的联系。此外，也有少数大规模互动，即企业为在大学院系开展的实质性研究项目提供资助。

此时，大学技术转移办公室尚未出现。各大学纷纷成立工业联络办公室，通常由有意向与业界互动的大学研究人员组成。这些工业联络办公室参与支持各种大学与企业的互动活动：企业研究经费安排、学术咨询、知识产权许可，有时还包括继续教育项目。剑桥大学于 20 世纪 70 年代成立了沃尔夫森工业联络办公室。伦敦大学学院于 1987 年设立"UCL 计划"作为其工业联络办公室，并于几年后开始进行技术转移。

"全盛时期"（20 世纪 90 年代中期—21 世纪前 10 年后期）

随着大学研究人员与业界的互动越来越多，他们开始意识到其研究活动所产生的知识产权的价值。企业对大学的思想、技术和专业知识的兴趣与日俱增，这让大学进一步认识到研究成果的价值和潜力。各大学开始建立自己的技术转移办公室，政府也对此予以鼓励。帝国理工学院于 1986 年成立帝国创新公司(Imperial Innovations)作为其全资技术转移公司。牛津大学于 1987 年成立了伊西斯创新有限公司(Isis Innovation Ltd.)作为其全资技术转移公司。截至 21 世纪前十年，大多数英国大学都设立了某种形式的技术转移办公室。

尽管技术转移办公室仅参与了部分校企互动活动，但随着互动的逐渐增加，其管理作用日益突显。如果技术转移办公室试图在互动中占据主导地位，难免引来研究人员的抵触，因为研究人员没有义务完全按照技术转移办公室设想的方式参与互动。明智的技术转移办公室意识到，成功的关键是"向想要促成研究成果商业化的研究人员提供帮助"。

大学技术转移办公室一边不断扩大规模,一边探索运行要领以及如何证明它们的工作有益于大学自身和地方与国家经济。各级政府将专利申请和新公司的数量视为可持续经济增长的直接证据,并对他们看到的结果表示满意。政府提供拨款,技术转移办公室进一步发展。

"变革之风"(21 世纪 10 年代初期)

大学技术转移办公室进入成熟阶段,建立起更加规范、专业的项目管理流程以及员工学习和发展计划。理解和实现技术转移办公室的目标始终是一门复杂的学问。一些大学领导者和管理者将技术转移办公室视作获取财富的捷径;另一些人则深知,在大学中建立成功的技术转移项目实属任重道远,而且构建科研成果和产业的联系与获得收益同等重要。这项被称作"技术转移"的活动的核心就是转移技术。技术转移办公室绝不是为"快速致富"的功利心而设的。

争辩双方最终达成一致,确定了技术转移办公室具有以下两个主要目的:① 将技术转移到产业中,使技术获得必要投资,从而为社会上的人们提供更好的产品和服务;② 为研究人员带来财务回报,且为大学带来持续开展核心活动所需的资金。

尽管如此,许多技术转移办公室经过数年的艰难努力才达到收支平衡,它们口中的"最佳方法"因此受到大学的质疑。英国的一些大学将压力转移到了已与技术转移服务供应商签约或建立合作伙伴关系的私营领域。但是,这并不能改变以下事实:技术转移十分独特,它综合运用合适的科学技术、合适的业务管理能力和合适的商业手段,从而将新技术成功推向市场。

技术转移办公室将继续衡量和统计发明披露、专利、衍生公司和收入。从许多方面来说,量化和统计阻碍了人们理解技术转移对于大学和社会的真正意义。技术转移办公室期望这些数据满足内部的管理需要,而投资者则希望以此确保一切运行正常。但是,科研成果要经历相当长的一段时间才能转化为便利大众的产品和服务,比如更有效的药物和诊断方法、更清洁的技术、更安全的材料、更智能的手机,甚至包括电脑游戏[来自牛津大学的《笨拙忍者》

(*Clumsy Ninja*)]和外科压缩袜(来自 UCL)。只有经历了这个漫长的阶段,才能展示大学对于社会的重要性,以及大学可以如何促进可持续的经济增长以满足政府的需要。

另一个重大变化也在悄然发生。与过去相比,与行业的研究合作对研究人员来说变得越发重要。2008 年开始的全球金融危机导致公共部门和依赖公共捐赠和捐赠投资回报的非营利组织提供的研究资金增长放缓。在研究需求和政府鼓励下,研究人员开始直接与企业建立研究资金合作伙伴关系。现有和潜在的 IP 被视为吸引企业研究资金的重要资源。这直接导致研究人员对保留其知识产权自由并通过技术转移办公室进行商业开发的兴趣减少了;至少从理论上讲,这导致通过技术转移办公室转移出去的知识产权数量下降。但是,IP 管理与研究资金管理密不可分,技术转移办公室具备帮助研究人员利用 IP 赢得研究资金的专业知识。

不涉及技术转移办公室的校企互动规模扩大,技术转移办公室应如何应对?

经济压力(21 世纪 10 年代)

面对这些变化,技术转移办公室需要采用更灵活的模型和方法来满足研究人员使用 IP 的新方式。在产业界,各行各业的公司正在改变业务模式,包括针对开放创新在内的各个方面。[12] 在审视了此前的合作模式之后,许多公司希望与特定大学建立长期合作伙伴关系,从一开始就将知识产权商业化计划写入研究资助协议中,而不是等到研究完成后再来获得技术许可。其他公司则朝相反的方向发展,降低对创新的开放程度,依靠更高"技术成熟度"的技术,进而导致大学研究与产业之间的距离逐渐拉大。

研究人员仍需要技术转移办公室专家的帮助,但方式有所不同。此时,研究人员更希望立即获得研究经费,而不是在研究完成后寻求授权许可。技术转移办公室被迫花费更多的时间来支持研究经费的申请,因为与企业的谈判涉及知识产权问题,或者政府/非营利组织的研究经费提供者想要更多证据来说明他们的资金将如何支持研究想法成长并实现其最终用途(面向消费者或患者)。成功的技术转移办公室如同企业一样运营,运营者是具有商业头脑的员工。如果业务中的商业要素消失,这些人将离开。技术转移办公室的管理层必须继续集中精力招募和留住优秀人才。

影响力的影响(2014 年以后)

如上文所述,研究卓越框架首次将"影响力"模块纳入科研评估结果。政府就"影响力"一词给出较为细致的定义,可以简要概括为对社会的益处。影响力案例研究十分重要,用于评估某组织或机构产生影响力的能力,占 2014 年最终评分的 20%,占 2021 年最终评分的 25%。经费划拨与框架内各模块所占百分比紧密相关,今后许多年,数十亿美元的政府经费都将根据 REF 评分结果分配。

现在,许多研究人员已接受影响力的说法,但也有许多人直到退休仍会抵制这一概念。我们已经可以看到,大学越来越擅长讲述其活动如何触及和惠及世界各地人民的生活。大学着实有意义。

许多大学开始质疑它们现有的结构以及其员工是否为适应"后 REF 影响力"世界进行了优化。技术转移办公室面临的挑战是,现在它只是更大整体中的一小部分。研究人员有动力将他们的研究成果从大学转移到社会(对某些人来说一如既往,对另一些人则完全是陌生的概念),且不一定是通过技术转移办公室的商业化途径。他们正在积极理解这种方式成功的原因,探究这与学术出版物、公众演讲、政策建议、咨询等传统活动的差异。那么,这些现象会带来何种影响?

第三节　意　义

技术转移领域的许多人和组织都可能受到潜在的重要影响。

对于技术转移办公室

如果大学看不到其研究活动产生的知识产权的价值,并且不了解商业化路线涵盖的非商业利益,那么技术转移办公室可能会在大学中消失。这对于每个参与者来说都是一件坏事。随着技术转移办公室成为更大整体的一小部分,大学可能会决定将技术转移活动合并入其他的行政职能,以便将资源分散到整个大学中,进行更广泛的知识转移活动,同时将技术转移办公室的职能定位于其他大学活动,例如,帮助研究人员准备研究经费提案。这种结果非常糟糕,因为大学(和社会)将错失从商业途径中获得非商业利益的机会。

因此,技术转移办公室需要不断地向大学解释如何通过技术转移办公室的商业化路线获得非商业利益。在理解技术转移办公室可以带来的双重利益之后,大学将支持并感谢其技术转移办公室。

对于大学

英国的大学正在将更多的资源投入知识转移活动中,主要源于 HEIF 的大力支持。对知识转移活动的投资通常意味着抽调人手创建和管理营销活动以及与企业的接洽工作,以推进大学的影响力活动。这样做的风险在于,懂得如何谈判和达成有效且明智的技术转移交易的人才忙于外展工作,而办公室的法律和行政人员又很难在缺乏商业专业知识的情况下达成良好的商业交易。

除技术转移以外的知识转移活动逐渐增长,但这并不是造成技术转移活动规模缩水的原因。技术转移活动可带来非商业和商业利益,随着许多人开始淡化商业方面的重要性,商业活动带来的非商业利益也在不知不觉中流失了,而这些非商业利益正是他们开展知识交流活动的主要目的。创建衍生公司有助于建立动态的创新环境。公司的设立有商业目的,但它可以带来的结果远不止于此。

知识转移和知识交流的扩大不应意味着技术转移的减少。

如果大学削减技术转移办公室的活动规模,那么就要承受失去商业路线可带来的非商业利益的风险。这些非商业利益包括:向所在社区展示大学发挥的重要作用,利用研究成果造福社会,激发师生的创业精神,以及吸引热衷技术转移商业化的有识之士。

规模削减后的技术转移办公室可能会因为缺乏成熟的技术转移资源而难以达成有效交易,并因此错过了巨大的商业利益。这时,大学必定会追悔莫及,成为人们批评和指责的对象,然后亡羊补牢般汲取教训,更加注重资源的拓展和维护。技术转移办公室"无法保证巨大成功,但必须时刻准备着,以便及时发掘和悉心管理潜在的成功机会"。[13]

大学不妨重新审视对技术转移办公室的资助模式。随着环境的变化,该资助机制(例如,经常保留一定比例的许可费)是否能够有效甄别、奖励和激励技术转移办公室的工作成果?

对于政府

各国政府需要提防商品化效应,即努力推动商业和经济回报反而会带来相反的效果。这是因为被迫参与其中的人往往会以与潮流相悖的举动来回应。迈克尔·桑德尔(Michael Sandel)的《金钱不能买什么》深入阐述了这一问题。[14]

如果政府强烈要求大学创造更多的经济效益,我建议政府努力从非商业的角度帮助大学理解为什么商业化路线是于他们有利的,而不是依靠财务处罚。这样,大学将继续宣传和支持其技术转移办公室,将技术从大学转移到商业领域并开发为更优质的产品,以此促进经济的可持续发展。

对于产业界

如果大学降低技术转移办公室的效率,产业界受到的影响也许最为复杂。一方面,公司可以接触更多不受保护的创意和技术,并且可以在与竞争对手的公开竞争中使用(在这种情况下,技术已标准化,业务成功归结为"品牌和智慧")。另一方面,如果知识产权失去保护,公司可能会错过接触受保护技术的机会,这些技术本可以使公司放心地证明其投资的合理性,以便将早期研究成果推向市场，以造福消费者、客户和患者。

综述

尽管大学内部和全球范围内的排名榜单都将技术转移和知识产权相关活动视为重要指标，但大学在各国社会中却占有不同的位置。促进当地创业的机会可能比国际专利申请更能解释这种差异。在许多地方，将技术转移与学生创业以及与当地企业互动相结合的新模式最具吸引力。

一切都在变化之中，没有什么一成不变。或许正像法国人所说的那样，"变化越大，相似度越高"（plus ca change, plus c'est la même chose）。在过去的四十年中，大学的技术转移办公室、它们所服务的大学，以及大学肩负的期望都在发展和壮大。目前，研究人员面临的压力是在短期内获得研究资金和提高收益回报，这可能会分散他们的注意力，让他们难以深入思考通过技术转移办公室保护和销售其研究成果的长期价值（包括商业和非商业价值）。

明智的大学将继续投资技术转移办公室，以保护其在科研知识产权的潜力和回报方面的长期利益。

第四节　其　他　事　项

本节介绍社会科学、人文和艺术领域的商业化活动。这些领域的学科往往被统称为人文社科（SSHA，即社会科学、人文和艺术的英文首字母缩写），抑或其他各种变体，如 AHSS、SSAH 和 SSH。该话题热度很高，技术转移办公室在支持社会型企业方面的兴趣也随之增加。

人文社科中的知识交换与该领域中的商业化存在差异。本节讲述与商业化有关的内容。正如大家所了解的，知识交换的范围更为宽泛，它包括大学与企业，基金会、慈善组织、机构和政府之间的广泛互动。人文社科成果商业化的范围更窄，涉及获取经济回报，和金钱的关系更为密切。

有何新变化

为深入了解人文社科涉及的知识交换,有效方法之一是阅读 REF 2014 英国大学人文社科院系提交的影响力案例研究,从中不难发现英国大学研究人员实现影响力的方式多么绝妙。

REF 2014 在许多方面为人文社科掀起了新一轮的知识转移和商业化浪潮。研究人员专注于讲解创造影响力的故事,吸引了附近知识体、技术转移办公室和研究与创业部门的关注,进而与之建立联系。那时,这些办公室和部门不确定应如何应对,也不确定应采取何种措施;现在,他们正在逐渐摸索出提供帮助的方式和途径。

2001 年,伊西斯创新有限公司尝试建立一个名为"企业创新和咨询"的内部小组,专门为人文社科研究人员提供帮助。企业创新业务旨在支持部分研究人员,他们的项目不适用于技术转移的常规模式,比如专利、许可和衍生公司。换句话说,就是要针对人文社科项目做出初步的商业化尝试。我记得进行了几个项目之后,创新业务逐渐转入咨询业务部分,如今,帮助他们开展咨询项目已经成为技术转移办公室多年来支持人文社科学者的主要方式。

那么,这其中有什么新内容? 主要答案有两方面:首次强调人文社科学者产生影响力的重要性,包括通过商业途径产生影响力;技术转移办公室、知识转移办公室,以及相关大学管理部门首次认识到,它们需要找到方法来帮助人文社科院系的学者。

有何不同

在大学来中,对人文社科开展商业化活动是前所未有的。对其他非人文社科部门(我们暂且称之为"技术科学")的商业化,在 25 年前的大学中是新事物,经过了 25 年的发展已经步入成熟阶段,甚至可以说规模和重要性都有极大提升。

今天与人文社科学者对话,就如同 25 年前同物理和生命科学家对话。那时,我们缺乏经验,没有专业知识,也没有成功案例,几乎没有可供参考的文献记录,机构认可度低,担忧大学声誉受损。如今,这些标签虽不再困扰技术科学,但确实能够概括人文社科商业化的现状。

人文社科商业化活动的特征

1. 需要资金吗

典型的技术科学衍生公司建立在受专利申请保护的研究成果之上,并且需要数百万美元的投资资金才能将技术开发为可销售的产品和服务,以便为成功退出积累足够的价值。对于此类衍生公司,可能成立后数年的收入或利润期望都很低。

人文社科衍生公司也可以是基于技术的,其中一小部分可能与上述技术类衍生公司属于同一类别。但是,人们通常不会将技术作为创造价值的核心。

区别之一是人文社科衍生公司可能无需大量投资就能吸引客户。一般来说,人文社科衍生公司很可能仅需要几千英镑进行启动工作、购置所需用品、办理法律手续、开设网站以及支付车旅费。

不过,这种情况仅凭当地资助、大学技术转移办公室的支持和贷款就非常有可能达到,无需外部投资者参与。

在这种情况下,创始人股东不会受到投资方的压力,可以自行设定公司的发展步伐,并根据自己的期望来管理公司。他们的动机很可能与外部金融投资者的动机不同。一旦得到了别人的投资,一切都会随之改变。

2. 希望获利吗

如果公司完全由你掌控,那么你可以自己回答这个问题。如果你有外部金融投资者,那么他们已经预先确定了答案。技术转移圈子有一句古老的谚语来描述学者对动机的看法:“一开始并没有赚钱的念头,直到有一天钱到手了……”当然,金钱会改变一切。大多数学者并非一开始就决定从研究成果中获取最大利润,但他们非常希望看到自己的研究成果以建设性的方式投入使用,然后逐渐意识到这或许也可以为他人和自己带来可观收益。

如果赚钱根本不是目标之一(有人说这是人文社科学者的特征),那么商业化可能很难融入人文社科文化之中。要改善这种情况,需要进一步加深对社会企业的了解。这对技术转移办公室来说,是一个全新的话题。

3. 咨询及其他项目

大学技术转移办公室一直在帮助人文社科学者开展咨询类的项目。多年来,每当技术转移办公室被问及如何帮助人文社科商业化,他们的普遍回答是咨询项目支持。接下来,如果被问及是否建立人文社科衍生公司,他们往往会论述将源源不断的咨询合同转化为切实可行的业务的可能性。这里,我们要关注两个关键能力:首先,是拥有由公司员工(而不仅是才华横溢的学者)整合和输出专业知识的能力;其次,是甄选具有足够专业知识的个人来担任公司管理职务的能力。

开展咨询服务依然是人文社科商业化的绝佳方式之一。如今在某些领域中,专业知识和数据具有更高价值,应鼓励大学在这些领域发展新的咨询和数据管理业务。

4. 关系网络

正如我们所看到的,成功的技术转移办公室将建立范围极广的关系网络,涵盖本地创新社区的支持者、帮助者、服务提供者和顾问。在参与人文社科商业化时,技术转移办公室需要深入的社区与以往有所区别。部分需求会有重合,比如律师和会计师,但是为了结识人文社科商业化相关人士,技术转移办公室工作人员需要加入或参加不同于以往的组织、协会和活动。

分类

社会科学、人文科学和艺术都是不同的。最初,许多人将它们归为一类,以使这类话题更加突出并引起关注。即使在这样的早期阶段,人们也应该认识到这些学科领域各不相同,并且从商业化模型和目标市场来看,它们能够创造的机遇也有可能存在差异。

正如 STEM(科学、技术、工程学和医学的英文首字母缩写)学科各不相同,人文社科学科也是不同的。合理匹配不同学科的研究成果和产业领域十分重要,在人文社科领域也不例外。与艺术类的项目相比,社会科学项目不太可能吸引蓬勃发展的创意艺术产业;而在全球资讯业务领域,结果则恰好相反。

也许,我们需要对人文社科商业化路径和衍生公司稍加分类:

- 和 STEM 类似:有 IP、专利,需要资金投入,以获利为目标之一
- 适度的利润(生活方式型企业):适度、目标不高,但希望获利
- 咨询公司:整合专业知识,使用数据集
- 社会企业:旨在实现社会公益的目的,可能涉及获利
- 非营利目的:是否属于社会企业? 可以是担保责任有限公司
- 未确定类别:以上分类已十分详尽,但为了避免混淆,归类越详细越好

上述类型与以往商业化途径的差异也可以反映在活动组织架构中:采用组织和协会,而不是公司;采用社区利益公司和 B 公司(共益企业),而不是常规的有限责任公司或 C 公司。

另一件事

英国技术转移界对政府委托撰写的相关报告十分熟悉。最近的一份发表于 2018 年 2 月的报告题为《关于大学知识产权商业化问题的研究》。[15] 该报告的最后一个结论是:"受访者表示,大学商业化工作人员的技能和经验是对商业化影响最大的因素。"

这一点对于大学来说不难理解。想要建立更强大的工程专业,就必须吸纳更优秀的工程师。如果大学重视且努力支持人文社科学者的商业化计划,就需要具备适当技能和经验的商业化人员。

该段继续写道:"研究证实,利益攸关方认为,尽管有 REF 的影响和大学推动知识交换和商业化的战略,大学仍受制于其资源规模,包括人员数量和技能、可用于商业化活动的时间、可提供给职员和用于投资知识产权以推动商业化的经费等。"

我对这一点的理解是,大学仍在斟酌为技术转移办公室投资的想法。大

学明白需要为图书馆和提供其他公共服务的管理设施支付费用,但出于某种原因,对投资技术转移办公室不置可否……

　　总的来说,大学必须认识到人文社科的商业化活动是全新的(尽管曾经出现过少数特例)和不一样的,需要具有不同背景的人员来补充技术转移办公室的现有工作;必须认识到,人文社科商业化虽然可能无法带来收益,但对于技术转移办公室实现大学期望目标十分关键。因此,大学和技术转移办公室应当听取人文社科学者们的想法,了解他们想做什么,并向愿意接受帮助的人提供服务。

第十二章

无惧未来

对当下怨言载道，对未来寄以奢望，这是人类品质中最相通的部分。

——埃德蒙·伯克（Edmund Burke）

我从不为未来多虑，因为它转瞬即至。

——阿尔伯特·爱因斯坦（Albert Einstein）

本书介绍了大学技术转移的各个方面，回顾了其历史，回答了"是什么""如何做"和"如何组织"的问题，以及投资新公司、建设创新社区、政府的作用、评估方式、对社会的益处等相关议题。

本书的最后一章分为三个部分。第一部分阐述大学技术转移当前和将来面临的挑战，包括如何为大学的整个"创新格局"提供支持，对大学技术转移全球环境的解读，以及如何利用技术转移活动提高大学的声誉。第二部分回顾第一章中"那又如何"的问题，探究影响力作为评估指标对技术转移工作可能带来的影响，研究合作网络，大学风险基金和学生创业。第三部分是一封致大学校长的信，讲述了技术转移的重要性，如何规划和提供支持，来帮助其理解大学的这一重要组成部分。

第一节　展　望　未　来

技术转移为开发满足未来社会需要的新产品、新服务提供支持。技术转移也需要不断自我挑战，适应需求的变化。

大学创新格局

创新正在渗透大学生活的各个方面。这是一件好事，因为不论大学的哪个部分都离不开发掘和实施新的想法。大学需要考虑如何为每一位参与者提供创新支持。

校企互动与合作是大学向其内部人员最需要提供支持领域之一。大学需要形成一套与企业互动的战略方法。可以将大学想象成一个简单的二维平面空间格局，其中横轴是大学的所有学术部门，纵轴是大学的所有相关人员。大学领导层和管理人员面临的挑战则是为此空间格局内的每个交叉区域或格子提供支持，以便相关人员可以在与企业互动时提供支持，而企业也可以在与大学互动中得到帮助。

图 12.1 展示的是空白的大学创新格局。

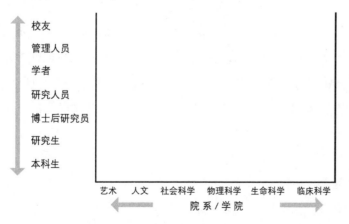

图 12.1　空白的大学创新格局示意图

在任何一所大学,此格局中的许多区域都已有了适当的措施。例如,职业发展办公室会帮助大学生到企业求职,即使它无法为毕业生在其职业发展的各个阶段都提供帮助。总体而言,大学应尽力以填满图中所有区域为目标。如图12.2所示,这是一项艰巨的任务,需要制订相应计划。

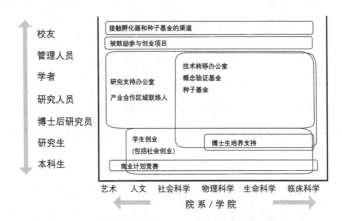

图12.2 填写完整的大学创新格局示意图

唯一一所接近这一构想的大学是美国的麻省理工学院(MIT)及其MIT创新计划(MIT Innovation Initiative),而即使如此它距离真正填满格局还有距离。MIT网站上这样介绍道:"MIT创新计划将与校内全部五个学院开展合作,加强创新与创业的组织,并打造富有活力的文化氛围。计划旨在将创新创业领域的各种渠道和网络连接起来,以助力MIT共同体及其合作伙伴将有用的构想转变为实际的影响。"在英国,布里斯托尔大学还新推出了一系列四年制本科加硕士的学位课程,"通过反复实践性教学,将创新创业技能的培养整合进课程之中。"[1]这些专业包括地理与创新、历史与创新、计算机科学与创新等。

大学应思考如何为教职员工、学生和校友支持,以实现覆盖整个创新布局的校企互动。

全球化的世界

世界正在变得越来越全球化。

——美国前总统乔治·沃克·布什(George W. Bush)

美国打个喷嚏,欧洲就得上了感冒。上面那句引文出自令人印象深刻的 "小布什语录",该语录收集了小布什任职美国总统期间创造的词汇和句子,包 括大名鼎鼎的"错误低估(misunderestimate)"一词,以及"世界正在变得越来越 全球化"。谁知道这些话究竟什么意思? 好吧,我们大概能猜到一些,即全球 化正在席卷世界。可悲的是,几年后,英国总统,哦不对,时任首相托尼·布莱 尔(Tony Blair)竟在一份关于英国生命科学的报告的序言里说了一模一样的 话:世界正在变得越来越全球化。

2008 年爆发并延续的全球金融危机以不止一种方式影响了英国的大学技 术转移。寻找本地早期投资者变得很困难,这就削弱了技术转移办公室成立 新设衍生公司的能力。在牛津大学,这恰好与将技术转移办公室要将服务扩 大到亚洲(尤其是中国)的计划时间相吻合。世界上不乏资金,只不过需要换 个地方寻找。

到目前为止,人们普遍认为衍生公司是在本地活动的,而许可是在全球进 行的。衍生公司在本地活动,因为它的核心任务是组建团队,并在大学附近开 展业务。并且早期投资者出差频率较低,他们更喜欢在本地投资,以便随时了 解业务发展和项目氛围。一位投资者曾说,在必要时,他想知道如何与董事会 主席谈论那些令人不悦的问题。技术许可则是全球性活动,技术不分国界,最 适合推动某项技术发展的公司可能位于世界任何地方。很久以前,在 20 世纪 90 年代,英国大学首次尝试将英国的研究成果商业化来换取政府的科研经 费。后来,这种做法消失了,但没有人知道是否会再次出现。

如今,不论是技术许可还是成立衍生公司,大学技术转移业已成为一项全 球性的活动。这对技术转移办公室的启示便是要建立覆盖全球的科技创新公 司关系网,将其看作潜在的被许可人和投资者。

世界各地的协会

在越来越多的国家出现了专门为大学技术转移群体成立的协会。[2]第一个 建立此类协会的国家是美国。鉴于其规模和地位,许多国家都效仿了美国大学技术界的做法。美国的此类协会为大学技术经理人协会（Association of University Technology Managers, AUTM）。它在美国办会，吸引了来自 30 多个国家的 2 000 多名代表参加。其分支机构亚洲分会（AUTM Asia）正在将美国的实践推广到整个亚洲。

一开始，你所在的大学可能是独自摸索，试图找到一套自己的方法。然后，去美国考察那边大学的做法，并尝试将波士顿或旧金山的模式移植到自己学校。接下来，逐步确定并摸清当下自己学校取得成功的方法。借鉴他人的做法十分有用，但明确自己需要做到什么也至关重要。

国家、区域和全球层面的大学技术转移工作者网络将不断壮大。资深的技术转移经理人已经从英国跳槽到澳大利亚，再到中东、新西兰，又回到英国，或是从美国跳槽到新加坡。这样是有益的，当然前提是我们能理解和包容地区之间的差异，并尝试保留各自的独特之处："臻于至善的文明创造了许多物质工具，为现代生活带来千篇一律的便利，但所幸尚未侵袭到那些特色鲜明的古老城镇。"[3]

我们不希望在每个街角都看到同一家连锁品牌咖啡店，正如我们不希望所有技术转移办公室都变得一模一样。

中国的技术转移

自 2007 年首次访问香港以后，后来在 2009—2015 年间我又多次去到中国。每次访问都不虚此行，人们待我十分热情，我也结交了许多好朋友。我遇见的中国人民普遍彬彬有礼、高雅礼貌。那是中国高速发展的时期，人们担心增长的速度会下降到 10% 以下，而欧洲的增长速度在 1%～2% 上下波动。每次旅行回来，我都可以感受到这种强烈的对比。

牛津大学的技术转移办公室在香港开设了一家子机构，以在亚洲发展技术转移业务。它的总体目标是寻找有意将资金投入到牛津大学及其他地方成立的衍生公司的中国投资者，以及有意从牛津大学及其他地方获得技术许可的中国公司。该做法已取得成功、实现创收，并在亚洲提升了牛津大学作为创新、科学、技术和技术转移先驱的地位。

该计划包括建立一批合资企业,其合资伙伴包括中国本地投资者、政府和牛津大学技术转移办公室,通过引进中国以外的技术来促进当地的经济发展。合资企业分别位于和香港交界的深圳、江苏省的常州和苏州(从上海往西乘一个多小时高铁便可抵达),以及南部的广西壮族自治区的柳州市(从广州往西乘几小时火车可达)。

在中国的许多经历都让我大开眼界,其中之一是访问江苏省苏州工业园区。该园区占地面积 278 平方公里。想象一下在其他国家开辟这样一个区域,专门用来支持成长中的新兴科技公司,那大概会覆盖一整座城市。在牛津大学,我们曾向许多中国代表团自豪地展示牛津大学科学园的情况,然而与苏州工业园区比起来,规模实在小得多。他们乘坐小巴返回市区时,脑海中会浮现怎样的想法呢。

从许多方面来讲,我对中国政府推动创新的政策充满钦佩。我有信心,在未来的几十年,中国终将成为占据全球主导位置的超级大国。

声誉与宣传

> 无论男人女人,名誉是他们灵魂中最贴心的珍宝。如果有人偷走了我的钱袋,他不过偷走了一些废物,那不过是一些毫无价值的东西罢了:入我之手如入他人之手,不过是千万人的奴隶。可是,倘若有人偷走了我的名誉,他并不会因此而富足,而我却会因为失去它而一无所有。
>
> ——威廉·莎士比亚《奥赛罗》,第三幕第三场

20 世纪 90 年代,美国技术转移领域的一个首要导向就是设计和制定相关政策,以避免出现在《纽约时报》的头条上。换句话说,就是要不惜一切代价避免利益冲突。

我对牛津大学技术转移的最初了解,源于某个全国性报纸刊登的一则头版故事。那是 20 世纪 90 年代中期,距离我入职牛津大学还有一段时间。牛

津大学研究支持办公室的负责人通过买卖一家位于牛津的英国生物技术公司的股票赚了一些钱。一系列事件促使某报社的记者将此报道为一个故事，故事围绕着一个男人、一个女人、一些金钱，还有一所英国最受关注的高校而展开。

大学非常希望避免利益冲突，但时常不了解冲突的具体情况。过了几年后，牛津大学研究支持办公室的另一名员工又被允许成为一家新公司的股东，该公司将对包括牛津大学在内的大学研究成果进行商业化运作。如果一个人同时出现在交易双方，那就发生了利益冲突。

对大学宣传部门来说，技术转移办公室应当是正面素材的重要来源。开发新兴技术，与家喻户晓的公司开展互动，为新设衍生公司描绘发展愿景并获得百万美元的投资……这些故事都令人振奋不已。

如今，大学和其他大多数组织一样，在管理声誉方面十分谨慎，并尽可能做到行之有效。这是一个庞大而复杂的课题。声誉的建立并不容易，而受损却只在一瞬间。大学领导层和宣传部门的职责是维护和提高大学的声誉。英国的校长们也越来越意识到管理大学品牌的重要性。技术转移办公室可以协助领导和宣传部门，为他们提供有助于提高大学声誉的正面新闻素材。

大学的良好声誉很大程度上来自于其领导者——校长。近年来，招募大学校长已成为国际猎头公司的一项利润丰厚的业务，校长这一职位的全球人才雇佣市场业已形成。2004 年及之前，牛津大学的校长是从本校各学院的领导中选出的。这意味着都是牛津大学的内部人员当选（均为男士），对牛津大学十分了解，并且已经充分融入了牛津的社交圈。此后，牛津大学校长均来自其他大学。未来，牛津大学内部的人可能再次当选。毕竟，内部人士对牛津大学了如指掌，肯定能选出足够优秀之人并委以重任。

大学排行榜同样已经成为一项规模庞大的产业。各种榜单层出不穷，排名主题涵盖最美校园、学生体验、卓越科研、研究影响力、学生饮酒情况等等。每个排行榜都从国家或国际层面将各所大学的声誉拿来进行比较。现在又新出现了一个国际"大学影响力"排名，英国也即将通过"知识交换框架"推出一种评价大学的新方法。毫无疑问，未来还会出现更多的大学排名榜单。

　　大学宣传部门的作用也将越发显得重要。我们已见证了研究支持办公室、技术转移办公室和筹款发展办公室的增长浪潮。下一波浪潮将是宣传办公室,其部分职能是为了应对负面消息,但更主要的职责是制定有效的战略和战术,以树立和保护大学的良好声誉。他们的工作主要是对外宣传,技术转移办公室可以提供协助。无论怎样,大学内部的宣传同样也有需要不断完善的地方,例如:那位新就任的分管副校长实际负责哪方面工作? 为什么要建立一个新的跨学科研究所? 其资金从何而来?

第二节　再谈"那又如何"

　　第一章阐述了成功的技术转移为社会和大学带来的益处,并解释了资助技术转移办公室在大学机构层面的重要性。

　　有时,商业化是大学研究成果造福社会的最佳途径。我们必须始终认识到:大学研究成果可以通过商业化途径进入到商业领域,并被开发为更好的产品和服务;这一路径完全行之有效,因此不容忽视,并且很多时候还是最好的路径。它也是大学使命职责的一部分,至于相关工作属于哪一个大学行政部门可能会发生变化。

　　近来,存在性威胁成为流行话题。存在性威胁通常指对某项活动或机构的存在构成潜在威胁的因素。大学技术转移办公室的消失可能是一件坏事,因为大学将丧失达成技术转移交易的能力。对技术转移办公室的存在构成威胁的共有四个因素:第一个是卓越研究框架(REF),第二个是研究合作关系不断发展变化的本质,第三个是私立大学风险投资基金,第四个是学生创业能力的提升。

影响力

　　如今,对于英国研究型大学的领导者和管理者而言,REF 结果是最重要的事情。REF 的关键要素之一是影响力,英国政府直接将影响力与政府拨款挂钩。技术转移是创造影响力故事的一部分，但只是一小部分。四十年前，大学里没有技术转移办公室。十年前，大学里没有影响力办公室，而如今影响力办公室成为大学领导瞩目的新焦点，并且随着影响力成为焦点，技术转移工作可能会被纳入影响力办公室。

研究合作关系网络

如今，在研究项目的构思和发展阶段，与企业的合作便已启动。而在过去，大学研究人员先进行研究，然后开始与企业讨论研究成果的应用，或者将研究成果转移到产业。然而，如果越来越多的研究从一开始就成为合作项目，技术转移办公室在不受现有知识产权承诺约束的情况下将研究结果商业化的机会将会减少。

校企合作将越来越普遍，因为政府研究经费的分配越来越依赖于此。校企之间的关系将变得更加灵活和持久，而非简单的线性关系。然而，这会让以文字形式明确相关安排变得更加复杂。这将是一件坏事。长期以来，大学一直控诉与产业界达成明智的安排存在困难，且企业对谈判要点的回应速度相当之慢。

将会有更多人呼吁简化和尽量标准化相关安排。就像乐队 U2 的一首歌名所说的那样，有关人员不妨"从自己的框架中走出来"。[4]

研究合作正在以另一种方式发生变化，即加大开放力度：开放科学、开放协作、开放数据、开放访问权限。技术转移社区尚未对这些术语和它们对技术转移活动的潜在影响有清晰的了解。但是，如果研究结果诞生之初就要进入共享状态，那么专利保护的实施可能会存在巨大风险。研究资助者可能会发现自己的两个目标之间相互矛盾：一方面要全力支持加大开放力度，另一方面又要确保充分利用商业化机会。

大学风险基金

越来越多的大学风险基金（UVF）由私营部门投资者注资运行。有关投资者的头条新闻很有说服力：公共部门正在为研究埋单，公共部门正在为专利和技术转移活动埋单以创造机会，从新技术中获利的机会空前丰富；投资于大学新设公司可以产生上述所有益处。

拥有私有风险投资基金的大学可能会发现某种不平衡，发现很难说服自己在专利上花钱，并且试图将这些费用转移到投资者身上。如果 UVF 或专项基金具有十分强大的投资地位，则大学可能不愿意为技术转移活动支付费用，而是尝试让 UVF 支付相关费用。如此，UVF 可能会逐步接管技术转移办公室的职责；这也许不是一件坏事。

学生创业

几十年来，日本的养老院与托儿所设在一处，双方都受益匪浅。英国在这方面虽然有些迟，但已开展了许多类似活动，帮助老年人和年轻人走得更近。

大学技术转移办公室主要面向的是研究人员和学术人员（"成年人"），而不是学生（"孩子"）；学生群体的创业抱负可以由学生创业中心激发和点燃。将大学技术转移办公室和学生创业中心结合起来将带来巨大的好处。

大学技术转移办公室将了解年轻消费者真正的兴趣所在，他们将明白稍许的混乱是可以接受的。学生创业中心将学习如何处理复杂的工作，比如专利、许可和股东协议，他们将明白适度采用组织架构和流程规范是可以接受的。

在大学里，学生比研究人员多，学生的创业能力会比技术转移增长来得更快。

第三节　致校长的一封信

尊敬的校长：

感谢您，非常感谢您的来信以及您对涅槃大学（Nirvana University）技术转移办公所有工作的支持。

自 2020 年技术转移办公室接受审查以来，我们在落实建议方面取得了实质性进展。我们继续专注于技术转移办公室的根本目标，即帮助需要帮助的研究人员将其研究成果商业化，同时我们还对学生创业提供支持，从而扩展办公室的活动范围。我们正在与研究支持办公室、影响力办公室、宣传办公室以及整个大学的所有研究合作伙伴紧密合作。"涅槃创新协会"已被大学界广泛接受，并被视为涅槃大学在创新社区发挥作用的核心部分。

感谢您理解技术转移是现代大学不可或缺的一部分，理解技术转移办公室和其他部门一样需要经费支持。对大学来说，技术转移并不是通往财务繁荣的门票。在其他一些大学里，领导层私下将技术转移当作拯救账面亏空的赚钱工具，尽管技术转移办公室并不声称自己可以赚钱，尽管其目的不在于创收，尽管数据显示金钱并不是回报的主要部分，且大多数技术转移办公室和专利都记作成本花销。您曾在晚餐时向大肆抨击您的亿万富翁捐赠者、工业家和校友解释，技术转移办公室的存在不是为了利用研究经费产生投资回报，因此不应该将大学视为经营不善的工厂。您的勇气和信心着实令人钦佩。

感谢您推进将学生创业活动和技术转移活动相结合的计划。正如预期的那样，我们遇到了一些棘手的问题，但是如今益处已然显现：我们技术转移办公室的员工正在为学生和学者的团队提供支持，既相互协作又独立自主。

整个大学使用统一的创新和创业品牌，将数十年来成长起来的各类人员和团队汇聚起来。这种做法可以帮助教职员工和学生识别能够提供支持的所有渠道。

特别感谢您个人对我们的支持。您的支持对于办公室中的所有员工以及我们与大学中全体员工和学生的关系极其重要。据我了解，有一些大学高层领导公开或私下批评和轻视他们的技术转移办公室。而您清楚地知道，如果希望技术转移办公室达到更好的效果，必须给予资源，给予更多、更优秀的人员以及长久的耐心和支持。

随函附上若干关键要点，以供您在即将举行的全球大学论坛上发表校长演讲时引用。

感谢您认识到有时商业化是从大学研究成果中获得益处的最佳途径。

祝您阖家安康，万事顺遂。

一名乐观主义者

对于大学

- 大学技术转移有益，也是大学的重要组成部分。
- 技术转移项目带来资金回报的可能性很小，和其他重要服务一样需要经费支持。
- 技术转移非常复杂，需要广泛的技能，需要花费相当长的时间才能得到学校内部的认可并取得成果。
- 技术转移项目可以从许多方面帮助你的大学：展现大学为社会带来的益处，支持当地发展，并提升你的大学在当地创新社区中的地位。
- 制定一套清晰、公正、全面并且有效的政策规范。
- 如果你已完成上一步，请着手推进你的技术转移项目，并坚持下去。
- 公开表达对技术转移办公室的称赞。

对于技术转移办公室

- 重点帮助希望在研究成果商业化方面获得帮助的研究人员（和学生）。
- 确保研究人员（和学生）知晓有关其项目的开发计划。
- 提供指南手册，阐述大学的相关政策和技术转移办公室的运作方式。
- 开展多样化的内部营销项目，并坚持下去。
- 成事在人。招募最优秀的人才并加以引导和管理，使他们愿意留下，与技术转移办公室共同成长。

● 在技术转移的各个阶段都投入足够的精力，特别注意由技术转移办公室负责敲定交易并维护交易达成后的合作关系。

● 记得保持微笑。

对于政府（地方、区域和国家层面）

● 大学研究对于知识型经济的发展至关重要，大学是活力创新社区的主体机构。

● 技术转移无法仅靠自身开展，政府可以提供资源以支持大学技术转移。

● 制定于技术转移、早期创业者和投资者有利的拨款计划和税收政策。

● 和大学领导层合作，帮助他们了解相关机会、掌握将机会转化为现实的方法。

● 大学技术转移任重道远，因此必须长期持久地提供支持。

后　记

　　地理学家会探索一些不寻常之地，但他们至少知道自己身在何处。英国前首相特蕾莎·梅曾就读于牛津大学地理专业，我也曾在伦敦国王学院研究地理。我那时候的朋友们如今从事各行各业，有的成为帆船教练，有的成为猎头，有的入伍参军，有的从事财富管理，有的在哥伦比亚开比萨餐厅，而我则踏入了大学技术转移领域。

　　1988 年，我答应了 UCLi 有限公司（隶属于伦敦大学学院）的职位邀约。公司名称中的"i"代表"倡议"（initiatives，这一含义并不明显），如今"i"也可以代表"创新"（innovation）或"影响力"（impact）。那场面试的面试官们非常友好，大部分时间都在互相讨论这一职位的工作内容。但是我在很长一段时间都没收到后续消息（在当时通常是信件或电话）。后来，在进一步询问后，我很高兴地收到了录用通知。在位于高尔街的乔治亚风格的连栋建筑，我开始了自己的职业生涯。

　　从伦敦金融城搬到高尔街的体验无与伦比，这是一个全新的世界。我所在的团队团结一心，尽力了解技术转移的发展趋势。我的主要工作内容就是帮助伦敦大学学院的研究人员整理与资助其研究的企业签订的合同。我负责工程学院的相关工作，这没什么特殊原因。我从中学习了很多，包括如何使用个人电脑；如何建设石油公司的产业俱乐部以争取对机械工程学院无损检测中心的研究资助。比尔·多弗(Bill Dover)教授是该中心的领导,办公室的员工都叫他本。这些石油公司每年缴纳会费,为所有石油钻井设备的测试(包括在伦敦市中心高尔街附近的一个巨大的水箱中进行水肺潜水)提供研究资助。

在 UCLi 工作了几个月后,我急性阑尾炎发作,好几个月后才病愈。我建议在开始新工作的几个月后好好休息一下。这段时间可以好好适应新生活,且在休假回来后,你还是团队一员,而不是从新人做起。

1993 年,我来到布里斯托尔市,参加布里斯托尔大学研究支持与产业联络办公室的面试。我依然清晰地记得这场面试,面试官是我后来的老板和一位植物科学系的教授。我成功获得了工作,面试官问我是否介意兼职工作,这样其他合适的候选人也可以参与其中,我猜想大概是一周一天。我回复说,我放弃在伦敦的全职工作,沿着 M4 公路一路向西来做兼职并不合理。于是我得到了全职工作,并签署了邮寄过来的雇用合同。一切顺利,但合同中的试用期是三年,这令我惊讶不已,尽管他们对我并不十分了解。这份合同完全标准,适用于所有类别的学校员工(包括教职人员),学校要在三年时间后才能确定试用者是否善于教学。从此,雇用法律发生了变化。

从伦敦大学学院到布里斯托尔又是一段全新的体验。我拥有了一间宽敞的私人办公室,从办公室的凸窗可以俯视普里路上的维多利亚式宅邸。我的办公室宽敞到足以容纳办公室藏书和团队会议桌,所以我几乎不会错过周会。很快,我搬到了后面一间小一点的办公室里。一位社会科学学者刚刚升职,搬到了楼上,就把这间办公室腾了出来。就在这间办公室,我开始建立全新的知识产权管理部门(IPMU)。我是该部门的第一名全职员工,在这之前,相关工作一直由我的老板完成,他还同时负责许多其他工作。我的职位是知识产权经理(IPM),IPM 也是遴选(identify)、保护(protect)和营销(market)的首字母集合,而这些就是我的工作内容。知识产权保护即遴选、保护和营销知识产权项目。我目前还在使用这个称呼。

在伦敦大学学院,我了解了大学的运转模式、灵活变动的规则和固定的章程、员工、组织架构和时间表;我了解了与大型、小型公司和国防部签订的合同,也了解了旨在资助校企合作研究的 LINK 计划;我还了解了知识产权、保密性等知识与研究人员的发表需求。

1998 年,我在一次 AURIL 培训课程中结识了牛津大学技术转移主管蒂姆·库克(Tim Cook)博士,我们一见如故。在布里斯托尔,一切都在发展,人们也在变化。我第一次了解到了与人共事和为人效力的区别。后来我听说,离婚律师在圣诞节后业务格外繁忙,招聘顾问在暑假后也是如此。1999 年 9 月,我向牛津大学发了一封邮件,询问是否有用人需求。自 2000 年 2 月起,我就职于伊西斯创新有限公司。

离开布里斯托尔时,我有些感伤。我们的工作成果就像自己的孩子一样。我们在美丽的布里斯托尔动物园赞助了新的企鹅围栏,我们结识了很多朋友,但是事情在变化,人也在发展。布里斯托尔大学的副校长在我的离职卡片上写道"理想的灯塔不灭"。

在布里斯托尔,我了解了大学技术转移的运作模式与专利和著作权知识。我阅读了《1977 年专利法案》《1988 年专利、著作权和外观设计法案》,甚至还查阅了《1948 年专利法案》。我从头至尾地阅读了国际技术授权主管总会早些年的每一版出版物。我于 1995 年在美国亚利桑那州凤凰城首次参加大学技术经理人协会会议,在那期间,酒店经理建议我每天早晨抖抖鞋子,以防里面有蝎子。短短几天,我受益良多。在会议中,行业一流的有识之士聚集在一起,他们从事大学技术转移,教授相关课程,对大学研究的商业化几乎无所不知。会议还提供了许可费收入达数百万元的案例——例如,加利福尼亚大学以 6 000 万美元的价格将乳腺癌基因出售给安进公司。

从布里斯托尔大学到牛津大学又是一段绝妙的体验,两者是多么不同!布里斯托尔大学属于包括牛津大学和其他英国顶尖高校在内的精英组织,而牛津大学本身就是一个无与伦比的精英组织。

在牛津大学,我开始学习公司如何运作,管理工作如何展开,如何在成立于 800 年前的大学所拥有的不断增长的小型企业里开展业务,后来又学习了领导力是如何发挥作用的。我从蒂姆·库克那里学到很多,我到任时他正担任伊西斯创新有限公司的董事总经理，直到 2006 年我接任该职位。大学技术转移已经成为关键的技术突破点，其挑战在于如何以最高的标准和最高的期望开展最高水平的工作。这是一个魅力非凡的领域，我深入其中，许多年无法自拔。2006 年愚人节，我成为伊西斯创新有限公司的首席执行官（CEO），直至 10 年后的 2016 年 3 月底我卸任离开。我的身影留在了档案里，一个个故事里，也留在了人们的心里和繁杂的数字里。

离开牛津大学是我早已计划好的事情，但依然令人难过。我知道我必须往前看，在牛津大学的工作应该告一段落了。2013 年，我意识到，到 2016 年 3 月，我担任伊西斯创新有限公司 CEO 即将满 10 年，对所有参与其中的人来说，这已经够久了。公司总需要一些改变。于是我向董事长提出将于 2016 年 3 月之前离任，并在一年后将此计划告知了管理团队。2015 年，我向管理团队宣布此事，然后全体员工和关心此事的朋友们开始为我的离开做准备工作。那是一段忙碌的时光，我们的公司搬了办公室，继续接受大学的创新评估，还与成立于 2015 年的"牛津科学创新"（一家私人投资公司）达成了一笔巨额交易。牛津大学的校长曾打电话给我，询问我是否反对此次交易。我确实提出过反对，但从头天晚上看报纸到第二天早上 9 点开会的工夫，我的名字就已经从大学创新评估小组的成员名单中删除了。我明白自己已无法在这里待下去，是时候离开了。

由于伊西斯创新有限公司的财务决算时间由每年的三月变更为和牛津大学一致，我被迫同意继续工作到 2016 年 7 月。虽然离开的时间晚了几个月，但一切还在按照计划进行。直到 2015 年 12 月，事情渐渐发生了改变。我被频繁要求离开会议现场或者不要出席公司例会，我忍无可忍，最终选择离开。我于次年 1 月离开公司，但直至 3 月底我的名字依旧显示在雇员名单上。我在 2016 年 3 月彻底离开，正如我原本计划的那样，但离开的方式实属计划之外。

牛津大学既有宏伟辉煌的一面，也有可怕丑陋的一面。说它宏伟，是因为它的建筑和环境，因为它占据某大学榜单首位以及大多数榜单前十名的成绩，还有它培养出的许多学生日后取得的成就。说它可怕，是因为有一小部分员工在校园里张扬跋扈,以发表反对他人的观点为乐,而第二天又否定自己前一日的说法。

介于这两者之间的部分,也只能算是平庸。牛津大学建立了大量的委员会来组织职能和维持运作,委员会由学术人员组成,由行政人员"提供服务"。2000 年,原牛津大学教授约翰·凯(John Kay)指出了委员会架构的几个缺点。他写道:将议题推迟到下一次会议或移交给其他委员会已经成为一种标准做法。他特别指出,行政管理人员有责任但没有权力,而学术人员有权力但没有责任。[1]曾有一位牛津大学的学术人员写文章论述了行政部门的权力膨胀现象(不知道如今他是否还在发表此类文章)。行政管理部门是一个非凡的群体,其中的每位员工都心怀善意,虽然缺乏领导、难以决断,但有足够的信心在各种情况下推进工作。当你要寻找某一决定的来源时,要知道这个来源从来都不是个人,而是委员会;没有个人可以为此决定负责。如果再进一步调查,可能很难找到充足的证据证明委员会的确做出了某个决定,但无论怎样,讨论的走向促使委员会主席最终做出某一决定。正如约翰·凯所说的,"往往很难确定他们是否真的做了决定,以及决定内容是什么"。我相信这些问题不是牛津大学独有的。《金融时报》的露西·凯拉韦(Lucy Kellaway)在 2006 年发文指出了许多阻碍大学进步的学术特征:高智商、低情商,缺乏团队精神,将批评作为生活方式,模糊权力界限,不想改变现状。[2]

1908 年出版的《学术界缩影》一书对大学政治极尽讽刺,其作者为剑桥大学古典文学学者弗朗西斯·麦克唐纳·康福德(Francis MacDonald Cornford)。[3]任何想要理解大学行政管理工作或者希望获得晋升的大学管理人员都少不了拜读这本著作。书中写道:"做事的理由只有一个,无所事事的理由却数不胜数。赞成做事只因为它是正确的,而接下来的困难在于如何确定这件事是正确的。"循环往复,没有结果。

即便如此,牛津大学依旧宏伟辉煌。或许有一天,它会停止盲目包容某些学术人员和行政人员做出的不可原谅的行为。对卓越的极致追求绝不是使不可原谅的行为手段变得合理化的理由。

致　谢

正如人们常说的,技术转移是一桩"和人打交道的生意",或者一种"需要接触的活动"。全世界的大学技术转移社区是一个绝妙无比的群体,多年来我从他们身上学到了很多,并将继续向他们学习。在这里,我要向一直以来带领我了解和探索技术转移的朋友,以及帮助我完成这本书的朋友诚挚地说一声感谢。他们分别是:

20 世纪 80 年代: Bill Dover,David Goodman,Raymond Madden。

20 世纪 90 年代: 来自英国的 David Armstrong, Richard Blackmore, John Dean, Ian Harvey, Kerron Harvey, Adrian Hill, Richard Jennings, Joe McGeehan, David Nash, Douglas Robertson, Raja Sengupta, Jeff Skinner, Malcolm Skingle, Bob Smailes, Ian Stevens, Nir Vulkan。来自美国的 Lou Berneman, Bill Hoskins, Lita Nelsen, John Ritter, Jon Soderstrom, Ashley Stevens, Teri Willey。

21 世纪前 10 年: 牛津大学的 Jonathan Anelay, Roy Azoulay, Jenny Bailey, Steve Bayliss, John Bell, Stephan Chambers, Steve Cleverley, John Coleman, Tim Cook, David Cooksey, Steve Davies, Raymond Dwek, Peter Edwards, Pierre Espinasse, Mairi Gibbs, Douglas Hague, Ant Harwood, Adrian Hill, Peter Hotten, John Hood, Wenming Ji, Doug Jackson, Peter Johnson, Nigel Keen, Richard Liwicki, Helen McShane, Linda Naylor, Dave

Norwood, Rob Poynton, Catherine Quinn, Torsten Reil, Graham Richards, Mike Stevens, Glenn Swafford, Bernard Taylor, Mark Taylor, Jon Treanor, Peter Williams。英国其他地方的 Mark Anderson, Claire Brady, Alison Campbell, Kevin Cullen, Roger Cullis, Russ Cummings, Anne Dobree, Alice Frost, Tony Hickson, Alan Hughes, Nigel Jones, Caroline Quest, Tony Raven, Graeme Reid, Clive Rowland, Richard Seabrook, David Secher, Cengiz Tarhan, Derek Waddell. 英 国 以 外 的 Alexandre Casta, Lily Chan, Paul Cheung, Nigel Clarke, Koenraad Debackere, Paul van Dun, Jörn Erselius, Mònica de Forn, Anders Haugland, David Henderson, Shuji Higuchi, Shishan Ji, Christoph Köller, Karen Laigaard, Tiam Lin Tze, Renchen Liu, Xavier Marcet, Laurent Mieville, Anita Nel, Andrea Piccaluga, Riccardo Pietrabissa, Marius Rubiralta, Christian Stein。

还有许许多多帮助过我的人⋯⋯感谢你们。

这本书的创作前后花费了许多年。当我还在牛津大学工作的时候，曾先后与蒂姆·库克和理查德·布莱克莫尔(Richard Blackmore)商讨过写书之事。2016 年，正在负责编写全球大学技术转移指南的阿什莉·史蒂文斯(Ashley Stevens)联系到我，询问我是否愿意撰写关于英国的章节。我答应下来并开始写作，即便后来得知编写计划中止，依然决定继续写下去。创作过程中，耳边一直回响着克里斯托弗·希钦斯(Christopher Hitchens)那句戏谑的话语："每个人都坚信自己心中孕育着一本伟大的书，但对大多数人来说，让这本书留在心里才是正确的选择。"2018 年中，写作工作终于完成，我开始寻找出版商。我知道有些人可能是先接触出版商再开始写作，或者两者同时进行。我想确保所写内容不涉及机密信息，但这必定会影响整体进度。2018 年末，约翰斯·霍普金斯大学出版社的格雷格·布里顿(Greg Britton)同意推进此书的出版计划。我衷心感谢特丽·威利(Teri Willey)女士细致的评论和建议，感谢约翰斯·霍普金斯大学出版社所有人的努力和付出！

注　释

序章

1. 英国贸易与工业部在 20 世纪 90 年代使用该定义，它短小精悍。发明指产生新想法，而创新指成功开发利用新想法。在措辞上，一些人更喜欢使用"利用"或"采纳"一词替代"开发"。世界著名的商业创新大师克莱顿·克里斯滕森(Clayton Christensen)对创新定义如下："创新是一个组织将劳动力、资本、材料或信息转化为更有价值的产品和服务的过程中发生的变化。"这一定义有助于我们理解，从经济发展的角度来看，创新主要有三种类型：创造市场、持续和效率。参见：Clayton Christensen, *The Innovator's Dilemma: When New Technologies Cause Great Firms to Fail*(Brighton, UK：Harvard Business Review Press, 2016)。马克·道奇森(Mark Dodgson)和大卫·冈恩(David Gunn)将创新定义为"成功应用的想法"；参见：Mark Dodgson, David Gunn, *Innovation: A Very Short Introduction*, 2nd ed. (Oxford：Oxford University Press, 2018)。

2. 牛津大学 NaturalMotion 公司的游戏《笨拙忍者》(*Clumsy Ninja*, 2013)；哥本哈根大学的碎石路品牌"Slotsgrus"；比利时鲁汶大学的苹果品种 Kanzi、Greenstar、Zari；伦敦大学学院的外科压缩袜。

3. "PraxisAuril," accessed May 6, 2019, https://www.praxisauril.org.uk.

4. "MadeAtUni," accessed May 6, 2019, https://madeatuni.org.uk.

5. 此处 112 所大学由我通过大学官网搜索得出。12 所大学将技术转移办公室设立为单独公司的大学，分别是帝国理工学院、伦敦卫生与热带医药学院、曼彻斯特大学、伦敦玛丽女王大学、贝尔法斯特女王大学、斯旺西大学、伦敦大学学院、伯明翰大学、牛津大学、剑桥大学、爱丁堡大学和阿尔斯特大学。帝国理工学院目前正在转型,其他大学可能也是如此。参见:"UniversitiesUK," accessed May 6, 2019, https://www.universitiesuk.ac.uk.

6. "2019年泰晤士高等教育世界大学排名"共有1 258所"研究密集型"大学上榜,其中172所位于美国。

7. AUTM, *Driving the Innovation Economy*, 2017, https://autm.net/AUTM/media/SurveyReportsPDF/Survey%20Reports%20Images/AUTM_2017_Infographic1.pdf. "AUTM Better World project," last modified 2018, https://autm.net/about-tech-transfer/better-world-project.

8. 关于斯坦福管理 Cohen‐Boyer 专利的成功经验,更多信息请参考:M. A. Feldman, A. Colaianni, and C. Liu, "Lessons from the Commercialization of the Cohen-Boyer Patents:The Stanford University Licensing Program," in *ipHandbook of Best Practices* (*2007*), accessed May 6, 2019, http://www.iphandbook.org/handbook/chPDFs/ch17/ipHandbook-Ch%2017%2022%20Feldman -Colaianni0Liu%20Cohen -Boyer%20Patents%20and%20Licenses.pdf.

9. Claire Brady, Russ Cummings, Tony Hickson, Tom Hockaday, Linda Naylor, Clive Rowland, and Cengiz Tarhan, "Dowling — the Real Issues and the Future"(2015), https://innovation.ox.ac.uk/wp-content/uploads/2015/12/5U-Dowling-the-real-issues-and-the-future.pdf.

第一章

1. VMOST 模型分析法由拉克什·桑迪首次提出,其著作《整体策略》参见:中对该模型进行了描述。参见:Rakesh Sondhi, *Total Strategy* (Lancashire, UK:Airworthy Publications, 1999).

2. McMillan Group, *University Knowledge Exchange（KE）Framework: Good Practice in Technology Transfer*, HEFCE, September 2016, https://dera.ioe.ac.uk/27123/1/2016_ketech.pdf.

3. "REF 2014 Impact Case Studies," accessed May 6, 2019, https://impact.ref.ac.uk/casestudies/.

4. Bart Van Looy, Paolo Landoni, Julie Callaert, Bronu van Pottelsberghe, Eleftherios Sapsalis, and Koenraad Debackere, "Entrepreneurial Effectiveness of European Universities:An Empirical Assessment of Antecedents and Trade-Offs," *Research Policy* 40 (2011):553‐564.

5. Ann Dowling, "The Dowling Review of Business-University Research Collaboration," *Royal Academy of Engineering*, last modified July 2015, https://www.raeng.org.uk/publications/reports/the-dowling-review-of-business-university-research.

6. "REF 2021," accessed May 6, 2019, https://www.ref.ac.uk.

7. "Global University Venturing," last modified August 29, 2017, https://globaluniversityventuring.com/imperial-gives-founders-a-choice/.

8. 有关高等教育创新基金的进一步讨论，请参见第九章。

第二章

1. Jacob Bobart, "Section 21," in *The Garden*, *the Ark*, *the Tower*, *the Temple*, *Museum of the History of Science*, ed. Jim Bennett and Scott Mandelbrote (Oxford: Museum of the History of Science, 1998), exhibition catalogue, https://www.mhs.ox.ac.uk/gatt/catalog.php? num = 21.

2. "£750,000 Claim against the University of Oxford," *Nature* 141, no.138 (February 1938), https://doi.org/10.1038/141238a0.

3. 1938 年的 7 万英镑约合 2016 年的 430 万英镑。

4. Jack Morrell, *Science at Oxford*, *1914—1939: Transforming an Arts University* (Oxford: Clarendon Press, 1997).

5. Brynar James Owen, "An Improved Process for Dehydrating Vegetable Substances or Products of Organic Character," 1925. Found via the European Patent Office Espacenet Database, reference number GB267203 (A)—1927‐03‐07, https://www.epo.org/index.html.

6. Susan Aldridge, *The Discovery and Development of Penicillin 1928—1945* (London: American Chemical Society, 1999); John Patrick Swann, "The Search for Synthetic Penicillin during World War II," *British Journal for the History of Science* 16, no. 2 July 1983: 154‐190; E. P. Abraham, "Sir Robert Robinson and the Early History of Penicillin," *Natural Product Reports* 4 (1987): 41‐46, doi:10.1039/NP9870400041.

7. "First Use of Penicillin as a Therapy," MadeAtUni, accessed May 6, 2019, http://madeatuni.org.uk/university-sheffield/first-use-penicillin-therapy.

8. 亨利·蒂泽德(Henry Tizard)爵士是帝国理工学院的时任校长、化学家、发明家和雷达的开发者。1940 年,应温斯顿·丘吉尔首相的请求,他率领后来被称为"蒂泽德使团"的代表团前往美国,希望用重要技术的知识换取美国对战争的援助。参见: Deborah Evanson, "The Tizard Mission: 75 Years On," *Imperial College London*,

December 2，2015，http：//www.imperial.ac.uk/news/169502/the-tizard-mission-75-years/.

9. 格雷厄姆·理查兹教授是牛津大学的化学教授和系主任。1994—2007 年,他担任牛津大学技术转移机构伊希斯创新有限公司的董事。他同时也是企业家,参与了许多大学的新设公司,其中最著名的是牛津分子有限公司。参见:Graham Richards, *Spin-Outs: Creating Businesses from University Intellectual Property*（Hampshire，UK：Harriman House，2010）.

10. Lord Haldane, *Report of the Machinery of Government Committee*（London：HMSO，1918）, https://www.civilservant.org.uk/library/1918Haldane_Report.pdf. 2017 年,《高等教育和研究法案》包含以下内容:"'霍尔丹原则'是这样一项原则,即最好在评估提案的质量和可能影响后,对单个研究提案做出决定(如通过同行审查程序)。"

11. "Hansard," January 1949, https://hansard.parliament.uk.

12. United Kingdom Parliament House of Commons, *Treasury Circular No. 5/50*（London，1952）; National Research Development Corporation, *Report and Statement of Accounts for the year 1st July，1950，to 30th June，1951*（London：NRDC，1981）; House of Commons, *Transference of Government Rights in Inventions to the National Research Development Corporation*, Sessional papers no. 83，vol. 18（London：HMSO，1951）.

13. National Research Development Corporation, *Development of Inventions Act 1967*, chapter 32（London：NRDC，1967）, https://www.legislation.gov.uk/ukpga/1967/32/enacted? view = extent.
《1967 年发明开发法》整合了《1948 年发明开发法》《1954 年发明开发法》和《1965 年发明开发法》。

14. National Research Development Corporation, Bulletin 41，1974.

15. Harold Wilson, "Labour's Plan for Science," October 1，1983，annual conference, http://nottspolitics.org/wp-content/uploads/2013/06/Labours-Plan-for-science.pdf.

16. Klaus Eichmann, *Köhler's Invention*（Basel, Switzerland：Springer, 2005）.

17. Eichmann, *Köhler's Invention*.

18. Alfred Spinks, "Biotechnology Report," *Nature* 283（1980）：324-325. 其中载有报告草稿摘要。

19. 详细背景信息参见:Herbert Gottweis, "The Political Economy of British Biotechnology," in *Biotechnology and the Rise of the Molecular Sciences*, ed. Arnold Thackray（Philadelphia：University of Pennsylvania Press, 1998）.

20. University Directors of Industrial Liaison, *University Intellectual Property: Its Management and Commercial Exploitation*, appendix 1, 1988. 该书总结了大学校长委员会对英国大学内部研究成果的专利化和商业开发的实践。

21. Kerron Harvey, "Managing the Exploitation of Intellectual Property: Analysis of Policy and Practice in Nine UK Universities" (PhD diss., University of Stirling, 1992).

22. University Directors of Industrial Liaison, *University Intellectual Property: Its Management and Commercial Exploitation*, appendix 2, "Research Council Guidelines for Arrangements for Exploitation," 1988.

23. University Directors of Industrial Liaison, *University Intellectual Property*, appendix 1, 1988.

24. University Directors of Industrial Liaison, *University Intellectual Property*, appendix 2.

25. University Directors of Industrial Liaison, *University Intellectual Property: Its Management and Commercial Exploitation*, 1988.

26. 相关政府部门领导人的头衔名称多次变化,但下列人员担任过此类重要职务：戴维·塞恩斯伯里(David Sainsbury, 1998—2007 年),保罗·德雷森(Paul Drayson, 2008—2010 年),戴维·威利茨(David Willetts, 2010—2014 年),乔·约翰逊(Jo Johnson, 2015—2018 年)。

27. PraxisAuril, *Knowledge Exchange & Commercialisation: The State of the Profession in UK Higher Education*, 2016.

28. "About RCSA," Research Corporation for Science Advancement, last modified 2017, http://rescorp.org/about-rcsa/history; Research Corporation Technologies, last modified 2019, https://rctech.com.

29. "History of WARF," Wisconsin Alumni Research Foundation, last modified 2019, https://www.warf.org/about-us/history/history-of-warf.cmsx.

30. Gregory B. Lim, "Warfarin from Rat Poison to Clinical Use," *Nature Reviews Cardiology*, December 14, 2017, https://www.nature.com/articles/nrcardio.2017.172.

31. Joseph Allen, "In Memory: Farewell to Senator Birch Bayh," *IP Watchdog*, March 14, 2019, https://www.ipwatchdog.com/2019/03/14/memory-farewell-senator-birch-bayh/id=107329/.

32. *Bayh-Dole Act*, Title 35, US Government Publishing Office, 1952, https://www.govinfo.gov/content/pkg/USCODE-2011-title35/html/USCODE-2011-title35.htm.

33. "Bayh-Dole Act," *AUTM Insight Newsletter*, https://autm.net/about-tech-transfer/advocacy/legislation/bayh-dole-act.

34. Ashley J. Stevens, Fred Farina, and Robert Perkins, "In Memoriam: Larry Gilbert, Technology Transfer Pioneer and AUTM Founder," AUTM, https:// www.autm.net/ AUTMMain/ media/ Advocacy/ Documents/ In-Memoriam-Larry-Gilbert.pdf.

35. University Directors of Industrial Liaison, *University Intellectual Property*.

36. "Cambridge Science Park," accessed May 6, 2019, https:// www.cambridgesciencepark.co. uk/ about-park/ .

37. Peter Warry, *Increasing the Economic Impact of Research Councils* (London: Research Council Economic Impact Group, 2016), https:// www.cass.city.ac.uk/ data/ assets/ pdffile/ 0006/ 73671/ Warry20report.pdf.

第三章

1. 以 P 开头的要素: 我认为这些类别在世界范围内都适用。一些热心读者告诉我,在不同的语言中,这些词汇并非都以 P 开始,尤其在中国。一位在德国从事技术转移的老同事亚历山德罗斯·帕帕德罗斯(Alexandros Papaderos)将成功需具备的要素改编为了 4G,即 Geist, Gluck, Geld, Geduld(精神、幸运、金钱、耐心)。

2. *Pulp Fiction*, directed by Quentin Tarantino (Los Angeles: Miramax, 1994).

3. "Benefits," Oxford University Innovation, accessed February 5, 2019, https:// innovation.ox.ac.uk/ about/ careers/ benefits/ .

4. 国家名单可在世界知识产权组织(WIPO)查看, https:// www.wipo.int/ export/ sites/ www/ pct/ en/ list_states.pdf; "Member States of the European Patent Organisation," European Patent Office, last modified March 1, 2019, https:// www.epo.org/ about-us/ foundation/ member-states.html.

5. Colin Mayer, *Prosperity: Better Business Makes the Greater Good* (Oxford: Oxford University, 2018).

6. 的确会发生不好的事情。一位杰出的技术转移专业人士讲道:"我第一次参与的会议是与一家大型产业赞助商会面,这家赞助商计划起诉一些基于他们资助的研究而成立公司的大学学生。大学鼓励这些学生参与商业计划竞赛,学生们赢了,并通过成立初创公司而推进研究商业化。这项产业资助研究的首席研究员不知道该初创公司的存在。对公司来说,大学似乎宽恕了一切。事实是,大学忽视了学生知识产权事项,甚至没有调查细节。矛盾最终得到了解决,这一故事在合理风险管理方面起到了警示意义。"

7. 兰伯特工具包面向想要展开合作研究项目的企业和大学而设计。参见:"University and Business Collaboration Agreements: Lambert Toolkit," last modified April 3,

2019, https://www.gov.uk/guidance/university-and-business-collaboration-agreements-lambert-toolkit.

8. James Gazzard and Sarah A. Brown, "Revenue Sharing: An Assessment of Current Policies at UK Universities," *Industry and Higher Education* 26, no. 1 (2012): 21–29.

9. T. Hockaday and T. Hickson, "Golden Share & Anti-dilution Provisions," University of Cambridge, 2015, https://www.imperialinnovations.co.uk/media/uploads/files/golden-share-2015.pdf.

10. Alice Frost, "The International Sisterhood of Technology Transfer," *HEFCE* (blog), February 4, 2016, http://blog.hefce.ac.uk/2016/02/04/the-international-sisterhood-of-technology-transfer/ [archived].

11. 他是史蒂夫·戴维斯教授(Professor Steve Davies)，韦恩弗利特化学教授(Waynflete Professor of Chemistry)，牛津大学前系主任。2019 年，史蒂夫·戴维斯发表了他的第 600 篇论文，他的 h 指数(Web of Science)是 62。他连续创办了多家公司，爱好鉴赏葡萄酒，开着一辆红色捷豹跑车，常把跑车停在牛津大学化学系的停车场。1991 年，史蒂夫·戴维斯创立了 Oxford Asymmetry 公司，并于 1999 年以超过 3 亿英镑的价格将其出售给了赢创(Evotec)。蒂姆·库克在 1997 年担任伊西斯创新公司的总经理之前，曾任 Oxford Asymmetry 的总经理。Oxford Asymmetry 的早期投资者是当地的天使投资人尼克·克罗斯(Nick Cross)和伊恩·莱恩(Ian Laing)，他们在米尔顿公园商业地产开发项目中取得成功后，成功投资了许多牛津的公司。

12. 大学技术经理人协会研讨会由威克森林大学技术转移团队的朱莉·M. 沃森(Julie M. Watson)和贝丝·福德姆-迈耶(Beth Fordham-Meier)举办；我想是在 20 世纪 90 年代，在凤凰城或旧金山。

13. UK IPO, *Graphene: The Worldwide Patent Landscape in 2015*, March 25, 2015, https://www.gov.uk/government/publications/graphene-the-worldwide-patent-landscape-in-2015.

14. University Directors of Industrial Liaison (UDIL), *University Intellectual Property: Its Management and Commercial Exploitation*, 1988.

15. 两个例子分别是 Wellspring Sophia 和 Inteum。

第四章

1. A. Hughes, C. Lawson, A. Salter, M. Kitson, A. Bullock, and R. B. Hughes, *The Changing State of Knowledge Exchange: UK Academic Interactions with External Organisations 2005—2015* (London: National Centre for Universities and Business,

2016）.

2. Richard Lambert, *Lambert Review of Business‐University Collaboration: Final Report* (Champaign：University of Illinois at Urban-Champaign, 2003）.

3. H. Chesbrough, *Open Innovation: The New Imperative for Creating and Profiting from Technology*（Boston：Harvard Business School Press, 2003）.

4. 创新英国（Innovate UK）是英国研究和创新（United Kingdom Research and Innovation)的一部分,这是一个政府机构,（截至 2019 年)年度预算超过 70 亿英镑。

5. Alex Ferguson and Michael Moritz, *Leading*（London：Hodder and Stoughton, 2015）.

6. Univercissus,一个希腊神话。

7. Harvard Office of Technology Department, "The Statement of Principles and Strategies for the Equitable Dissemination of Medical Technologies," https：// otd.harvard.edu/ upload/ files/ Global_Access_Statement_of_Principles.pdf.

8. 这是一个复杂问题,各方观点都非常强硬。一名叫劳里·皮克罗夫特（Laurie Pycroft)的青少年发起了一项名为"支持动物实验"的运动,随后公共舆论像浪潮一般席卷牛津大学。这些成年人跟在一名青少年的后面,有了勇气公开宣布动物实验的好处。

9. 这场演示可在美国国会图书馆上完整查阅,网址是 http：// www.loc.gov/ today/ cyberlc/ feature_wdesc.php? rec = 4056。第 71～78 分钟是对该模型的介绍。而第 31～71 分钟,蒂姆·库克讲述了我们在 2007 年对伊西斯创新有限公司的认识和管理方法。

10. Mark Anderson and Victor Warner, *Technology Transfer: Law and Practice*（London：Bloomsbury, 2010）.

11. UK Public General Acts, *The Patents Act 1977*, Chapter 37, July 29, 1977, https：// www.legislation.gov.uk/ ukpga/ 1977/ 37.

12. *The Patents Act 1977*, Chapter 39, July 29, 1977.

13. *The Patents Act 1977*, July 29, 1977.

14. UK Public General Acts, *Copyright Designs and Patents Act 1988*, November 15, 1988.

15. 与贸易有关的知识产权协定(TRIPS)是世界贸易组织成员国间的国际法律协定,参见世界贸易组织"与贸易有关的知识产权协定"（Trade-Related Aspects of Intellectual Property Rights),网址 https：// www.wto.org/ english/ tratop_e/ trips_e/ trips_e.htm。

16. *Title 35 of the United States Code Part* Ⅲ, Chapter 26, Section 261 Ownership; assignment, https：// www.govinfo.gov/ content/ pkg/ USCODE-2011-title35/ html/ USCODE-2011-title35.htm.

17. *Title 35 of the United States Code Part* Ⅲ, Chapter 26, Section 262 Joint owners.

第五章

1. 2019 年早期公开信息，网址 https://www.marketscreener.com/IP-GROUP-PLC-38908802/company/.

2. 2017 年 9 月，利用各大学网站对英国 145 所大学的技术转移办公室和新设公司的分析。

3. 我第一次听到"例外变成先例，再变成政策"是从麻省理工学院技术许可办公室的传奇院长、英国 Praxis 创始人之一莉塔·内尔森(Lita Nelsen)口中。

4. 牛津大学在 2017、2018、2019 年的泰晤士高等教育世界大学排名中名列第一。https://www.timeshighereducation.com/world-university-rankings/2019/world-ranking♯!/page/0/length/25/sort_by/rank/sort_order/asc/cols/stats.

5. Stephen Toope, "Research Universities Partnering Industries and Governments for Economic Growth," University of Cambridge, September 28, 2018, THES World University Forum.

第六章

1. 部分内容在第三章已有讲解。

2. William Faulkner, *The Sound and the Fury* (1931).

3. Blaise Pascal, *Pensées*, section 9; issued posthumously in 1670.

4. 关于 LifeArc 公司 Keytruda 交易的描述，参见：https://www.lifearc.org/lifearc-monetises-keytruda-royalty-interests-20052019/, accessed June 2019.

5. 该公共网站现已无法访问，格拉斯哥大学网站对该合作有记录，https://www.gla.ac.uk/myglasgow/ris/ipcommercialisation/easyaccessip/.

6. IP Pragmatics, *Easy Access IP: A Preliminary Assessment of the Initiative*, National Centre for Universities and Business (NCUB), March 2015, http://www.ncub.co.uk/reports/easyaccessip.html.

7. IP Pragmatics, *Easy Access IP*, 2015.

8. 详见由 Technopolis 集团代表欧盟委员会进行的一项研究的框架：Alasdair Reid and Miriam Ruiz Yaniz, "Scottish Enterprise Proof of Concept Programme：Case Study," November 2007.

9. Tom Hockaday, "A University Should Be as Generous as It Can Afford to Be," Technology Transfer Innovation, last modified September 2017, http://www.

technologytransferinnovation.com/ generous.html.

10. 帝国理工学院"创始人选择"计划详细信息参见：https:// www.imperialinnovations. co.uk/ media/ uploads/ files/ Founders_Choice_Miniguide_web_june_2017.pdf. 该创新性方法归功于托尼·希克森(Tony Hickson)博士.

11. "Soil Physical and Chemical Properties," USDA Natural Resources Conservation Service, last modified January 30, 2014, https:// www.nrcs.usda.gov/ wps/ portal/ nrcs/ detail/ nj/ home/? cid = nrcs141p2018993.

第七章

1. "TED 演讲的时代已经结束了"只是个人观点,与投资者的宣传有关,通常采用讽刺的手法。我推荐加拿大讽刺作家团队"This is That"的作品《思想领袖》(Thought Leader),视频巧妙、滑稽地解构了典型的 TED 演讲,https:// www.digitaltrends.com/ web/ this-is-that-ted-talk/ .

2. Isis Innovation, Oxford University Challenge Seed Fund: 10 Year Report 1999 - 2009, https:// innovation.ox.ac.uk/ wp-content/ uploads/ 2014/09/ ucsf10_year_report.pdf.

3. 还包括位于牛津郡南部的卡拉姆和哈韦尔实验室 (Culham and Harwell Laboratories)。

4. 牛津大学创新有限公司的网站列出了每年新设公司的数量：2014 年 7 个,2015 年 11 个,2016 年 14 个,2017 年 17 个,2018 年 18 个。

5. "ARCH"这一名字来自阿贡国家实验室(ARgonne National Laboratory)和芝加哥大学(University of Chicago)的前几个字母。ARCH 发展资本(ARCH Development Capital)起源于 ARCH 创投公司(ARCH Venture Partners)。

6. "Imperial College Builds Spin-Out Partnership for Future Growth," Imperial College London, last modified May 15, 2002, https:// www. imperial. ac. uk / college. asp? P = 3398.

7. "Ahren Capital," accessed May 6, 2019, http:// www. ahreninnovationcapital.com; Thierry Heles, "Ahren Verifies $ 250m Fundraising Hypothesis," Global University Venturing, July 2, 2019, https:// globaluniversityventuring.com/ ahren-verifies-250m-fundraising-hypothesis/ .

8. Nassim Taleb, Antifragile: Things That Gain from Disorder (London: Penguin Random House, 2012).

9. "Launch of Syncona Partners," Wellcome, January 3, 2013, https:// wellcome.ac.uk/ press-release / launch-syncona-partners; Syncona has grown substantially through a

merger with BACIT, Vicky McKeveer, "Syncona's Funds Boss Exits as Bacit Portfolio Wound Down," *Investment Trust Insider*, March 15, 2019, https：//citywire.co.uk/ investment-trust-insider /news /syncona-s-funds-boss-exits-as-bacit-portfolio-wound-down/ a1209772.

10. "Patient Capital Review：Industry Panel Response," October 2017, https：//assets. publishing.service.gov.uk/government/uploads/system/uploads/attachment_data/file/ 661397/PCR_Industry_panel_response.pdf；"Terms of Reference for the Patient Capital Review," Gov.UK, last modified November 22, 2017, https：//www.gov.uk/ government /publications /patient-capital-review /terms-of-reference-for-the-patient-capital-review

第八章

1. Paul Collier, *The Future of Capitalism: Facing the New Anxieties* (London：Allen Lane, 2018).

2. J. Goddard and L. Kempton, "The Civic University. Universities in Leadership and Management of Place," *Newcastle University*, July 2016, https：//www.ncl.ac.uk/ media/wwwnclacuk/curds/files/university-leadership.pdf；Mariaro-salba Angrisani, "Innovation and Knowledge Transfer Mechanisms in an 'Engaged' University：The Case of the 'Federico II' San Giovanni Hub" (PhD diss., University of Naples, 2017 - 2018). 这两篇论文基于圣乔瓦尼中心的案例阐述了上述观点,它位于意大利那不勒斯,Apple iOS App 开发中心也在此处。

3. Ruth Graham, *Creating University-Based Entrepreneurial Ecosystems*, *Evidence from Emerging Leaders* (Cambridge, MA：MIT Skoltech Initiative, 2014).

4. "高等教育创业计划"于 1987—1996 年间进行,由中央政府资助,旨在促进学生创业, 并将创业纳入本科教学范围。

5. 遗憾的是,"创业基础"研讨会于 2017 年终止；最近的材料可通过 https：//www.sbs. ox.ac.uk/research/entrepreneurship-centre/building-business 访问。

6. 这一切都得益于加利福尼亚州互联网大亨里德·霍夫曼(Reid Hoffman)的大笔捐赠。

7. 欧洲研究型大学联盟(LERU)的报告强调了发展学生创业的重要意义。报告参见：*Student Entrepreneurship at Research-Intensive Universities: From a Peripheral Activity towards a New Mainstream*, Advice Paper No. 19, April 2019.

第九章

1. 英国研究部（Research England）是英国研究和创新部（UKRI）的一部分，负责监督政府对研究和知识交换的拨款。

2. "Small Business Administration," *SBIR / STTR: America's Seed Fund*, https：// www. sbir.gov/ agencies/ small-business-administration.

3. "SBIR/ STTR," accessed May 6, 2019, https：// www.sbir.gov.

4. William Waldegrave, *Realising Our Potential: A Strategy for Science, Engineering and Technology*, HMSO, May 25, 1993, https：// www.gov.uk/ government/ publications/ realising-our-potential-a-strategy-for-science-engineering-and-technology.

5. Richard Lambert, *The Lambert Review of Business-University Collaboration*, HMSO, December 2003, http：// www. ncub. co. uk / reports / lambert-review. html; Ann Dowling, *The Dowling Review of Business-University Research Collaborations*, OGL, July 2015, https：// www. gov. uk / government / publications / business-university-research-collaborations-dowling-review-final-report; Trevor McMillan, *University Knowledge Exchange（KE）Framework: Good Practice in Technology Transfer*, HEFCE, September 2016, https：// dera.ioe.ac.uk/ 27123/ 1/ 2016ketech.pdf.

6. Waldegrave, *Realising Our Potential*.

7. 兰伯特工具包的目标对象是希望开展合作研究项目的大学和公司。https：// www. gov.uk/ guidance/ university-and-business-collaboration-agreements-lambert-toolkit.

8. "Lambert Review Report," *IP Pragmatics*, last modified 2019, https：// www. ip-pragmatics.com/ .

9. 国家大学和商业中心（NCUB）自 2014 年起每年发布《校企合作关系状况报告》（*State of the Relationship Report*）。

10. NCUB 的数据来源于《高等教育与企业和社区互动》调查、（英国国家统计局）英国国内研发支出总额、英国离校生的目的地，以及英国政府关于创新英国资助项目的数据库。

11. Greg Clark, "Industrial Strategy：Building a Britain Fit for the Future," November 2017, THE, https：// www. timeshighereducation. com / sites / default / files / breakingnewsfiles/ industrial-strategy-white-paper.pdf.

12. 英国研究部根据研究质量分配研究资金，并考虑不同领域的研究数量和相对成本。这被称为"质量相关研究（QR）资助"。REF 结果决定了资助研究的质量。

13. 根据英国研究部 2018—2019 年资料，24 所罗素集团大学中有 20 所位于英格兰。罗素集团"代表着英国 24 所顶尖大学，致力于开展最优的研究、卓越的教学和学习体验,以及与商业领域和公共部门建立广泛而深入的联系"。

第十章

1. Richard Jensen, Jerry Thursby, and Marie Thursby, "Disclosure and Licensing of University Inventions: 'The Best We Can with the S**t We Get to Work With, '" *International Journal of Industrial Organization* 21 (2003): 1271 – 1300.

2. Alfred Tennyson, "The Charge of the Light Brigade," *The Examiner* (1854)7. "REF 2014," last modified December 18, 2014, https://www.ref.ac.uk/2014/.

3. 这些文章可通过牛津创新的网站查阅,网址 https://innovation.ox.ac.uk.

4. Jessie J, "Price Tag," track 1 on *Who Are You*, Lava Records, Island Records, and Universal Republic Records, 2011, compact disc.

5. Jerry Z. Muller, *The Tyranny of Metrics* (New Jersey: Princeton University Press, 2018). 该书精彩地讨论了对指标的使用和滥用。

6. "2017 Licensing Activity Survey," *AUTM*, https://autm.net/surveys-and-tools/surveys/licensing-survey/2017-licensing-activity-survey.

7. "REF 2014", last modified December 18, 2014, https://www.ref.ac.uk/2014/.

8. "Knowledge Exchange Framework," *Research England*, https://re.ukri.org/knowledge-exchange/knowledge-exchange-framework/.

9. "Concordat for the Advancement of Knowledge Exchange in Higher Education in England," *Universities UK*, last modified May 2019, https://www.universitiesuk.ac.uk/policy-and-analysis/reports/Documents/2019/knowledge-exchange-concordat-consultation.pdf.

10. Tamsin Mann, "HEIF, KEF and Now KEC: Welcoming the KE Concordat," *PraxisAuril* (blog), May 3, 2019, https://www.praxisauril.org.uk/news-policy/blogs/heif-kef-and-now-kec-welcoming-ke-concordat. PraxisAuril 使用 KEC 作为知识交流协议(Knowledge Exchange Concordat)的首字母缩略词,不应与代表知识交流和商业化(Knowledge Exchange and Commercialization)的 KEC 相混淆。希望我们不会将它们称为 KEC1 和 KEC2。

11. Steven Hill, "The Differences between the Knowledge Exchange Framework and the Research Excellence Framework," *Research England* (blog), March 4, 2019, https://re.ukri.org/blog/differences-between-kef-and-ref/.

12. "STAR 体系", https://www.starmetrics.nih.gov. STAR 为首字母缩写,全称为美国科学技术再投资体系:衡量研究对创新、竞争力和科学的影响(Science and Technology

for America's Reinvestment: Measuring the Effect of Research on Innovation, Competitiveness and Science)。

13. THES Rachael Pells, "Prizes for Enterprise: The Shape of KEF to Come," *THE: World University Rankings*, January 25, 2018, https://www.timeshighereducation.com/features/prizes-enterprise-shape-kef-come.

14. "Universities: Measuring the Impacts of Research on Innovation, Competitiveness and Science," *Big Ten Academic Alliance*, accessed May 6, 2019, https://www.btaa.org/docs/default-source/umetrics/umetrics-synthesis-document.pdf?sfvrsn=81f778f34; "Measurement Initiative's (IMI) UMETRICS Data," *United States Census Bureau*, last modified June 7, 2018, https://www.census.gov/ces/dataproducts/UMetricsData.html.

第十一章

1. Stefan Collini, *What Are Universities For?* (London: Penguin, 2012).

2. Stefan Collini, "Kept Alive for Thirty Days," review of *The Tyranny of Metrics*, by Jerry Z. Muller, and *The Metric Tide*, by James Wilsdon et al., *London Review of Books*, November 8, 2018, https://www.lrb.co.uk/v40/n21/stefan-collini/kept-alive-for-thirty-days.

3. Collini, "Kept Alive for Thirty Days." 该书评深入探讨了指标度量的危害和优势。

4. Peter Warry, *Increasing the Economic Impact of the Research Councils*, July 14, 2006, https://www.cass.city.ac.uk/data/assets/pdffile/0006/73671/Warry20report.pdf; known as the Warry Report 2006.

5. "REF 2014: Key Facts," https://www.ref.ac.uk/2014/media/ref/content/pub/REF%20Brief%20Guide%202014.pdf.

6. Ronald Cohen, *On Impact: A Guide to the Impact Revolution* (London, 2018).

7. 源自 20 世纪 80 年代美国电视节目《扑克大师》的流行语之一,该节目在美国也被叫作《鲨鱼纸牌》。

8. F. E. Simon, *The Neglect of Science*, *Essays Addressed to Laymen* (Oxford: Basil Blackwell, 1951). 西蒙(Simon)是牛津大学的热力学教授,英国皇家学会院士。

9. Peter Warry, *Increasing the Economic Impact of the Research Councils*, 2006.

10. "THE University Impact Rankings: Results Announced," THE World University Rankings, https://www.timeshighereducation.com/news/university-impact-rankings-2019-results-announced.

11. 本节的内容基于国际许可协会旗下《新生力量》(*Les Nouvelles*)杂志 2013 年 12 月发表的一篇文章。

12. H. Chesbrough, *Open Innovation: The New Imperative for Creating and Profiting from Technology* (Boston：Harvard Business School Press, 2003).

13. Teri Willey, unpublished correspondence, 2019.

14. M. Sandel, *What Money Can't Buy* (London：Allen Lane, 2012).

15. A report for the Department for Business, Energy, and Industrial Strategy (BEIS)：RSM PACEC Ltd, *Research into Issues around the Commercialisation of University IP*, February 2018, https://assets.publishing.service.gov.uk/government/uploads/system/uploads/attachment_data/file/699441/university-ip-commercialisation-research.pdf.

第十二章

1. "Bristol Breaks New Ground with Innovation Degree Courses," *University Business* (Bristol, England), September 17, 2015, https://universitybusiness.co.uk/Article/bristol-breaks-new-ground-with-innovation-degree-courses/.

2. 参见第二章。

3. Joseph Conrad, *Nostromo: A Tale of the Seaboard* (London：J. M. Dent & Sons, 1932).

4. U2, "Get Out of Your Own Way," track 4 on *Songs of Experience*, Interscope Records, 2017, compact disc.

后记

1. John Kay, "An Object Lesson in Prevarication：Oxford University," *Financial Times*, November 22, 2000.

2. Lucy Kellaway, "Why Academics Make an Unfit Subject for Management," *Financial Times*, February 27, 2006.

3. Francis Macdonald Cornford, *Microcosmographia Academica*, 5th ed. (London：Bowes & Bowes, 1953).